仕事は男のロマンである

——高い目標が仕事を面白くする

堀井 章 著

Art Days

刊行に寄せて

私の畏友、堀井章氏は、文字通り快男児だ。

アッと驚く企画を立て、周囲を驚かせ、上司を困惑させたものだが、今になって、他企業で似たようなプロジェクトを遂行し、成功している例が多々あり、堀井氏の先見の明には今更ながら、おどろかされる。

京王時代は、いつも壮大な夢ロマンをもって「労働」ならぬ「朗働」をされていた堀井氏を思い出すが、その結果、京王グループの多くの会社を社長として隆盛に導き大きな成果をあげてこられた。

氏の仕事に対する発想力、それを実行に移し、成功に導く、ヒントと秘密が、この本の中に凝縮されている。必見の価値ある良書だ。

イシハラクリニック院長　医師　石原　結實

私のビジネスマンとしての一生を通して受けた
たくさんの方々のご指導と親愛と友情に感謝して

堀井　章

はじめに

人は人生の大半の時間を仕事に費やしている。もし、その仕事が面白くないとすれば人生は台無しになってしまう。それは仕事とか会社の内容がどうであったりとかは関係ない。それはすべて自分の仕事に対する考え方、仕事の進め方次第なのである。自分の心がけ次第で、仕事は楽しくなり、仕事はロマンとなる。

ぼくは1965年（昭和40年）、京王電鉄株式会社に入社以来、退社するまで45年間京王グループ各社でいろいろな仕事を経験してきた。鉄道に始まり、外食、旅行、カード事業、書店、広告などいろいろな仕事をする中でたくさんのことを学んできた。そしてどうしたら仕事が楽しくなり、どうしたら成果を上げることが出来るか、考え、実践してきた。

今振り返ってみると、長いビジネスマン人生のステージは四段階に分けられると思う。

(1) 二十才代の若い時期は、労を厭わず遮二無二与えられた仕事に取り組む時期である。
私はその時期を『Vitality』の時期と呼ぶ。

(2) 三十才代は何か人に負けない知識・技能を身につける。『Specialty』の時期である。

(3) 四十才代は今までの経験と知識・技能を持って、自分しかできない仕事をする『Originality』の時期である。

(4) そして熟年の五十才代はもう今までのような仕事はしない。部下が仕事をし易いように環境を作る。そして部下がやる気になるような人間性『Personality』を磨くことである。

こうしてブランデーの特上級のような「ＶＳＯＰ」ビジネスマンとなることができる。ただ仕事は楽しいだけではだめだ。遊びやゲームではない。仕事は成果が上がらなければだめだ。

仕事の成果を上げるための方法はたった一つ、「常に高い目標を掲げること」である。

新規事業を開拓する。顧客を増やす、売上を上げる、経費を削減する、仕事の精度を高める、短時間で処理する、少ない人員で処理する。どんな形でも、その目標を高く掲げることである。目標は高くないと意味がない。どんな大きな仕事でも、どんなに小さな作業でも、常に「高い目標」を持って取り組むことである。

「高い目標」を持てば、今までとは全く違う意識に変わる。意識が変わると、今までとは全く違う方法論が出てくる。方法論が変わると、行動が変わる。行動が変わると、周りの環境が変わる。そして仕事の結果も変わってくる。必ず高い成果が上がってくる。成果が上がってくると、仕事が面白くなる。仕事が好きになる。そうすると、仕事に対してさらに熱心に取り組むようになる。

こうして仕事はロマンになる。

長いビジネスマン生活の経験の中で、ぼくが何を学び、いかに考え、どう仕事に取り組んできたかを記録しておくことは、今真剣に仕事に取り組んでいる諸君、そしてこれから仕事の成果を上げたいと思っている若きビジネスマンたちにとっていくばくかの糧になるかと思う。

ヒルティは『眠れぬ夜のために』という本の中で「仕事は熱心にやればやるほど面白くなると

いう不思議な性質を持っている」と言っている。
世のビジネスマンたちが真剣に仕事に取り組み、その成果を楽しみ、そして自分を磨いてくれることを望んでやまない。

2016年12月
堀井　章

仕事は男のロマンである　目次

第3部　Originalityの時代〔1982年～1988年〕

第4部　Personalityの時代〔1989年～2010年〕

仕事は男のロマンである

——高い目標が仕事を面白くする

第1部　Vitalityの時代〔1965年～1971年〕

―入社から初めての出向まで―

第1部 目次

5章 ビジネスマンのライフ・スタイルを考える

8章　1ヶ月間のアメリカ見聞旅行

1章　京王帝都電鉄株式会社に入社する

三宮相談役との出会い

大学4年の夏休み、友人と連れ立ってゼミの高木教授の家を訪問した。柿の木坂にある大きな屋敷だった。高木先生はゼミの担当の大島先生がドイツ留学中のためいろいろ相談に乗っていただいていた。

先生は白髪によく似合う和服姿でわれわれを迎えてくれた。和室にしつらえた応接セットに座ると縁側の外は鬱蒼とした庭木でセミしぐれも涼しげであった。しばらく卒論の話などをしていると、突然ひとりの老人が訪ねてきた。先生の学生時代の友人であった。

「高木君、このところ君のゼミからちっともウチの会社によこしてくれないじゃないか」

その老人は鋭い視線を向けながら先生に抗議した。

先生はわれわれに顔を向けて、にこにこしながら言った。

「ウチのゼミの学生はみんな商社か銀行志望でね、ポッポ屋さん希望者はいないんでね。君たちもそうだろう?」

ぼくは会社のことはよく分らなかったし、その老人に何となく惹きつけられるものがあったので、

「ぼくはどこでもいいと思っています」と言った。

「明日朝、ぼくのところへ来てくれないか」

そう言われて翌日訪れると、その老人は京王帝都電鉄の三宮相談役であった。

いかめしげな両袖机に座っていた相談役は、ぼくの顔を見ると、人懐っこそうな笑顔を見せて人事から紹介状を取り寄せた。そこに「本人との関係」という欄があり、何と書くのか見ていたら、相談役はただ「友人」とだけ書いた。そしてぼくに言った。

「紹介したからといってそれで入れるわけではない。試験を受けて、きっと受かってくれよな」

堅い事業、古い建物、いかめしい机、でも相談役の雰囲気はリベラルだった。

こうした縁で京王帝都電鉄株式会社に入社することになった。われわれが入社した年は「四〇年不況」といわれ、比較的就職は厳しいといわれていたが、昭和40年入社組は24人と大勢であった。会社は前年に新しい新宿駅ビルに京王百貨店を開業し、さらに相模原新線の開発に着手しようという活気に満ちていた頃だった。

入社して間もなく、柿の木坂の三宮相談役のお宅に挨拶に伺った。掘り炬燵から手を伸ばせば何でも届くような居間に招き入れていただいた。娘さんらしき人が持ってきてくれたのは、初めて見るジョニーウォーカーの黒ラベルだった。

相談役は訥々と会社のことなど話し始めた。

「戦時中、国策で東京の城南地区の私鉄5社は合併していたが、昭和23年に分離してそれぞれ新生会社としてスタートした。そのとき五島社長から京王をやってくれと言われたんだ。戦災の被害が大きく京王線だけではやっていけないので小田急から帝都線を移譲してもらい、社名を京王帝都電鉄とした。線路の名前は帝都線から井の頭線に変更した」

「発足当初の京王は借金だらけのおんぼろ会社だったよ。これからの私鉄経営を考えたら大事なのは人と土地だと思った。甲州街道の路面電車でスタートした京王電気軌道株式会社はもともと土地を持っていなかった」

「会社は貧乏なので土地は買えない。そこで僕は社内に、沿線の沼地という沼地を買え、と指示した。当時、沼地なら二束三文で買えた」

「人は二束三文では買えない。だから借金してでも優秀な人材を確保しろと指示した」

「バスや鉄道だけでなくこれからは沿線のお客様に密着したいろいろな事業を進めていかなければならない。そのためには知恵と情熱が必要だ」

貧乏会社を何とかいい会社に育てていきたいという三宮相談役の話を聴いているうちに不思議な感興に襲われた。会社に入る、仕事に就くなんていうことについて深く考えてみたことはなかったが、何かとても興味深い大きな世界が広がっているような気がした。

三宮相談役からは本を二冊いただいた。『井上篤太郎翁』と『五島慶太の追想』である。この2冊は大正から昭和の私鉄の創業期に活躍した先輩たちの生きざまが伝わり胸を打った。

三宮相談役は1973年（昭和48年）11月8日に亡くなった。お墓は九品仏浄真寺にある。ここは五島家の菩提寺である。五島慶太の眠る大きな墓の手前横に小さな「三宮四郎の墓」がひっそりと立っている。映画事業進出を止められた相談役はどんな思いで眠っているのであろうか。毎年11月8日の命日には三宮先輩に対する感謝と自分の仕事に対する反省の日としている。そしていつか将来、大分の三宮先輩の故郷、生家を訪れてみたいと思っている。

私鉄業界の先達に学ぶ

私鉄という未知の世界に入ってこれからどう仕事をしていったらいいか、あれこれ思いめぐらした。会社のこと、同業他社のこと、業界のこと、日本経済のこと、知りたいことがいっぱいある。そこでまず、業界の先輩たちがどのように仕事をして、何を考え、いかに生きてきたか、を知るために日経新聞に連載された「私の履歴書」をまとめた「私の履歴書経済人・全一八巻」を買い求めた。

もともと伝記や偉人伝などが好きなので飛びついたわけである。そしたらその「はじめに」に、まさに思っていた通りのことが書いてあった。

——およそ書物のなかで伝記ほどおもしろい物はありません。身を立て名を天下にとどろかせたとはいっても、もともと生身の人間、どんな境遇に生まれ、どうやって世に出たか、虚構の世界の住人では到底醸し出せない生命の躍動感がみなぎっています。まして自叙伝ともなれば、筆者自身の人柄が文中ににじみでて、読む者の心を引きつけて離しません——

全くその通りである。

第一巻の冒頭は五島慶太、三人目に堤康次郎が掲載されていた。そのすぐ後に松下幸之助、第二巻に藤山愛一郎、第六巻の本田宗一郎、井深大と読んでいくうちにすっかり圧倒されていった。確かに人の書いた偉人伝と違って現実的な迫力がある。ものすごく大きな人なのにどこか親しみがある。自分も先輩たちの後をついていけるような気になってくる。

さらに三宮相談役からいただいた「井上篤太郎翁」「五島慶太の追想」、しばらく後に出版された「鉄道先人録」（日本交通協会）などを読んだ。「鉄道先人録」は、１８６９年（明治２年）政府が鉄道建設方針を決定して以来、鉄道を通して日本の産業文化の発展に貢献してきた５００人の鉄道マンたちの人物小伝である。

これらを読んでいるうちに鉄道というものの社会的役割、鉄道マンの心構えなどが、自然に自分の心の中に生れてきたような気がした。

それにしても創業期の鉄道関係者の構想の大きさには目を見張るものがあった。特に後藤新平の東京駅建設、小林一三のデパートや宝塚の事業、五島慶太の多角化事業など当時の時代背景と先達の活躍に思いを馳せると心が昂揚して止まなかった。

2章 鉄道現業実習

キセルは無くせる―初乗り均一料金を提言

入社して最初の勤務は駅であった。当時の駅務係は出札から改札、運行管理から清掃まで何でもこなした。勤務は二十四時間、五時間ほどの仮眠をとることができた。若かったので、泊り勤務の翌日は休日みたいに有効に活用することができた。

当時駅では鉄道の不正乗車（キセル）を発見したら150円だか、200円の報奨金が出ることになっていた。面白いからいろいろ工夫して、真剣にやれば、一日に十件ほど挙げられるようになった。

改札ラッチの中で定期券の確認、キップの回収をするわけだが、手元で見ていてもなかなか発見できるものではない。電車を降りて改札の方へ向かってくるお客様の様子を見る。そしてなんとなくおかしいと思った人がラッチの横を通り定期券を提示する瞬時、間髪を入れずに「キップは？」と聞く。三分の一の人は何の反応もなく通り過ぎる。三分の一は「何を言っているんだ」

というような顔をして定期券をこちらの鼻先に突きつけて行く。そして残りの三分の一の人は思わずキップを出してしまう。それがキセルのキップになっていた。

キセルは乗車の際にはキップを買って、降車の時には定期を提示して、中を抜く不正乗車である。車内検札をしない限り発見はむずかしい。キセルによる未収、ぼくはこれは鉄道会社の貸倒れ損失だと思っていたが、収入の約10%はあった。年に何度か乗換え駅などで大がかりな臨時改札を実施すると、平常日の約10%ほど収入が増えていたように思う。

そもそもキセルの出来る様な制度がよくないのである。子供の頃からあまり罪の意識なく誰でもキセルを当然のようにやる。そしてキセルをやらないと損をするような気持になってくる。そうしてだんだん人は分からなければ誤魔化してもいいんだと慣らされていく。これは教育上もよくない。キセルのできないようにしなければならない。

キセルはキロ別運賃から生まれる。運賃制度は運輸省が作ったものであり、私企業の鉄道会社の商品価格が運輸省の認可によって決っているのである。駅のキップ切りをしながら考えたものである。鉄道の経済効用は何だろうか。キロなのか。小学生の子供が運転台の横に乗って列車の走行を楽しむなら、キロ幾らでいいだろう。しかし、普通の乗客は通勤、通学などの所用で乗っているのである。目的はA地点からB地点に行くことである。皆同一の目的である。遠くに行く人は時間がかかるのだから、むしろ安くしてやるべきなのである。均一料金にすれば、キセルもなくなる。改札もいらない。

そこでぼくは短区間の井の頭線での収支を単純比較してみた。すると初乗り運賃の均一料金にした方が利益は増えるのである。その後自動改札になってキセルを無くすることはできたが、キロ別運賃制度のままなので、複雑な自動改札機とシステムの投資負担は大きい。

ちなみに国鉄の首都圏を１００円の均一料金にすると、首都圏の改札にかかる人件費、２５００億円をセーブできる。これで全国の国鉄の赤字が解消できる。

日本の場合、いろいろな社会システムが複雑すぎるため、そのシステムを維持するために余計な金がかかる。税金制度にしても年金制度にしてもあまりにも複雑でその制度の当事者である国民はよく解らないのだ。

車掌業務を工夫する

車掌の仕事は実に楽しかった。乗客のお客様とのコミュニケーションの担い手だからだ。

車内案内放送はいろいろ工夫をした。放送内容はマニュアルにあるが、現場の動作はその時々の状況に応じて臨機応変に対処しなければならない。一般的に日本の都市交通機関は案内が多すぎる。駅に着けばホームには、各柱ごとに「明大前」「明大前」「明大前」である。車内放送は「お待たせいたしました。間もなく明大前でございます。扉には手をつかないでください。戸袋に手が引き込まれて思わぬ怪我をすることがあります」「明大前、明大前でございます。井の頭線、渋谷、吉祥寺方面はお乗り換えです。車内にお忘れ物のないようお願いいたします。電車を降りましたら、電車から離れてお歩きください。明大前明大前でございます」

あまりくどくどと案内をするのでお客様は車掌の放送が耳に入らなくなる。電車に乗ると日本人の耳は自閉症的に耳にシャッターが降りてしまう。いくら「お忘れ物のないように」と放送しても一向に忘れ物は無くならない。

大体鉄道は騒音がひどい。休日には、丁寧な案内が必要だか、通勤通学のお客様に対してはできるだけ静かな車内を保つようにし、少しでもお客様の気持ちを和ませるように心がけた。音響設備の性能が良くなれれば、駅ではやわらかくモーツァルトのＢＧＭでも流したらどうかな、なんて思った。

何かの本にあった、ロベルト・コッホの言葉が思い出された。

「人はいつか騒音と闘わなければならないだろう。かってコレラや疫病と闘ったように」

私鉄他社見学

当時私鉄は大手14社と言われていたが、京王は鉄道の規模としては阪神を除くと一番小さい会社であった。実習の合間に何度か他社見学の鉄道旅行をした。路線の長い名鉄や近鉄は国鉄の新幹線よりも前からロマンスシートの特急を運転している。

大阪〜名古屋直通の近鉄の2階建てビスタカーに乗った時は佐伯勇社長の英断に思いをはせた。伊勢湾台風で壊滅的な罹災を受けた時、たった9日間で名古屋線80キロのケージ拡張工事を敢行してのけたのだ。

名鉄のパノラマカーには客席からスピードメーターが見えるようになっていた。名鉄の伊勢湾台風被害も甚大で、線路、車両、駅舎などは壊滅的な被害を被った。当時の土川元夫副社長は「何をおいてもお客の足を確保せよ」と全グループを動員、台風から59日目には全線を復旧させている。ただ途中山間を通るあたりは無人駅も多く営業的には難しい問題を抱えているのではないかと思った。

関西の私鉄は都市の中にまで乗り入れていて、国鉄だけでなく、同業路線との激しい競争を展開している。「梅田まで15分」などという大きな広告看板があちこちに掲げられている。駅や車両を商売として活用しようという貪欲さには大いに刺激を受けた。車内の吊り革や駅階段のステップにまで広告ステッカーが貼られている。

改札の前には回数券を仕入れて一枚ずつ分けて売っている人がいたり、抜け目のない関西人気質がうかがわれた。その半面、さぞやキセルなんかも多いのではないかと思われた。

京都と大阪を結ぶ京阪電鉄の中間に樟葉という所がある。ここでは官民共同でニュータウンの開発が進められている。京阪のローズタウンと公団の住宅合わせて人口5万人の「くずはニュータウン」計画である。その中心となるのが京阪樟葉駅である。そしてここは、郊外へのバス路線網の中心でもある。

この樟葉駅前に低層階のクズハモールというショッピングモールがつくられていた。駅を降りてバスターミナルへはモール街を通っていくようになっている。バスターミナルは駅前にないのである。この導線の工夫には感心させられた。

阪急の梅田ターミナルには驚いた。ホームへの表玄関は阪急百貨店の店内のような豪華なアーチ状の広いコンコースである。あの建築家、伊東忠太の四神獣の意匠はまさに私鉄王国阪急を象徴するようである。コンコースを通って12列のエスカレーターで階上のホームに上る。ホームは3路線が入る壮大なホームで、エンジ色の重厚感のある阪急電車がずらっと並んでいる。エレベーターとホームの下は150坪もある三省堂書店である。エスカレーターの両角に小さな入口があるだけで、看板もないが日本一の売上という。書店の後ろの方はショッピングモールが続いている。駅周辺は百貨店、ホテル、オフィスビルとまさに阪急タウンとなっている。

沿線の土地を開発、付加価値をつけて宅地分譲を進め、乗客を増やしてターミナルの百貨店を営業する。阪急の見学ではどこを見ても、小林一三の私鉄経営の戦略が思われる。

どの私鉄経営者もそうであるように、三宮相談役も同じことを考えていたに違いない。宝塚温泉を真似て京王遊園にローマ風呂をつくった。宝塚歌劇から東宝を育てた文化事業を見て映画事業に進出しようとしたのである。

阪急をはじめ関西の私鉄を見学して私鉄経営について思いを新たにした。私鉄は、沿線住民から生まれるすべての需要を丸抱えする総合生活産業なのだ。

3章 バス現業実習

営業所の楽しい先輩たちとの交流

バス部門の現業実習は新宿営業所であった。戦後、ずっと収益の柱であったバス部門はその頃次第に儲からなくなってきていた。鉄道の輸送力増強とともにモータリゼーションにより主要幹線道路は渋滞してバスが走らなくなってきているのだ。

そこでバス部門の効率化として順次ワンマン化が進められていた。新宿営業所はまだバス車掌の残っていた営業所の一つだった。

バス部門の大卒実習生は営業所の事務を担当させられた。いわば管理職である。最初の担当は会計掛である。朝、各担当車掌にバスチケットを配布し、夜、回収した残りのチケットと収入を合計して精算する業務である。

実際にバスの運行を知るために宿直勤務明けに車掌として実車してみた。しかしこれがなかなか大変な業務であった。停留所の案内をしたり、こどもに目を配ったり、揺れる車内で切符を売ってお金の精算をする。歩くときはベテランの女性指導車掌は僕のベルトの後ろをしっかりつかんでいろいろ教えてくれた。一日乗車すると腰がくたくたになってしまった。どんな仕事もなかなか大変なことがわかつた。

この車掌業務は次第になくなり運転台に集金箱を置いて運転手が集金することになる。ワンマンバスの導入である。

同じ宿泊勤務になった先輩たちは実に楽しい人たちだった。助役が長欠で日勤の岩田主席助役がいつも一緒だった。夕方適当な時間になると

「おい、堀井君頼むよ」

ということで、みんなから会費を集め、駅近くの店に行って、焼酎、サントリーレッド、厚揚げを買ってくる。煮込んだ厚揚げにたっぷり七色唐辛子をかけて酒のつまみをつくり、焼酎をレッドで割って用意する。

それから実に楽しい宴会がはじまる。助役の音頭で「七つボタン」を合唱する。

どんなに遅くなっても翌朝はみんなビシッとしていた。だだ、ぼくは修行が足りないせいか、精算業務のまとめがきつかった。

翌朝、引き継ぎを済ませて営業所内をぶらぶらしていたら、本社から電話が入った。

「管理担当の三澤です。昨日の会計担当の堀井さんですか。昨日の日報を持ってきてください。左手に受話器を持って、右手にソロバンを持って、もう一度昨日の日報を計算してください。……そうでしょう。今度から間違わないようにしてください」

いくらお酒を飲んでも自分の仕事は間違いのないようにしなければいけないと、大いに反省をした。

【実践経営学　＊仕事にミスは許されない】

仕事にミスは許されない。もちろん人間だからミスはある。だからミスを起こさないよう細心の注意をしなければならない。また、日ごろから体調の管理に心を配り、業務に影響するような飲酒は絶対に避けなければならない。特に運転手や車掌を管理する立場であることをよく認識しなければはならない。

後輩の指導も大事な仕事

その頃大卒のバスの実習は前後の期が重複して勤務することになっていた。一期下の実習生は明るい真面目そうな青年だった。営業所に来ると間もなく彼は女子車掌と仲良くなった。食堂で一緒に食事をして彼女に支払いをさせたとか、新宿御苑でデートしていたとか告げ口が聞かれるようになった。ぼくは元来そういうことにあまり関心がないので気にも止めないでいた。むしろ彼がたくさんの女子車掌のなかから、早々にひとりに決めてつきあうようになったので、よほど気が合ったんだろうと感心していた。５ヶ月くらいしてからだったろうか、ぼくは本社の管理課長から呼び出された。本社に行くと課長と係長の二人に叱られた。

「君は後輩の指導をなんと心得ているんだ。生休を取った彼女と彼が渋谷でデートしていたそうじゃないか。しかも月に２度の生休を君はチェックもしないで認めたのか」

その頃ぼくは会計掛から交番掛になって、運転手、車掌の勤務管理をしていた。新宿営業所の大きな出勤表を示しながら、指摘された。そしてその時「本人の請求で、調べ様がありませんから」というようなことを言った。女の兄弟もいないので、生理についての知識は全く無かったのである。

しかし、ぼくはその時いろいろなことを学んだ。人の管理をする以上、必要な知識については、知らないではすまされない。そして自分の落ち度を棚に上げて、上司に対して言い訳をする。社員として最も恥ずべき行為である。そして若い社員を管理する場合、細かいことまで気を配らなければならない。また、確かに社員のプライベイトについて会社が干渉するべきではないが、社員の男女交際については、他の女子社員に対する影響も大きい。それなりに気を配り、アドバイスすることも必要なのだ。会社の仕事は一人でやるものではない。何よりもチームワークが必要なのだ。

後輩はその後営業所の応急車を持ち出し、民家の塀に衝突するという事故を起こして解雇されることになってしまった。後に彼の同期から、彼は保険会社に再就職して彼女と結婚したと聞いたときはなぜかホッとしたものだ。

バス部門の将来を考える

昭和40年ころから急激に車が増え、都心部の道路はバスが走りにくくなってきた。さらに鉄道の輸送力も著しく強化されバスに乗る人は次第に減ってきている。会社もワンマン化などの効率化をすすめているが、バス部門の採算は悪化している。

しかし電車の車掌として毎日沿線を見ていると郊外の開発がどんどん進んでいる。万葉集に歌われた「多摩の横山」は、削られて関東ローム層の赤土が見えて痛々しい。都市部の土地は高騰しているのでかなり駅から離れたところに住宅が開発されていく。すると、郊外のバス輸送が必要になるだろう。

それにオリンピック以降全国に高速道路網が整備されつつある。国鉄の運賃は高くなっているし、高速道路での長距離バス輸送も大きな需要が見込まれる。バス事業は鉄道の路線のように制約がないので、広域での事業拡大が可能だ。羽田や近い将来できる成田空港までのバス輸送は沿線のお客様にとって便利になるに違いない。

また飛行機や新幹線と違って、バスは完全に貸し切りの輸送手段である。輸送しながらそこは教室にもなる。これから旅行ブームになれば観光バスは最適のキャリアーになるだろうと思った。

現業実習は貴重な体験

鉄道関係の駅、工場、車掌、バスの営業所の現場実習は2年ほどであったが、楽しかったし、実に貴重な経験であった。

電車、バスをご利用してくださるお客様に直接、接して、お客様の立場に立って考えることの大切さを強く感じることができた。お客様と直接接して仕事をしている仲間の社員たちととことん付き合って彼らと仲良くなれた。また、当社グループの営業地域である沿線地域をすみずみまで見ることによって、沿線のお客様の生活やニーズを実感することができた。また、競合する他社の動向を直接見ることができた。

こうして現場にいると、自然に様々なアイディアが出てくる。仕事はどうしたらいいか。会社はどうしたらいいか。これは本社のデスクに座っていたのでは絶対に出てこない。

ビジネスはゲームだ。マージャンと同じである。自分の手の内と場の状況から相手の手の内を推理する。そして戦術を立てて、手を打つ。お客様や競争相手、場の状況をしっかりと見ていなければ勝てない。現場の情報が全てである。

この経験は将来ぼくがどの部署でどんな仕事をしていくにも必ず役に立つに違いないと思った。

【実践経営学 ＊現場をとことん観察する、そして考える】

とにかく大切なのは現場である。お客様の生活と日常の行動が現場にいるとよく判る。その現場で会社はどう対応しているのか。お客様にどういうサービスをしているのか。他社はどういう商売をしているのか。現場を見ていると次々にアイディアが浮かんでくる。おそらく本社のデスクに座っていても何も浮かんでこないだろう。これからどこの職場に行っても、どんな仕事に就いても、常に現場を第一に考えてやっていこうと思った。

4章 運輸部配属

運転手は視力不足で断念

約2年間の現業実習を終えていよいよ本配属のときがきた。会社の組織や機能についてよく知らないこともあり、特に配属先についての希望はなかった。辞令が出たのは運輸部であった。鉄道会社なので運輸部は中枢の部署だ。このところ毎期2名が運輸部配属となり運転手になるコースだった。車掌勤務も楽しかったので運転手になれることは嬉しかった。僕は京王線で同期のもう一人は井の頭線だった。

だが、ここで予想外の事態が起こった。鉄道運転手は国家試験で、研修に入る前にまず身体検査があった。裸眼で0・6以上、矯正で1・2以上必要であった。ところがぼくは子供の頃の事故で右眼は0・2しかなかった。左眼は裸眼で1・0あったので今までずっと眼鏡なしで不自由はなかった。確かに入社試験のとき鉄道会社として同基準があったので眼鏡で矯正して1・2で何とかパスした。その時は裸眼の視力については問題なしということだった。入社試験用に急きょ作った眼鏡を付けると床が傾いてしまうので、その後もずっと眼鏡なしで勤務してきた。特に不自由はなかった。

「君はこんな眼で車掌をやっていたのか」

眼科医に言われて運転手は断念せざるを得なかった。

人事からの指示はそのまま車掌をやるようにということだった。鉄道会社の本流の運輸部で運転手になることを楽しみにしていたので残念だったが、正規の車掌として桜上水車掌区勤務に就いた。

その後、当時の運転課長だった川越常務から一言云われてしまった。

「おまえは詐欺じゃないか。おれはお前に運転手をやってもらいたいと思っていたのに」

鉄道駅の経済効果

運転手にはなれないが、正式配属は運輸部勤務となったので、車掌をしながら改めて鉄道について考えてみた。

それにしても毎日たくさんのお客様が駅に集まり、また駅を通って帰る。一日2回も駅を通っていただいているのだ。今年１９６８年（昭和43年）の１日当たりの鉄道利用者は95万人で丁度10年前の2倍近くになっている。何も宣伝しないのに毎日１００万人のお客様が会社に足を運んできてくれる。こんな会社はどこにもない。このまま経済成長と東京への人口集中が続けば当社の鉄道利用者はすぐに１日２００万人になる。

今年1968年（昭和43年）の鉄道の運賃収入は年間71億円、1日当り2千万円だから、乗客1人当たり20円しか頂いていないことになる。しかし駅に店舗をつくり100万人のお客様から1人100円頂ければ年間360億円となる。その年の全社収入は142億円であった。

3年後、本社に異動したとき会社の提案制度に応じた。

「1000億円売上高を目指して——駅機能の活用」

全駅に「ベターライフ・コーナー」を設置してお客様のいろいろなニーズに対応した商品・サービスを提供する作戦である。

ちなみにこの提案は優秀賞をもらい、仲間と大いに飲んだ思い出がある。

地域のお客様を対象に総合生活産業として経営をする会社にとって駅は最大の営業拠点である。それからどの職場に異動しても「駅」は、ずっとぼくのテーマとなった。

混雑率二〇〇%はクレイジー

1960年代は戦後の復興期を終えて日本経済が急激に拡大した。その成長を担ったのが都市に流入してきたサラリーマンである。

鉄道利用者の急激な増加に対して会社は難しい対応を迫られていた。運転間隔の短縮、スピードアップ、列車の連結車両増、そのためのホーム延伸、駅用地確保など、さまざまな対策に追われた。4両編成が8両になり、駅の用地確保が間に合わずホームの無い車両のドアの開閉切り離しを実施することになったりした。府中駅下りは一時、2両切り離しを行なった。

連結車両増を図っても車内の混雑率は一向に緩和しない。鉄道利用者は朝、夕のラッシュアワーに集中する。各駅ではアルバイトの「押し屋」を配置して乗客をドアに押し込む。車内は定員の2倍、混雑率200％となる。

ハワイ出身でコーネル大学を出て新宿のホテルに就職した娘の友人が我が家にホームスティすることになった。彼女が初めて新宿のホテルに出勤したその日、家に帰ってくるなり、どっと床に倒れこんで「日本の電車はクレイジー」と叫んだ。人が触れ合うような混雑に会ったことがないので混雑率200％は狂気の沙汰だという。

沿線の開発が進むにつれてますます混雑は激しくなると思われる。車掌台から毎日車内の混雑を見ていると、お客様に対して何か申し訳ないような気持ちになった。

鉄道の役割は短時間で目的地まで乗客を運ぶこと、そしてその時間が正確であることと考えられてきたが、さらにこれから大切になることは、その安全性と快適性であろうと思った。ただ、その頃の京王沿線はまだ本当にのどかな田園風景が広がっていた。

踏切は無くさなければならない。

40年不況のあおりもあり、そのころ電車の飛び込み自殺が多かった。飛び込みは、不思議と、千歳烏山～仙川間とか西調布～多磨霊園間の直線区間で多かった。

年の暮れの夕方、しとしと雨でも降ってくると、乗務員控室では、

「今夜はきっとありそうだな」

と、噂し合った。

案の定、その日ぼくの乗った下り特急が西調布を通過したところで非常ブレーキがかかった。「やってしまったよ」と運転手から落ち着いた声でインターホンがかかってきた。すぐ車内の案内放送をして後ろを振り向くと事故の様子が見えた。白布の入ったカバンを持って事故の処理に向かう。今日の運転手はベテランだが、中には腰が抜けて運転台から降りてこられない者もいる。電車に飛び込む人は、大抵は踏切の真ん中でうずくまったままでいるが、なかには電車が近付いた瞬間、振り返って、運転手と眼が合ってしまうことがあるという。そういう時はたまらないという。車掌はその瞬間を見ていないので、案外平常心で後処理ができる。ただ、遺体が車体の下にからまったり、周囲に飛び散ったりすると大変だ。一刻も早く片付けて白布をかけて、運転を再開しなければならない。

踏切が無くなれば自殺者が減るわけではないが、後処理のために列車が遅れると、たくさんのお客様に迷惑がかかる。これからは自殺だけでなく、歩行者、自転車、車の踏切事故も増えていくに違いない。

そもそも踏切では、人の身体のほんの2メートル前を鉄の巨大な塊が5両も6両も連結して、100キロのスピードで突っ走っていくのだ。考えてみれば危険なことである。警報が鳴り、遮断機が下りているとはいえ、どんな障害を持った人が通るかわからない。昔の路面電車と同じ状況では極めて危険である。信号や遮断機の故障、運転手の過失等、重大な事故につながる可能性もある。これから先、鉄道の利用客数の増大に合わせて過密ダイヤとなり、また道路の通行者、車両がさらに増えていくと、踏切の渋滞は大きな社会問題になるに違いない。踏切は無くさないといけないと思った。

鉄道沿線の価値と他社グループの出店

車掌台に乗って毎日走っていると刻々と変わる沿線の開発状況がよくわかる。とくに調布以西の住宅開発は急ピッチだ。車掌になりたての頃は、夕方聖蹟桜ケ丘駅に着くと、あたりは静まり返っている中で、線路端の田圃からカエルの声がしきりに聞こえてきた。そんなのどかな田園も今はすっかり変わってしまった。万葉集に歌われた多摩の横山も削られて住宅の〝段段畑〟となっている。

１９７０年（昭和45年）の沿線人口はここ10年で26％増えたが、中でも調布、府中、日野の各市は２倍に伸びている。とくに多摩市はニュータウンの開発もあり、３・３倍の伸び様である。この生活者の増加に合わせて各業種の店舗がどんどん郊外に出店をしてきているのだ。いわゆる都市のスプロール化である。

ある日、電車の車掌台から外を見ていると、国領の駅の前に何やら新しい店舗ができるらしく、シートがかかっていた。僕は京王ストアが出店するのかと思っていたら、シートが取れたら西友ストアだった。

京王のストア業進出は１９６３年（昭和38年）だ。主婦の店ダイエーの１号店出店が１９５７年（昭和３年）だから比較的早い進出であった。

入社当時三宮相談役から、五島慶太の書生をやっていた小西というなかなかの商売人が京王に来ていると聞かされていた。京王食品という会社を作って初めレストランをやっていた小西支配人がストア業に進出したとき1号店として選んだ場所は、小金井であった。当時京王沿線はまだ人口も少なく、スーパーマーケットの商圏として薄かったのだろう。小西支配人は国鉄の中央線沿線から押さえていこうという作戦を立てたらしい。

それから10年経って西武が京王沿線に進出してきたのだ。毎日、国領駅前を通る度に悔しい思いをした。

地図を見ると東京都を東西に結ぶ私鉄の鉄道幹線は京王だけである。そしてその沿線のマーケットはこれから飛躍的に拡大するに違いない。ストアだけでなく、百貨店、レストラン、不動産や観光の営業所など、生活に密着したあらゆる業種の営業拠点が続々と郊外に出店してくるに違いない。他社が進出する前に各駅前は何らかの方法で押さえておかなければならない。北の西武線から南の小田急線までは、グループ全体で広域エリアマーケティングを強化していかなければならない。

新線の夢

１９６５年（昭和40年）１月の社内報『京帝たより』を見ると、１ページには「新線建設で大きく発展」という大きな活字が踊っている。井上定雄社長をはじめ役員全員が参加してこれからの京王を語り合っている。

「相模原新線は津久井湖まで免許を申請しているし、将来は富士まで伸ばしていきたい」「鉄道路線が伸びることにより、不動産事業の活躍の舞台も広がる」

「都心の開発や中間拠点駅の高度利用も進めなければならない」

甲州街道の路面電車から脱皮して京王線には特急列車が走り、新宿には新しく京王百貨店を開業した。相模原線新線の敷設工事も始まり当時の京王は活気に満ちていた。

鉄道の将来構想についていろいろ考えてみた。

鉄道会社が成長していくためには先ずは路線距離を伸ばしていくことである。京王は大手私鉄14社の中でも阪神を除けば最も規模の小さな会社である。多摩ニュータウンに相模原線を敷いて85キロになるが、その先の計画は無い。

沿線住民にとって便利な鉄道を作り、また新たな路線の開発権利を確保したい。しかし土地は非常に高騰している。新しく土地を取得して新線を敷くのは当社では難しい。そのためにはどうするか。

ターミナルを他社線と接続して、相互乗り入れをすればいい。

① 今度相互乗り入れとなる都営10号線を新しく開港する成田国際空港まで延伸させる。これにより、京王線は成田空港と直結する。

② 京王線分倍河原駅、稲田堤駅では国鉄南武線と駅統合してスムーズな乗り換えを可能とする。ゲージが異なるため相互乗り入れは難しいが、南武線は将来当社で運営したい。南武線沿線の開発ポテンシャルは大きい。

③　京王線八王子駅は国鉄八王子駅に統合し、将来は国鉄中央線を跨いで名古屋、金沢へのアクセスを視野に入れる。
④　井の頭線渋谷駅は都道上でレベルを合わせ、営団地下鉄銀座線と相互乗り入れする。
⑤　井の頭線吉祥寺駅は国鉄を跨いで田無、所沢、川越へのアクセスを視野に入れる

遠距離への鉄道新線敷設は当然独力では難しいが、近く高速道路網が整備されれば京王沿線から遠隔地への高速バスによる交通ルートを開発することができる。羽田空港へはバスによるアクセスを是非考えるべきだ。

以上は1967年（昭和42年）当時考えたことだが、その後ターミナルの接続等はなかなかうまくいかなかったが、高速バスの営業網は拡大していった。

ただ、鉄道の路線開発は30年～50年のサイトで実現するものだから、今から考えていろいろ手を打っていかなければならない。

日本経済が拡大していけば、必ず公共投資が進む。インフラ整備のプライオリティは政治的力学で決まる。政府への働きかけも欠かせない。莫大な金額を投下して北海道の高速道路が作られたり、本四橋が3本も作られる中、依然として首都圏の鉄道は高い運賃と大変な混雑率を解消できていないのである。

人事の配慮に感激

運輸部車掌としては楽しく勤務をしていた。車掌は勤務時間が比較的短いので余暇時間も大い

に満喫した。乗務区の仲間たちとよく海や山に行った。

そんなある日、総務部の芝辻次長から呼び出された。

「おい堀井君、会社をやめないでくれよ」

突然の言葉に驚いた。芝辻次長は人事の担当であった。

「いや、そんなことは考えていませんけど」

「それならいいんだが、運輸部に正式配属になって運転手ができなくて、さぞ気落ちしているんではないかと、心配していたんだ」

そうか、運輸部でこれからやっていくには運転手の経験が必要だ。運転手になれないと決まった時、確かにがっかりした。そんな気持ちを次長はわかってくれていたんだと感激した。そして芝辻次長は人事についての考え方をいろいろ語ってくれた。

「優秀な者は、みんな企画部門に行きたがるんだ。しかし会社はそうはいかないんだ。会社の組織は人間と同じ有機的組織体だ。頭でっかちで手足が動かないと健全な活動が出来ない。どんな部門でも会社の進歩に合わせてレベルアップしていかなければならない。だからどんな部署にも、5年か、10年に一人は優秀な人間が必要なんだ」

次長の話を聞いているうちに、会社とはどういうものか、仕事にどう取り組むべきか、自分の胸の中にはっきり自覚が芽生えてきた。そして、会社が一社員のことを気遣ってくれていると思うと、胸が熱くなった。次長のため、会社のためにこれから一生懸命仕事をしようと思った。

それからしばらくして定期異動があり、運輸部から総務部労務課へ異動することになった。初めての本社勤務である。

【実践経営学 ＊心の通った人事管理】

会社は社員一人ひとりのことを大切に考えてやらなければならない。会社から大切にされていると思うことで社員のモラールは上がるのである。

5章 ビジネスマンのライフ・スタイルを考える

ビジネスマンのライフ・スタイル

これから長くビジネスマンとして仕事をしていく上で何か自分らしいライフスタイルを作りたいと思った。仕事をしていく上で必要な道具、会社員としてやらなければならないこと、時間管理など、それぞれについてこだわりを持ってどうしたらいいかちょっと工夫したいと思った。そうすることによってビジネスマン生活がより豊かになっていくに違いない。しかもこれは、最初にきちっと決めるのではなくビジネスマン生活を続けていく中で、いろいろな情報を得ることによって試行錯誤をしながらだんだん固まっていった。

紺色と16番

何かをしようとした場合必ず必要となるのは道具である。仕事をする場合はもちろん道具は自分のパートナーである。弘法筆を選ばずという人もいるが、ぼくはこだわる。

ただ、それは職人が道具を選ぶような深いものでなく、何か人生の趣味というか、男の美学みたいなものである。だから、モノの機能だけでなく、色やデザインにこだわる。何か道具を新しく手に入れるとき、ほとんど直感的に「こういう感じのものを」と決めて、店を探しまわる。そして自分の趣味に合ったものを探すことが楽しいのである。そしてそのモノに出遭った時は嬉しくて仕方がない。ただそのモノを本当に長く大切にしたかというとそうでもない。飽きっぽくて大雑把な性格なので今振り返ってみるとずいぶん贅沢をしたり、無駄をしたりしたものだと反省している。

こだわりの基本は色である。とにかく紺色が好きである。オーシャン・ブルー、ネイビー・ブルー、インディゴ、藍色など、紺色ならどんな色合いも好きである。紺色を好きになったきっかけは高校生の頃、矢代幸雄の「随筆ヴィナス」を読んだ時からかも知れないヴィナス誕生のエーゲ海の模写はどんな絵画よりも生き生きとして、以来すっかり海のファンになってしまった。背広もハンカチもネクタイもカフスも靴下も、時計やライター、車まで、一番気に入ったものは結局、紺色を選んでいた。スーツのブランドもアクアスキュータムの紺色を好んだ。色は人に印象を与える。僕の紺好みも結局は自分のアイデンテティになっていたのである。

もうひとつのこだわりはナンバーである。小学生のころ、相撲と野球に夢中だった。相撲は栃錦、野球は川上である。栃錦はまだ平幕の頃から好きだった。小柄ながら出し投げや2枚蹴りで巨漢力士を倒す技に興奮した。

川上選手も、まだ巨人に入団して間もないころから好きだった。自分のバットを絵の具で赤く塗ったり、母に作ってもらったユニホームには16番の背番号を付けてもらった。その当時、家にはお風呂が無かったので銭湯に行っていた。下駄箱に入れるときはいつも16番だった。16番が空いてないときは一旦家に帰って出直したものだ。それからだんだん16番というナンバーが自分にとって特別なナンバーだということがわかってきた。

考えてみれば、ぼくが生まれたのは昭和16年である。都立千歳高校に入学したが、16期生であった。当時旺文社の全国模擬試験というのがあり、科目ごとに全国での順位が入った採点表が送り返されてきた。何万人も受けるので大抵は1千番台であったが、英語で1回だけいい成績をとったことがある。それが16番だったのである。大学を出て京王帝都電鉄に入社したが、これがまた16期生であった。また、京王ストアに出向したとき会社の大きなゴルフコンペに初めて参加した。まだビキナーだったぼくはそこで訳もわからずやっていたら、ホールインワンをやってしまった。それが長竹カントリークラブの16番ホールであった。その時は京王百貨店でスポーツタオルを70枚作ってみんなに配った。そのすぐ後にホールインワン保険ができて、すぐ入ったが、その後40年まだホールインワンは出ていない。

そんなわけで16番は僕のラッキーナンバーである。ナンバーを決めるときは必ず16番を選ぶようにしている。車のナンバーが選べるようになったときは直ぐに車を買い替えて16番をつけた。

時計・ペン・ライター

会社に入って一番初めの大きな買物は時計だった。就職祝いに父に買ってもらったのは

LONGINES ULTRA-CHRONであった。少し大きめのフレームでグレーの文字盤の当時としては薄手の実にいいものであった。グレーの文字盤はキメの細かいステンレスのベルトによく合っていた。ワイシャツの仕立てに気をつけないとカフスの袖口がすぐに擦れたりしたので、夏以外は紺の鰐皮ベルトに付け替えて使っていた。

ロンジンは気に入っていたので、かなり長い間愛用した。一度はスイスの本社に送ってオーバーホールしてもらったこともあるが、さすがに30年も経ってキズも多くなったので、ロレックスに替えた。ロレックスはもともと文字盤のレンズが好きでなかったので他にしようかと思っていたら、京王百貨店の質流れセールでカレンダー無しの紺の文字盤が眼にとまった。小ぶりな飾り気のないROLEX Air-Kingである。

カジュアルにはもっぱらオメガのSeamasterを愛用している。濃紺の文字盤を付けた大振りの時計で、ダイビングをやっていた頃から欲しかったものだが、余裕ができてから手に入れることができた。

万年筆は若い時愛用した。シェーファー、ペリカン、モンブランなど海外に渡航するたびに仕入れてきたが、なかでも一番気に入って愛用したのはWATERMANである。ただ難点はキャップが銅製のためメンテをしていないのですぐに錆びてしまったことである。

ビジネスでは万年筆は使わないでボールペンを使った。ボールペンはシャープペンシルとのセットでいろいろ使ってみた。WATERMAN,PILOT, Grandee Lはいずれも紺色のセンスのいいデザインである。しかし使い良さでいくと何といってもCROSSである。どんな角度でもインクの出がよく、細身の金張りは、会議の席でも重厚感があるし、背広のポケットにも収まりがいい。ただシャープペンシルはウォーターマンの方が使い易い。

その他一般事務用のシャープペンシルとしてはファーバー・カステル、鉛筆はステドラー、消しゴムはローファーのコーラル、いずれもドイツ製がいい。

大学時代から煙草を吸っているのでライターには関心があった。カルチェは楕円のデザインがよくなかったし、デュポンは大きすぎて背広の内ポケットが破れてしまいそうだ。やはりダンヒルが一番だ。初めて海外に行ったときニューヨーク・ケネディ空港の免税店で出会った。紺色のダンヒルがショーケースの中で燦然と輝いているではないか。欲しくてしかたがなかったが、1ドル360円で手が出なかった。その後2回目に渡米したとき思い切って漆の紺色のDUNHILLをようやく手に入れた。嬉しくてタバコがいっそう美味しくなった。

その後また渡米したとき朱塗りのダンヒルを買ってきた。それを持って歌舞伎町のバーで飲んでいたら、ホステスが、僕でなく、ダンヒルをえらく気に入ったという。何気なく今度店に来るまで貸してあげることにした。2週間後ぐらいに行ったら、そのホステスはもうやめてしまっていた。紺の方でなくてよかった。

あれは何時ごろだったろうか。バーで飲んでいたら客の一人がなにか玩具みたいなライターを使っていた。ホステスに聞いたら、なんでも新しく売り出された百円ライターだという。ぼくはポケットからダンヒルを取り出せなかった。そのすぐ後、またたく間に百円ライターが広まった。ここでぼくの心に突然大きな変化が起こった。ダンヒルを使うのがどうにも気障っぽく感じるようになった。そうかといって１００円ライターでタバコを吸う気になれない。結局これを契機にぼくはタバコをやめてしまった。でも百円ライターには感謝している。おかげでいとも簡単に禁煙できたのだから。

名刺は会社のＰＲ媒体

会社では異動の度に名刺が用意される。名刺は初対面の時、自己紹介のために使うものだが、同時に会社の営業内容をＰＲするいい機会でもある。そこで会社支給の名刺とは別に個人用に自分で作った。名刺のウラにグループの店舗と電話番号を入れるのである。英語名刺の場合はKEIO CORPORATION CORPORATE PLANNING DEPT. としてタイトルだけはその都度変えた。飛行機の中などで、隣りの外人にこの名刺を渡すと、いろいろな関連会社のビジネスに関心をもってくれて大いに会話がはずむ。そして「君はこのビジネスをみんなやっているのか」と聞かれる。「そうだ」と答えると、

〃Oh, you are a superman!〃と大笑いになる。

手帳は三菱総研の『DIAMOND DIARY』

手帳はビジネスマンにとって最も重要な道具である。現場の実習のときは会社の手帳を使っていたが本社勤務になったとき、これがどうも使い難い感じがしたので、いい手帳を探すことにした。伊東屋に行って5種類の手帳を買ってきて比較検討したがいずれも一長一短であった。そう

こうしているうちに会社の先輩の西山さんがいい手帳を教えてくれた。

三菱総合研究所の「DIAMOND DIARY」である。西山さんは「このサイズがいいんだよ。表紙裏のポケットに丁度1万円札が一枚ぴったりと入るんだ」と言っていたが、なるほど表紙も黒のビニールで厚みもなく、背広の内ポケットに程よく収まるサイズだ。そして何よりもコンテンツのフォーマットがいい。第一にビジネス手帳は時間・数字を書き入れるわけだから、横書きでなければならない。レイアウトは見開きで1週間、1日11行で各行に時間が入っている。9時から6時である。横罫線は薄く1／3であとは余白になっている。土日は半分のスペースになっているので平日のスペースが広くたくさん記入できる。はじめと終わり各見開き2ページ12ヶ月の当年、来年の計画表があり、さらに巻末には12ページのメモスペースと時差表など必要最低限のデータが載っている。

使い始めて10年目ぐらいのときビニールの表紙はちょっと貧弱なので皮を作ってほしいと三菱総研に頼んだら、翌年からビニール版の他に皮版を出してくれた。

毎年12月になると伊東屋に行ってこの手帳を2部買う。一部は皮表紙で金文字のネームを入れてもらう。もう一部はビニール版でスペアである。手帳を無くすると困るからだ。そして使う前に自分なりの暦を書き込む。季節の暦、行事、会社や家族の記念日、尊敬する人物の記念日などである。そして月の冒頭に季節の花を書き込んで手帳の準備が完了する。こうして「DIAMOND DIARY」はその後も長く秘書役としてぼくのそばにいる。

お中元・お歳暮は自分のために

その頃サラリーマンは盆暮にご挨拶する習慣があった。半年お世話になったのだから季節のご挨拶をするのは当然であるが、安くても喜ばれるような贈り物はないものかと考えた。丁度その時、英語版の「HARVARD BUSINESS REVIEW」を読んでいて中に興味のあるレポートがあった。そこで盆暮のギフトがひらめいた。そのレポートの原文と自分で訳した訳文、それにわが社にどう応用できるかというコメントをつけて贈るのである。それからアンゾフやドラッカーなどの新刊書を選んで贈ったときもあった。

この方法のいい点は先ず安く済むことである。そしてさらによいことに少なくても半年に一冊、じっくり経営書を読めるということである。ただこれは贈る対象が限られるという問題はある。

年賀状は毎年同じ

年賀状は人間関係の最低限のコミュニケーションである。仕事の面でも親しくお付き合いをした人には年賀状を出す。相手からも来る。お互いに異動しても長いお付き合いになる。そしてプライベイトでも親しいお付き合いが続く。頻繁に異動しているので、その後一番多い時で９００人ぐらいになった。当然リタイアしてからはかなり整理した。今回から年賀状の交換をやめるつもりで出さないと、先方からくる。返事を出すと、翌年はこちらが出しても先方から返信でくる。この繰り返しである。でも年賀状で一人の人との交際が繋がっていくのであれば、それでよいと思っている。

ただ枚数が多い上に、相手の人のキャラクターがばらばらなので、毎年それぞれ相手に合わせて文面を変えるのは大変なので、文面は毎年同じにしている。最初は3種類ぐらい毎年交代で出していたが、その後30年くらいは全く同じで失礼している。もちろん目上の人にはペンで一言書き添えてはいる。

新しい道具は真っ先に飛び付く

会社に入った当初は活字の書類はタイプライターであった。タイプ室は込み合っていてタイピストに気に入られないと速く打ってもらえなかった。持ち込む原稿に誤りでもあると、最悪だった。そのうちにワープロというものが出た。はじめはブラウン管式のテレビぐらいもある大型なものだった。いち早くそれを導入して部課長会の資料をつくった。会議の席でその資料を配るとまず、須賀専務から一声かかった。

「おい、堀井君、こんな社内用の資料をタイプで打つことはないだろう」

「いや、専務、これはタイプでなく、ワードプロセッサーというものでして、これこれの機能がある大変便利なものなんです」

皆、感心したような表情をうかべた。ところが川越常務から面白い意見が出た。

「堀井君、ぼくはそのワードプロセッサーとかいうものは嫌いだな。ぼくはいろいろ資料を配られても中身なんか見ないんだよ。それを誰が書いたかで判断するんだよ。これじゃ誰が書いたかわからないじゃないか」

たしかにそれまでは手書きのコピーだったので一目でだれが書いたものか判った。字の特徴には個性があって書いた人の性格まで判ったものだ。ワープロでも文責〇〇と打っておくようにした。考えてみれば最初の頃は原稿を作る人とワープロは庶務の女性に打たせていたので能率も悪かった。

その後コンピューターと通信の技術革新が急激に進んで、新しい道具がどんどん出てきた。コードレス電話、携帯電話、計算機もどんどん小型になり、とにかく便利になっていった。そういう新しいモノが出るとすぐに飛びついた。

そのころ流通業界の革命児と言われた中内功の『私の安売り哲学』を読んで、その中の言葉が妙に印象的だった。

「私はいつも新しい乗り物を乗ってきた。馬車が出来た時には真っ先に使ったし、自動車にもいち早く乗り換えた。いまはジェット機からロケットに乗り移るところだ。しかしその時期では一番速い乗り物だった」

ただ、その後いつも感じたことは、そのモノを本当に使いこなすかどうかが問題だ。新しい道具は高い。機能が高度になるから当然だ。ところが道具を使いこなすために専門家が必要になる。却ってコスト高になる。コンピューターなどはものすごい機能の進化があるので、ただ道具として使っていたのでは膨大な費用がかかるだけである。現代の企業はコンピューター無くしては成り立たない。ぼくはその後ずっとコンピューターについて考えてきたが、一つの結論にいきついた。

「コンピューターは道具ではない。コンピューターは武器なのだ」

忘れ物を気にしないためのシステム

ぼくは子供の頃から物忘れがひどかった。何か一つのことに気持ちが行くと、他のものには気が回らなくなる。子供の時はそれでよかったが、社会人となり会社勤務をするようになると、これは困ることだった。

まず、出勤する時の持ち物である。本社勤務になってしばらくすると、すぐに忘れものが出た。ハンカチだったり、ペンだったり。サラリーマンが出社のときの持ち物は結構多い。前日帰宅時に持ち物を全部クローゼットの中の引き出しに入れることにしているが、それでも忘れる。

そこで忘れないように「出勤チェックリスト」を作ってクローゼットの扉に張った。持ち物だけでなく、身だしなみ項目も入れた。何か特別に持っていくものはカードに書いてリストの下のポケットの中に入れておく。朝そのチェックリストを確認する。車掌のときやっていた指差喚呼である。「出勤チェックリスト」だけでなく「ゴルフ・チェックリスト」も用意した。

しかしそのチェックリストを見るのを忘れてしまうのだ。我ながら呆れてしまう。そこで一式スペアを会社に置いておくようにした。ただ困るのはどこかで置き忘れて無くなってしまうことである。一番困るのは手帳である。毎年暮れになると銀座の伊東屋に行って三菱総研の手帳「DIAMOND DIARY」を2冊買う。スペアは安いビニール表紙である。

電車の網棚などどこかに置くと忘れる場合があるので、通勤は手ぶらにしている。物を忘れるということは注意力が散漫ということなので、しっかり注意すればいいはずだ。ただモノを忘れないように神経を使うことは好きでない。忘れてもいいようにあらかじめ用意しておくことだと思う。小さなリスク管理である。

出勤準備時間をPERTで最短に

子供の頃から夜更かしであった。その癖はずっと直らない。会社では残業はしないと決めていたので、早く帰ればいいものを、毎日のように帰りが遅くなる。それでも帰って一人になると急にやることが増える。本を読む、会議の資料や議案書を作る。レコードを聴く、たとえ横になったとしてもラジオの深夜放送を聞く。

ところが会社では、決められた時間に出社しなければならない。朝8時10分には家を出なければならない。ぎりぎりまで寝て家を出るまでの時間を最短にしたい。朝起きてから必ずしなければならない作業をリストアップした。これを短時間でこなすための工程管理の手法PERT program evaluation review technique で考えてみた。大したことではないが、考えてみることが楽しいのである。

入浴は夜にまわす。ハブラシを電動に替える。髭そりをシェーバーに替えてトイレで済ませる、着替えを少しでも速くするためにクローゼットの箪笥の整理整頓をした。いろいろ工夫をして22分になった。クリティカル・パスは食事であることが判った。信長の出陣のようにお濃がさっと粥を差し出してくれるようなわけにはいかない。そこで朝食をとらないことにした。もともと朝起きがけの食事は美味しくない。朝は頭や手足に血液が集中するため胃に血液が廻らない。朝食を抜くことは健康にいいと勝手に決め込んだ。これで17分になった。しかもそれぞれの工程を決して急がないことにした。急ぐと「出勤チェックリスト」の確認が疎かになるし、ろくなことがない。

夜のジョギングで健康管理

結婚して間もないころ、少し早目の帰宅であった。居間のテーブルについて食事をしようとしたら、なかなかご飯が出てこない。妻はキッチンで急いでいるようであるが、５分経っても10分経っても出てこないのである。ぼくはとにかく気が短い。テーブルをひっくり返したい衝動にかられた。ただ、まてよ、新婚早々だし、それではあまりに大人気ない。15分くらい待っただろうか、その場はじっと耐えて食事を終えた。

夜、模造紙に大きなグラフを描いた。横軸に時間。１分から5分まで刻んだ。食事の提供時間である。縦軸は美味しさの目盛である。０から１００％、20％刻みにした。グラフは右肩下がりの直線で、提供時間1分で美味しさ１００％、提供時間5分で美味しさ０％に描いた。翌朝、そのグラフをキッチンに貼って出勤した。

ところが敵も然る者である。帰宅して食卓に着いたら、何とテーブルの上にジャーが３つ並んでいた。ゴハン、味噌汁、おかずが入っていた。喜んで食べ始めたら妻にいわれた。

「そんなんでは美味しくないでしょう。何で帰る30分前に電話を入れてくれないのですか」それが出来ないのである。

そこで考えた。帰宅したら玄関でトレーニングウェアに着替え、20分ジョギングをする。その後10分でシャワーを浴びて食卓に着く。全て用意されている。完ぺきである。

つい先ごろアメリカのワシントンに行ったとき、ポトマック河の河畔は大勢のジョッカーで埋め尽くされていた。メタボは経営者に向かないとかで、アメリカではエクササイズブームである。ぼくもジョギングをしようと思ったが、何しろ夜更かしで朝はどうにもならなかった。夜にすれば食事を待つ間のイライラ解消と健康管理の一石二鳥である。

空き時間を有効に使う

ビジネスマンにとって時間管理は重要である。

一番大事な時間は通勤の電車だ。毎日往復で2時間、一年で500時間もある。これから40年間通うとすると、1年で500時間、40年間で2万時間、起きている時間は1日16時間だから、実にまるまる5年間は電車の中なのである。この膨大な時間をどう使うか、大きなテーマだ。

睡眠時間として使えれば、それはそれで結構なことだが、確実に座席を確保するのは難しいし、途中乗り換えもある。もう少し有効に活用したい。電車の中というのは意外と集中できるものだ。

1年か2年ごとに目標を決めて毎日集中してやってみることにした。最初は経済・社会・企業情報に慣れるために日経新聞を読んだ。あらかじめ折りたたんでラッシュの車内で読みやすいように準備した。

海外関係の仕事があった時期はウォークマンで英語のヒャリングを訓練した。英語は1年離れているると全くだめになることを痛感していたからである。

あるテーマを持って集中したこともある。信長が好きで戦国小説の文庫本を一冊ずつポケットに入れて通勤したこともある。文庫本は車内読書にピッタリである。

1990年はモーツァルト没後200年を記念して小学館からCD178枚のモーツァルト全集が発行された。丁度その頃ソニーからCDウォークマンが出たので、毎日CDを2枚ずつ持って出勤した。行きに1枚、帰りに1枚聴いた。ほぼ1年かけて、全曲通しで聴くことが出来た。1曲ずつ感想をメモして、ベスト11曲をCDに落として「聴くサプリメント」を作ったりした。

いずれにしても、通勤時間を有効に使うことはサラリーマンにとって大きな糧となる。そのサラリーマンの貴重な通勤時間を預けていただいている鉄道会社としては、もっともっと工夫をしなければならない。まず、ラッシュ時の混雑率200%は何としても改善する必要がある。本当は座ってゆっくり眠られるといいのだが、せめて新聞をゆったり読めたり、携帯ラジオをクリアに聞けるようにしたいものだ。

通勤以外でも会社勤めをしているとマイペースで時間管理ができるわけではない。いつ何時、空白の時間がでてくるかわからない。会議が遅れる。他社訪問で電車に乗る。20分早く到着する。喫茶店で待ち合わせして待たされる。外出先で30分空き時間ができる。出張ではさらに長い空時間ができる。

そういったとき、ボーとしているのもいいが、要はそういう不意に生まれた時間を有効に使いたい。そのために時間の長さに応じて何時でも対処できるようにあらかじめ何かを用意しておくことにした。「5分」は新聞の切り抜き、「10分」は雑誌や本の読みかけ、「30分から1時間」はウィンドウショッピングやタウンウォッチング、「1時間以上」の場合はたくさんある。床屋やサウナ、名曲喫茶や映画といくらでもある。新聞は読みたい記事を切り抜いておくし、雑誌や本は5枚程度ページを切り取ってポケットに入れておく。

これは時間の有効利用だけでなく、メンタル面でもメリットが大きい。待たされたり、急に予定を変更されても、イライラすることは全くない。むしろ自分の時間が出来たことで嬉しく感じることができるからである。

6章

労務課勤務——組織の中の自分の役割を考える

「ストのない京王」をめざして

1968年（昭和43年）、本社人事部労務課に異動した。初めての本社勤務である。

この頃、会社は大きな転換期にあった。1964年（S39年）新宿西口地下に新しく新宿駅が誕生し、アイボリーのスマートな車両が入り、特急電車も運転を開始した。新宿駅の上には8階建ての京王百貨店が開業したし、3年後開業に向けて京王プラザホテルの建設が始まった。沿線開発でも、京王ストアの多店化が始まったし、聖蹟桜ヶ丘に続いて、めじろ台の大型分譲住宅も販売を開始した。甲州街道の路面電車の小さな私鉄会社だった京王帝都電鉄は今まさに大きく飛躍を始めたのである。

事業は大きく発展しても、会社は社内に大きな問題を抱えていた。労務問題である。戦後からずっと続いてきた労使関係の対立は、高度成長が成し遂げられたその頃でも日経連と総評という枠組みの中で依然として問題を抱えていた。その大きな現れがストライキである。とくに国労バックの国鉄と、私鉄総連バックの大手私鉄のストライキは春闘の象徴となっていた。ただ、私鉄の中でも独自の労使関係を築いてストライキを回避する会社も出てきたが、東武、京成、京王帝都は中央の縛りの中でなかなか単組では動きが取れない状況であった。

経営トップの強い意思

１９６８年（昭和43年）、社内報『京帝だより』１月号で井上定雄社長は「ストをなくしたい」と全社員に訴えた。「公共事業を預かっているわが社としては、人に迷惑をかけない、ということが一番根本になるのではないか」「会社の誠意や考え方を十分に伝える努力をしたいし、組合もこちらの考えをとことん聞くという態度でやってほしい」

「ストのない京王」は次の小林甲子郎社長、井上正忠社長にも引き継がれ、全社的な大方針となった。「ストのない京王」はただストライキを無くするということだけでなく、生産性の向上による従業員の待遇改善、サービス向上や無事故実現による営業力の強化、さらには沿線開発による会社の成長をめざすことにつながる。ストを無くするという社内の運動は、まさに京王が近代的企業に脱皮する契機でもあった。

労務課はストのない京王に向けて組織的に動き出した。先ずは全社員の意識改革である。甲州街道の路面電車からスタートした京王帝都電鉄は今や首都東京を東西に結ぶ近代的な都市鉄道としてイメージを一新している。また百貨店やホテルなど新しい事業も開発、グループは大きく発展している。それに伴って社員の待遇改善も着実に進められている。「ストのない京王」は会社と社員が力を合わせてともに発展していこうという運動なのだと思った。労務課ではいろいろなメディアを通して、このことを全社員に訴えていった。広報の社内報『京帝たより』のほかに、労務課では新しく『労務通信』を発行したり、各部門管理職との「労務情勢報告会」なども実施した。また、組合内部の意識改革を目指して本部や支部の役員人事も会社側の意向を反映させるように動いていた。

労務懇談会

当時の労使関係は各社の個別労使関係よりも集団的労使関係が優先されていた。会社側は民営鉄道協会（民鉄協）、組合側は私鉄総連の中にあって、賃金や労働協約などの交渉は集団交渉で行われ、組合側は常にストライキをバックに交渉に臨んでいた。大手14社の中でも初めからストをバックにした集団交渉から外れている会社もあった。関東では西武、小田急、京浜急行であった。しかしその頃、今までいつもストに参加してきた会社の中でも世の中の情勢を踏まえてストをバックにした集団的労使交渉からなんとか抜け出したいと考える会社もでてきた。まさに当社がそうであった。

集団的労使交渉から抜けてストを倒すには、スト権投票で組合員のスト反対の意思を確立することである。組合員一人ひとりの意識を変えていくキーマンはやはり現業の管理職である。現業管理職全員を対象に「労務懇談会」を実施した。運輸部門では、駅長、助役、主任、駅掌。鉄道、バス部門をはじめ本社部門も含め全社中間管理職全員を対象とした。懇談会は府中市民会館の会議室を借りて各回20人、20回以上実施された。

われわれ事務局は「労務懇談会資料」を作成した。会社の経営、業績、労働条件の実態を日本経済や同業他社との比較の中で明らかにし、会社の抱えている課題と将来の事業計画について判りやすい資料つくりに取り組んだ。

労務懇談会は会社側の一方的な説明だけでなく現場の管理職と会社のトップとの懇談の場であった。特に鉄道の方からはかなり辛辣な意見や要望も出された。それに答える鉄道担当山本専務には感心させられた。

「山本専務に伺います。うちの線路はとにかくカーブが多くて困ります。特にホームがカーブしていると危険です。隣の中央線のようにどうして真っすぐに敷けなかったんですか」

「それはそうだな。でも仕方がないんだよ。中央線は国鉄だけど、うちはカーブ式会社だからね」

「山本専務、今度車両編成が5両になったのにホームが短いので先頭車の1両は切り離しでドアが開きません。もうすぐ6両になるのに、何で最初から6両のホームを作らなかったんですか」

「それもそうだな。だけどよ。君も嫁さんをもらってそのうち子供が4人になるからって、最初から3部屋も4部屋もある家を買えるかい？」

山本専務は長岡弁でやさしく話していたが、社員とのやり取りでこんなに心に響いた例をいまだかつて知らない。

労使関係の近代化

さまざまな労務対策の結果、京王は私鉄総連の中央集団交渉を抜け出てストライキを回避する体制を作り上げていった。

初めてストを倒し、集改札ストに切り替えた時の緊迫した夜を忘れない。翌朝から48時間のストに入る前日の夜、徳山書記長は組合の中央執行委員、全代議員を招集してストライキ回避の運動方針案を提案した。そのときの提案のアジ文を聞いていて、こんなに頭のいい人がいるのかと驚いた。ストライキをすることが、組合員の利益につながらないということを見事なレトリックで訴えたのだ。そして常にストを貫徹してきた京王帝都が私鉄総連の集団交渉を抜けて、名鉄と呼応して始発電車直前にストを倒した。新聞はその豹変を「暁の脱走」とはやした。これを契機に、ストのない京王の体制が実現していったと思う。あの時の見事なレトリックは今思い出しても興奮する。

その後、藤原委員長は全国の労働組合の委員長の中から選ばれて全労災の理事長となった。徳山書記長は新設された関連事業部長として会社に戻った。労務からレストラン京王を経てぼくは、その関連事業部に戻って徳山部長の下で仕事をすることになるのである。

【実践経営学 ＊目標の設定と経営トップの強い意思】

何事も目標を掲げたら、まず社長以下社内全体の意思統一が大切である。そして、その目標を達成するためのあらゆる手段を検討し、これと決めた施策については徹底的に遂行する。今回の「ストの無い京王」の全社運動は大きな成果を上げげた。また、目標に向けて全社一丸となって取り組んだ経験は、その目標達成以上に大きな効果をもたらした。

人事評価制度は全体のモラール・ダウン

本社に異動して初めて人事考課が行われた。この時は見習いなので自分の評価そのものにはあまり関心は無かったが、そのシステムについては違和感を持った。とにかく会社では人事考課の内容を全く秘密にしているのである。公表しないことはもちろん、本人にも知らせないのである。だから今期、自分はどう評価され、それはどういう理由なのか全く分からないのである。もっとも新しい賃金配分表は公表されるから、実際に給与をもらって、ベースアップと評価ＡＢＣＤの配分から逆算すれば、自分の評価がＡだったのかＢだったのか知ることができる。しかし他人との比較はできない。評価の理由を上司が示し、部下のモラールを上げるのが必要ではないかと思った。

もう一つの問題は、ＡＢＣＤの成績評価の格差が１００円とか１２０円とか少ないのである。これは、現場の社員の仕事の均一性からきていると思われる。成績査定そのものの格差は少ないがその積み重ねで、昇進、昇格が決まるシステムなのである。しかし、このシステムでは本社の社員のインセンティブにならないのではないかと思った。一生懸命仕事をして成果を上げてＡをもらっても、ブラブラやっている隣の人のＢと毎月たった１００円しか差がないのでがっかりする。Ｂをもらった人は、何で自分がＢなんだと文句を言う。Ｃをもらった人は最初からソッポを向いている。結局、全体のモラールを下げているのではないか。

原資が限られているのでそれほど格差をつけられないなら、成績表を会社の掲示板に貼り出すのがいい。格差は少なくても、名誉にかかわるからである。

こういう査定制度は、査定する側の意識の低下をもたらす。それぞれの部門でＡＢＣの割合が決められているからどうしても形式的になる。学歴や勤続も期間で画一的に評価されてしまう。もっとも、電鉄会社の場合は誰がやっても変わらないような仕事の内容だし、個々の仕事の目標も明確に決められていないということで、評価・査定も画一的になってしまう。鉄道会社としてはこれでいいかもしれないが、競争の激しい他の業界で事業を展開している関連会社も同じようになっていないだろうか。これから、じっくり考えてみたい。

日本は努力して成果をあげた者に報いる社会になっていない

本社勤務になって、仕事のこと、会社のことを考えていると、日本の社会の不合理な面がいろいろ目についてきた。

先ず身近な基準外勤務のことである。月給制のわれわれ社員は毎月の給料と一日の勤務時間が決められている。一生懸命仕事をしても基準時間内に終えると決められた給料しかもらえない。昼間ぶらぶらして残業すると、その時間は基準外賃金として２割５分増しでもらえる。乗務員ならともかく本社の事務員にはおかしなことだと思う。自分の能率が悪くて残業するのは仕方がないにしても、２割５分増しで支払うのでなく、会社に電気代を納めるべきではないか。

次に鉄道の運賃である。会社が一生懸命工夫して経費を節減してもそれは会社の利益にならない。その分、運賃が下げられてしまう。逆にいい加減に人件費などの経費を増えれば、その分、運賃が上がる。国鉄なんかどんどん運賃が上がっていた。

もっと広く見てみると、法人税である。会社が一生懸命努力して利益を出すと、法人税として半分持っていかれる。会社で負担すべきでない経費まで含めて利益を圧縮すると法人税は少なくなる。放漫経営で赤字になると法人税は納めなくてもいい。それどころか、赤字分は翌年まで繰り越しが出来る。

いずれにしても日本の経済社会システムは、戦後何もない時代に生まれたもので、今になってみれば、効率性、公平性の面からおかしな部分が多いように思われる。これから会社を運営していく上で個人のモラール、インセンティブに配慮しながら、努力して成果を上げた者が公平に報われるように配慮をしていくことが必要ではないかと考えた。

ダイヤ担当で勘違い

見習い期間を終えた翌年の6月、労務課長が課員全員を集めて業務の分担を指示した。ぼくの分担は鉄道のダイヤ担当ということであった。鉄道のダイヤ担当というのは、ダイヤ改正のたびにハンドル時間等、乗務員の労働条件について協議、交渉して取りまとめる役割である。

この頃は急激な鉄道利用者の増加に対応して頻繁にダイヤ改正が行われた。担当になってから間もなくダイヤ改正が行われることになった。新ダイヤの内容を見て仕業3枚増、つまり運転手、車掌各3名増でいけるかなと思った。いずれにしても早速、鉄道担当の執行委員たちとのコミュニケーションをとらなければと思った。

そこで徳武委員長と4人の委員を歌舞伎町の旅館奈良屋に呼んだ。奈良屋は徹夜の春闘交渉の時などに控え宿として労使双方がよく使っているところである。酒を飲み交わしたり、歌をうたったり、麻雀をしたり、一晩大いに語り合った。みんな相当酔っていたが、明け方別れ際に委員長に言った。

「委員長、今度のダイヤは3枚でいいんじゃないですか。ただ、折り返し時間が短くなったり、勤務内容はしょっぱくなっているので、あと3時間付けましょうか」

「ああ、そうだね」

その日は金曜日だったが、次の月曜日の朝出社したら、芝辻部長の机のまわりに幹部の皆さんが集まって一枚の請求書を見て「これは誰が使ったのか」などと話し合っていた。

相当な金額の奈良屋の請求書だった。

「ぼくが使いました」と言ったら、皆驚いたような顔をしていた。

後で内山専務から呼ばれて注意された。

「使ったのはいいけどあれだけの金額を使うときは事前に部長によく相談しておきなさい」

労務課長からも呼ばれて注意された。

「ダイヤ担当になってもらったけど、君の役目はダイヤ委員会の書記なんだよ」

組織の中で仕事をするということは、自分の役割分担をよく心得てやっていかなければならないと、大いに反省したものだった。

【実践経営学 ＊組織の中の自分の役割を正しく認識する】
組織の中で仕事をするときは自分の役割分担をよく心得ておかなければならない。その役割、権限を超えるような場合には、よく上司、同僚の了解を得ておかなければならない。

総連大会傍聴の一件

毎年行われる私鉄総連の大会には労務課から一名傍聴に派遣される。ぼくが行くことになったその年の大会は米子だった。前から伯備線に乗ってみたいと思っていたので大会前日は休暇を取って倉敷から米子に抜けることにした。伯備線はＳＬも走っているし、清音駅とか、豪渓駅、美袋駅、芭蕉翁夢塚のある生山など途中寄ってみたい駅も多い。そして備中高梁からバスで２時間くらいのところに鄙びた名湯があるということで、そこに予約を入れた。翌日米子に入って大会三日目と最終日に傍聴する計画を立てた。

深緑に萌える高梁川の渓流に沿って走る伯備線はローカル線の旅情を満喫させてくれた。途中清音駅に寄り、備中高梁駅に降りた。予約を取った宿までは清流に沿ってバスで２時間ほどかかった。古い大きな構えの一軒宿だった。宿の玄関先まで来て驚いた。大きな看板が出ていて『歓迎堀井様ご一行様』とあるではないか。たしか一名の予約を入れたはずなのに。

玄関を入ると奥から４人も女中さんが出てきて三つ指ついて挨拶をする。

「あの、一人なんですけど」と、おずおずと言うと、

「承知しております。堀井様ようこそお出でくださいました」

どうやらこんな大きな宿で今夜の客は一人のようであった。

食事は仲居さんが付きっきりで世話をしてくれた。『清音の伝説』などを聞いていると丁度その時庭の木々の葉に時雨の当たる音がしてきた。宿からかなり離れたところにある露天風呂までは仲居さんが唐笠をさして案内してくれた。川沿いにある露天風呂にたった一人で浸りながら、思わず好きな歌を口ずさんだものだ。

あまりにこの宿の居心地の良さに、ついもう一夜お世話になることになってしまった。

米子に着いたのは大会3日目の夕方になった。当日の大会はもう終わってしまったので、まずは組合の一行が泊っている宿に挨拶しておかなければならない。大部屋に顔を出すと、

「よく来た。さあ君も入りたまえ、もう一日ゆっくりやれるね」

ということで、早速酒の卓、麻雀の卓に誘われた。

明日はどうしても大会最終日の傍聴に行かなければと言ったら、

「いいんだよ。明日も皆と付き合えよ。議案書はここにあるからこれを会社に持っていけばいいよ」

不謹慎なことだが、そう声をかけられて何か嬉しくなって、翌日も皆と心行くまで付き合った。

出張から帰って、月曜日の朝、先ず芝辻部長のところに報告に行った。

「総連大会無事に終わりました。議案書はこれです」

すると、部長はニコニコして、

「運動方針案は一部修正が入って、こっちになったんだよ」

と、修正版を見せてくれた。民鉄協から傍聴に行っていた坪地君が届けていたのだ。

ぼくは心から自分を恥じた。傍聴をしないで組合と付き合ったことでなく、傍聴しなかったことを正直に報告しなかったことである。

【実践経営学 ＊決して嘘をつかない】

自分のしたことは、どんなことであっても正直に報告しなければならない。絶対に嘘をついてはいけない。一つ嘘をつくと次々に嘘を重ねなければならなくなる。そしてそれは、人間を小さくする。たとえどんなことになっても常に正直に報告し、謝るべきことは謝らなければならない。会社の責任ある立場に就いたなら、なお事実を曲げて繕うようなことがあれば、会社の命取りになる。絶対に嘘をつかないと肝に銘じた。

福利厚生のプロジェクト・チーム――もはや戦後ではない

社員の待遇改善の一環として、人事部では福利厚生の見直しを進めることになった。田中次長をリーダーに福利厚生のプロジェクト・チームが編成された。チームのスローガンは「もはや戦後ではない」ということで、社宅、保養所、社員クラブ、診療所、スポーツ施設の五つのチームが編成された。それぞれのチームリーダーは課長でその下に若いメンバーが配置され、ぼくは社員クラブと保養所、二つのチームのメンバーとなった。

社員クラブは順調に検討が進んだが、保養所の方は遅れていた。そこでぼくがたたき台を作ることになった。

今の会社の保養所は伊東、熱海、山中湖にある古い旅館であった。社員一〇人ほどに保養所に関する意見を聞いてみた。保養所に対する不満は二つに集約された。

一つは場所が限定されて、飽きてしまう。もう一つは家族を連れていくと足代がかかる。

この二つのネックを解消する方法として考えたのが、船を保養所にすることであった。手持ちの保養所を売却すると約一〇億円となる。商船三井の友人に聞いたら、それで外洋航海の出来る船を買えるという。運営を委託して一般客もとれば経費はまかなえる。中型船を買っての国内航海であれば、京王物産の持っている吉田港に係留できる。京王観光が旅行のメニューとしてクルージングを用意することは魅力的だ。京王グループは京王プラザホテルなどインターナショナルなビジネスに進出している。電鉄の社員が気軽に海外旅行のできる環境もつくる必要がある。

いくつかのシミュレーションを付けて保養所の改革案を組み立てた。結局時間切れでこの案がそのまま取り上げられた。

五つのチームの案をまとめて田中次長は部課長会に答申した。答申を終えて帰ってきた田中次長に呼ばれた。

「他の四つは了承されたが、君の作ったこの保養所の案を説明したら笑い物になったよ」

【実践経営学教訓　＊提案は観念論ではだめだ】

ものごとの提案は「こうあるべき」という観念論ではだめだ。上司の意識や会社の置かれている状況をよく踏まえて考えなければならない。会社においてものを考える姿勢は常に当事者でなくてはならない。傍観者であってはならないのだ。

7章 ビジネスマンとしての姿勢を考える

図書館・書店・書斎は最高の社交場である

会社、経営、仕事についてもっと学んでいきたいと思った。幅広く学ぶにはまず、本を読まなければならない。本は著者の思索や経験のエッセンスである。図書館や本屋へ行けば、古今東西の勝れた人々と何時でも会って話を聞くことができる。しかもこちらが望めば何回でも何時間でも会ってくれる。これは、自分にとって最高の社交場である。しかも古今東西の会いたいと思う人を自分の家にまで連れてこられるのだ。そうすればまさに時間に制約されることなくその人は何時でも自分の隣に居てくれるのだ。書斎の棚にその人の顔が並んでいるだけで、なにかとても満ち足りた気持ちになる。

その人の５００ページの著作を読了することはもちろんいいことだが、たとえ50ページの語らいでも１００人の著書と会えば５０００ページになる。要は、気が向いたとき好きなだけ語り合えばいいと割り切っている。積読大いに結構だ。

高校一年の頃、何か格好つけて判りもしないのにアリストテレスやカントなんかを読み耽った時があった。その時小諸を旅して「千曲川旅情の歌」が好きになり、藤村の「飯倉たより」を読んでいたら、その中に読書について次のように書かれていた。

「青年はすべからく青年の書を読むべし」

せっかく古今東西の人に会うにも、こちらの心構えが合わなければ何にもならない。しかし、誰と出会い、何を語らい、どう感じるかはその人の人生にとって、とても大きな意味を持つ。

経営書を読む

中味のある専門書をきちんと読むことはなかなか難しい。本を読むにしても自分だけだとどうしても面白い本、易しいノウハウものに流れてしまう。そういう時、一緒に本を読む読書仲間とか読書グループがあるといい。ぼくは学生時代クラスメートの小松君に恵まれた。行動科学とかテーマを決めて一緒に専門書を読んだ。彼とは読書だけでなく、コンサートに行ったり名曲喫茶でレコードを聴いたりした。ナット・キング・コールが来日した時には一緒に聴きに行った。大学2年の夏休みには福井の永平寺の別院に1ヶ月籠って読書と座禅をしたこともあった。

本社の労務課では、そこには、名古屋係長をはじめ、勝れた先輩達がたくさんいて、読書サークルがあり、記憶に残る本をたくさん読むことができた。

それからぼくは盆暮のギフトに何か一冊経営書を取り上げて要約と会社への応用の意見を添えて贈ることにした。本は比較的安いし、年に2冊はしっかり読めるし、一石二鳥である。

いろいろ読んだ中で次に挙げた本はその後仕事を進めていく上で常に導いてくれた本である。『私の履歴書』は比較的最近の経営者のいわば自伝である、業界は異なっても経営者が実際に何を考え、どう行動したかが生々しく伝わってくる。どんな経営学書よりも実践的で、教えられることが多い。子供の時から好んで読んできた世界の偉人伝のように感動し、心に響いてくるものがある。経営は実践だ。経営は、お客様にしても従業員にしても、人のこころを掴むことだとつくづく思う。ぼくは自分の意欲が少し落ちてきたとき、仕事がうまくいかないようなとき「伝記」をひもといて先人に会う。これが一番の薬である。

アンゾフ「企業戦略論」ダイヤモンド社
大前研一「企業参謀正・続」ダイヤモンド・タイム社
R・タンネンバーム他（嘉味田朝功他訳）「リーダーシップと組織」池田書店
ケプナー・トリゴー（上野一郎訳）「管理者の判断力」産業能率短大出版部
土光敏夫「経営の行動指針」産業能率短大出版部
加藤昭吉「計画の科学」講談社
中井浩「思考工学入門」ダイヤモンド社
「私の履歴書」日本経済新聞社
雑誌「Harvard・Business・Review」

「座右の言葉集」は心の宝石箱

いろいろな本を読んだり、人の話を聞いたりしていると、感動したり、教えられたり、共感したりすることが多い。そして心に突き刺さってくるのはそのエッセンスである短いフレーズであることに気が付く。それはこれから何かにつけて思いだしたり、応用したりしたい。「座右の言葉」というノートを作ってかき留めることにした。言葉の主の人名とその内容の項目をつけてインデックスにした。もちろんその中にはその時々に考えた僕自身の言葉もある。2012年現在、座右の言葉は1600を数えている。

この「座右の言葉集」はその後も長く重宝している。自分がものを書くとき引用したり、その時々必要な項目をコピーして会社のミーティングなどの席で配ったりして話題にしている。

ビジネスマンとしての心構え

現業実習の体験やいろいろな経営書を読んだり、会社の諸先輩の話を聞いていくうちに次第にビジネスマンとしてこれからどのような姿勢で仕事をしていったらいいか、自分なりの考え方が固まってきた。

まず京王帝都電鉄株式会社の社員として勤務していくわけである。学生や評論家ではない。一番大事な姿勢は当事者意識であろう。火事が起こったら、傍観するのではなく、すぐにバケツで水をかけなくてはいけない。会社の事業は現実の社会に根差した行為である。株主やお客様、お取引先、社員などたくさんの人たちとの関係の上に成り立っている。自分だけで夢みたいなことを考えていてはいけない。しかし、何時でも理想は持っていたい。また、仕事は一人で出来るものではない。自分だけの考えを、ただ一方的に主張するのではなく、会社のルールに則って説得したり、調整したりしていかなければならない。こうして自分なりの誓いを立てた。

【実践経営学　＊ビジネスマンとしての姿勢　堀井　章】
①傍観者でなく、当事者であれ
②夢想家でなく、理想家であれ
③議論家でなく、理論家であれ

仕事の進め方を考える

経営学の教科書には経営の三要素はヒト・モノ・カネと書いてある。確かに経営のプリミティブな段階においては人がいて、原材料機械を金で購入し、生産して販売するわけだから、ヒト・モノ・カネが原点であることは解るが、現在の複雑な経済システムの中で経営をすすめていくにはハードよりもマネジメント・ソフトの方がはるかに重要なものとなっている。従って現代の経営の三要素はヒト・モノ・カネでなく、情報・システム・ノウハウであると思う。

仕事というのは極めて目的が明確な行為である。自分が実行する仕事が会社の業績として結果を出さなければならない。ただ闇雲にやればいいというものではない。仕事の方向は会社の方向とベクトルをあわせなければならない。どんなに熱心に仕事をしても会社の目指す方向と異なっていては徒労である。

さらに自分の仕事が成果を上げるにはそれなりの方法がある。飛躍的な成果を上げるためには今までと同じやり方ではだめである。仕事のやり方、方法論を変えなければならない。それには高い目標、高い計画を掲げる必要がある。

普通、会社の計画は予算と同じものである。予算はお金に裏打ちされているのでほとんど現状の延長線上で組み立てられる。それを文章化したのが計画である。そこにはたしかに現状から脱皮する「計画」が述べられている。しかし、それはただ「検討する」「努力する」といった修辞にしかすぎない。結局「計画」は計画でなくて、単なる現状の延長線、予測でしかない。それは全社の「計画」を組み立てる「企画部」が各部の各担当の予算を合算して取りまとめるだけだからである。合算の結果から、部分的にネゴ、調整することはあっても予算編成元の意思が尊重される。予算編成元の各部も、集約元の企画部も結果についての責任を考慮して、大抵低めの予算を作るものである。だから、会社は一向に進歩しない。戦略的発想が生まれないのである。戦略なき計画で戦いに勝てるわけがないのだ。

特に鉄道会社では毎年3%の沿線人口増と5年に一度5%の運賃値上げをする予定で予算を組めばいいわけで、本来の計画とか戦略の発想は生まれないのである。

しかしこれからは鉄道部門のウェイトはどんどん低下するし、鉄道部門でも、収入について、改良投資についても、さらに戦略的発想が必要とされていると思う。

高い目標を設定する

目標・計画が高ければ意識が変わる。今までと同じやり方ではいけないんだという意識が変われば、方法論が変わる。方法論が変われば自ずから行動が変わる。こちらの行動が変われば、相手の動きも環境も変わる。どんな仕事をやっていても常に高い目標を描き続けたいと思った。そしてそうすれば仕事は必ず面白くなると思った。

パスカルの「パンセ」の中に次の一節がある。

「ダンスをするときには、ステップをどう踏むかをよく考えなければならない」

これは何を言っているのかぼくはずっとわからなかった。そして最近こういうことではないかと思うようになった。人は楽しむためにダンスをする。ところがステップばかり気にしてちっとも楽しんでいない。楽しむという目的を忘れて、ステップという手段ばかりに気を奪われてしまう、人間の愚かさを言っているのではないだろうが。

仕事の上ではこのようなことがよくある。常にこの仕事の目的はなにか、ということを意識していなければならない。

【実践経営学　*仕事の進め方　堀井　章】

①経営の三要素情報・システム・ノウハウを重視せよ
②高い目標・計画があって初めて戦略がうまれる
③手段に埋没することなく常に目的を意識せよ

参謀五戒（ビジネスマンの心得）

日常の仕事を進める上での考え方、方法論で最も共感したのは大前研一である。１９７５年、自分より若い著者が出した「企業参謀」を読んだ時には感動した。ＭＩＴを出てマッキンゼー社のコンサルタントをしているというが、本の中で紹介されているアメリカのマネジメント手法には衝撃をうけた。著者は本のまとめとして、企業の戦略立案を担うビジネスマンの心得を「参謀五戒」として掲げている。

ぼくはこの大前研一に出会えたことに感謝している。この「参謀五戒」はその後あらゆるぼくの仕事の局面で素晴らしい成果をあげてくれた。そして企業の事業、経営の停滞や仕事の失敗の本質はこの五戒を犯したことにあるように思えてならない。

【実践経営学　＊参謀五戒　大前研一「企業参謀」より】

戒１　参謀たるもの「イフ」という言葉に対する本能的恐れを捨てよ。
戒２　参謀たるもの完全主義を捨てよ
戒３　ＫＦＳ（Key for Success）については徹底的に挑戦せよ
戒４　制約条件に制約されるな
戒５　記憶に頼らず分析を

8章　1ケ月間のアメリカ見聞旅行

アメリカは若い時によく見ておきたい

本社に異動して会社というものを考え、京王帝都電鉄という会社の将来をいろいろ想像してみた。

鉄道というビジネスはもともとローカルな事業である。会社をこれから発展させていくには、鉄道事業を中心に人々の生活に密着した様々な事業を考えていかなければならない。まさに阪急の小林一三が進めてきたシナリオである。京王も百貨店、スーパー、ホテル、旅行事業、不動産事業、ゴルフ場、スキー場、レストランなど次々に新しい事業に進出してきている。これら個々の事業を健全に発展させていくために、どこか目標となる事例はないだろうか。それは、最も進んでいるアメリカである。

明治維新の政府高官がヨーロッパ視察に行ったように、進んでいるアメリカの流通事情を見てみたい。しかもそれは若いうちに見ておきたい。

そしてアメリカ一周の見学旅行を企画することになった。同行者は同じ思いで企画に賛同してくれた花房利春君である。彼は総務部勤務の同期生で気心も知れているので安心である。

まず、旅行期間は連続休暇の取れる9月15日前後約5週間、36日間と設定した。前年の保存年休と今年支給の年休と日曜日を会わせた連続休暇であった。当時年休を完全消化することは少なかったので、「帰ってきたらもう机は無いからな」と冗談を言われたものだ。

問題は費用であった。当時は1ドル360円、航空運賃も高く、TOKYO→N.Y.S.F.→TOKYO往復だけで$860、30万円もした。そこでアメリカ国内の移動はGREYHOUNDの長距離バス1ヵ月フリーパス$132で回り、ホテルはバスの車中泊で節約することにした。それでも総額80万円と高額だった。「これは投資として考えてくれ」と言うと、妻は快く工面してくれた。当時、海外旅行を手掛けていた京王観光の吉田部長が何くれとなく、面倒をみてくれた。ただ、30日間の予定を予めセットするのは難しいので、ニューヨークまでの飛行機パンナムとニューヨークのホテルだけを予約して後はフリーで回ることにした。パンナムは「世界の翼パンナム」といわれ、「兼高かおる世界の旅」のスポンサーとして当時最も花形の航空会社であった。京王プラザホテルがオープンしてからは、クルーの東京での宿となっていた。あの世界に冠たるパンナムがその後、規制緩和や競争にさらされて二〇年後には倒産してしまうなんて当時は全く想像も出来なかった。

この頃、海外旅行はめずらしく、水盃の様な雰囲気だった。中山課長をはじめ職場の皆さんが羽田まで見送りにきてくれた。

アメリカの広さとダイナミズムに目をみはる

こうして1971年（昭和46）8月21日、ぼくと花房君はアメリカへと羽田空港を発った。最新のボーイング747の大きさに驚いたが、それでも途中、機体の天井に頭をぶつけるほどの激しい揺れがあったりした。ニューヨークまでの直行便はまだ無く、アラスカのフェアバンクス経由で相当時間がかかった。

アメリカの第一の印象は広大な国土であった。何しろグレイハウンドの長距離バスでまる2日走っても、景色が変わらないのだ。この広大な土地と資源をバックに、アメリカ人の大らかさとフロンティア・スピリットが育まれてきたのか。今更ながらこんな国とよく戦争をしたものだと思った。

広大なアメリカの輸送手段は鉄道から車、飛行機へと変化してきている。人に関しては鉄道の時代は完全に終わって、車と飛行機の時代になっている。車を普及させるために都市近郊の鉄道は石油会社が買い取って仕舞ったという話も聞いた。

ただ、長距離鉄道は貨物輸送の需要は強く、六十両、七十両という長編成の列車が走っているのは壮観である。大都市の路面電車や地下鉄、グレイライン・バスは市民たちに利用されているが、とにかくアメリカは完全に車社会となっている。

上下一〇車線もある都市のフリーウェイには大型のアメ車が溢れている。そのうち日本製の車もこのフリーウェイをどんどん走るようになるのだろうか。

ただ、ロスアンゼルスなどの大都市およびその周辺は車の洪水となっており、石油資源量や公害問題などで、将来鉄道が見直されることになるかもしれないと思った。

仕事の分担と権限の委譲がモラールを上げている

デトロイトではフォード社の工場を見学した。広大なオートメーション工場は壁面に沿ってコンコースがあり、マネージャーが案内してくれた。オートメーション・ラインはいくつものブロックに分けられて、それぞれのブロック長が製造管理とそのブロックの工員一〇人ほどの管理をしているという。ブロック長はそのブロックの全てを任され、また責任を持っているのだ。日本のように人事、給与、厚生などを本社の一般管理部門がやるのではなくて現場の長が直接権限を持ってやっている。工員に対するガバナンスと全社的な効率の面で優れた管理体制であると思った。

アメリカ小売業のダイナミズム

広い国土と戦後の経済成長を背景にアメリカの小売業はダイナミックに発展と変貌をとげつつあった。一八五八年南北戦争の頃メーシーが創業してから一九五〇年頃までは百貨店の時代が続いた。これを凌駕したのがシアーズ・ローバックやJ・Cペニーに代表されるGMS（ゼネラル・マーチャンダイジング・ストア）である。主婦の就業とモータリゼーションの結果、店舗立地がどんどん郊外に拡がったのである。カタログ通販からGMS、さらにディスカウンター、アウトレットストア、コンビニエンス・ストアと顧客の嗜好に合わせて、需要を開拓するためにどんどん業態を変えてきている。

ニューヨークのブルーミングディールでは重厚な雰囲気の店内に高級感のある商品が整然と陳列されている。落ち着いてゆっくり見て回ることができる。店員はほとんど見えない。ショーケースの中の商品を手に取ってみたいと思った、そのとき店員がスッーと寄ってきた。

「May I help you?」

実にタイミングがいいのである。

ロスアンゼルス郊外のスーパーマーケット、セーフウェーを訪ねた。セーフウェーは現在全米で二千店を超え、カナダなどの海外出店に力を入れているという。もちろん車で行く郊外マーケットなので、ダウンタウンからタクシーででかけた。店に入って驚いた。広大な店舗に商品が溢れていた。入口の大きなストッカーにはマンゴが山のように積みあげられていた。日用品のフロアーでは歯磨き関係だけでラックが一〇《メートル》もあるのだ。顧客の嗜好に合わせて驚くほど商品の多様化が進んでいる。

広大な店内を見渡せるコンコースがあって、そこから見ていたら面白い光景に出合った。

一人の優雅な婦人が店前の車を降りて店内に入ってきた。すると店のフロアー・マネージャーが大きなカートを牽いてその婦人と話しながら店を回りだした。婦人は熱心に世間話をする。マネージャーはカートの中に次々と商品を放り込む。カートが一杯になるとマネージャーはカートを押して夫人の車まで運んで行ったのだ。セルフサービスのスーパーマーケットでも顧客との絆を重視していることが見てとれた。

その後マネージャーからいろいろ話を聞いてみた。

「商品の値段が少し高いのではないか」

「仕入原価に人件費・経費を加えてさらに一六・二％の利益を積むとこの値段になる」

「それでは売れないのでは」

「この値段で売れるようあらゆる手を尽くす」

なるほど、お客様にこぼれるような笑顔で挨拶して、カートを運ぶサービスをする。セールスとは売り込む情熱であると知った。

アメリカでは車の普及で消費者のショッピングは完全に郊外に移っている。消費者のニーズが拡大するにつれて、食品の種類も豊富になり、さらに日用品のワン・ストップ・ショッピングもできるということで、百貨店、ドラッグ・ストア、ＤＩＹなどの大型専門店が同居するような大型のショッピングセンターが増えてきているという。さらに低価格、長時間営業のコンビニエンス・ストアが比較的住宅に近いところに増えている。

アメリカの小売業は現在猛烈な出店競争の時代を終えて、よりきめの細かいサービスと経営効率化の時代に入ってきているようだ。

ロスアンゼルス・ビバリーヒルズ近くのロディオ通りを歩いた。道の両側に高級なオートクチュールの店がずらりと並んでいる。エリザベス・アーデン、カルチエ、ディオール、エルメス、全て揃っている。店内の商品の陳列は少ない。客の姿もほとんど見えない。特定のお客様の注文に応える営業をしているのだろうか。

こちらの新聞に出ていたが、中西部百貨店デイトンの社長はこれからの百貨店営業のキーワードは〝wardrobe consultant〟だという。百貨店としてスーパーに対抗していくにはお客様とのパイプをより密にすることが必要だ。

大量販売によるディスカウンターと粗利を確保する高級専門店の二極分化がどんどん進んでいくに違いない。そしてマーケティングでの二極分化は小売業だけでなく、外食、ホテル、レジャーなどあらゆる産業でますます鮮明になっていくに違いない。

センチュリー・シティの新しい都市開発

ロスアンゼルス郊外に新しい街・センチュリー・シティが建設中であった。まず、その一角にあるセンチュリー・プラザ・ホテルを訪れた。井上定雄社長が京王プラザホテルのモデルにしたというホテルである。京王プラザホテルは人々が集う広場のような明るいイメージを持っていたから、郊外の新しいこのホテルも、明るい簡素なものを想像していたが、全く違っていた。豪華で重厚なホテルの館内は実にシックで落ち着いた雰囲気だった。ロビーや廊下は暗く、コーナーに配置された豪華なソファーのフロアースタンドが仄かな灯りを付けている。

ホテルだけでなく、普通の店舗や個人の住宅でも照明は必要最小限に抑えられている。やはり、国土の広いところでは電力を極力セーブする必要があるのだろうか。しかし、それが何とも言えないシックな落ち着いた雰囲気を醸しだしている。

シティ全体の開発構想を聞きたくて現地のオフィスを訪ねた。「KEIO ENTERPRISE Corporate Planning Section」の名刺を出して、新宿副都心、京王プラザホテルの関係者として自己紹介をした。

　すると、「今日は土曜日の午後で担当者は休日でいないが、来てもらうので少し待ってください」という。もしかしたら、京王プラザホテル開発の先輩達のおかげかもしれないと思った。

　オフなのに、わざわざ車で駆けつけてくれた市の担当者は、シティの隅々まで車で廻って案内してくれた。高層住宅はもちろん、ホテル、学校、病院など新しいアーバンタウンの機能が整っている。さらに都市のさまざまな機能が今でも建設中であるという。確かに担当者の説明にあったように、住宅だけの開発では街は発展しないのであろう。

　その後オフィスに戻って、図面やスライドを示しながらシティ全体の開発について丁寧に説明してくれた。そして、最後に相当に分厚い資料を用意してくれた。旅行中で荷が重いので、東京まで送ろうと思うと言ったら、

「住所を書いてくれ、私が送りますから」「それはありがとうございます。では郵送代はおいくらですか」と聞いたら、

「Oh! No. it's my job.」と言う。役所の担当者も自分の職責をしっかりと全うしている。この姿が続くかぎりアメリカは発展すると思った。そして後で、ついチップを置いてこなかった自分を反省した。資料を送ってくれた分厚い封筒を見るたびに差出元のロスアンゼルス市の担当者を思い出して感謝している。

外食産業の発展

とにかくアメリカ人はよく動く、そしてよく食べる。狩猟民族だから外で食べるのが当り前。ありとあらゆるTPOに合わせてフードサービスが提供されている。スナック、ファーストフード、カフェテリア、レストランと、どこに行っても不自由はない。食の文化は無いが機能は進化している。サービスもセルフサービスとレベルの高い接客サービスに二極分化してきているようだ。

セルフサービス店のメニューは絞り込まれているが、利用者の好みに合わせてバリエーションが豊富だ。調理もパターン化してほとんど機械で処理している。カップもプレートも使い捨ての紙なので、洗いの作業をカットしている。人件費を出来るだけ効率化して価格を安くしている。日本でもこのセルフサービスのスタイルはどんどん普及するに違いない。

その一方、レストランのサービスも進化している。ハワイのちょっと高級なレストランに行った。このフロアーのテーブルはいくつかのブロックに分けられていて、テーブルクロスも活けられている花も違う。マネージャーに聞くとフロアーのサービス・スタッフは自分の担当するテーブルが決まっていてテーブルウェアから飾る花まで自分で決めるという。お客様はそのサービスを受けたくて指名するのだという。そしてチップを支払う。仕事に対するモラールの向上はただ掛け声だけではなく、システムとして工夫する必要があると思った。

アメリカ社会と文化

戦後、アメリカ文化が洪水のように日本に押し寄せてきた。それは主に映画と音楽だ。「風と共に去りぬ」を初めて見たとき、この大スペクタクルが第二次世界大戦の開戦時に当時のお金で二十億円もかけて作られたこと、「チャップリンの独裁者」やディズニーの「ファンタジア」などが太平洋戦争の最中につくられたことを知って全く仰天したものだった。

歴史の浅いアメリカの文化はまさに大衆の文化として根づいてきている。クラシック、美術、演劇、ミュージカル、映画、どの分野でも大衆が気軽に楽しめるようになっている。

それは先ず規模の大きな立派な劇場、ホールがあること、そして個人の寄付や協賛にささえられていること。その結果入場料が安くみんなが楽しめる。映画も何本も観たが、先ず映画館の立派なこと、まるでギリシャの神殿のようだ。オペラハウスや美術館も壮大な建物である。幻想の世界へ誘うエントトランスのギミックであろうか。

ニューヨーク・メトロポリタン、ボストンと並んで三大美術館のシカゴ美術館を訪れた。三〇万点という膨大な美術品の多くは個人コレクターの寄贈によるという。マチス、ゴッホ、スーラなどの有名な名作がふんだんにあった。入場料もそれほど高くはなく、子供は無料だし、火曜日には無料開放されている。

西部開拓史を思わせるソルトレイクシティには全米一のパイプオルガンがある。武蔵野音大のベートーヴェンホールで初めて聞いたときからパイプオルガンが好きだったので、モルモン教会を訪ねた。ソルトレイクシティらしく白い壮大な教会に入ると、ふんだんに施されたステンドグラスと鳴り響くパイプオルガンの音で何とも言えない荘厳な雰囲気を出していた。
ラスベガスでは当時ミス・ダイナマイトと呼ばれて人気のあったブレンダ・リーのショウを見た。ロスアンゼルスの野外音楽堂ハリウッド・ボウルではデビュー間もないロックバンド「シカゴ」のライブを満喫することができた。みんなワインやサンドイッチを持ち込んで星空の下で楽しんでいた。

サンフランシスコではシティホールでボストン交響楽団の演奏を聴いた。クラシックのコンサートで気は引けたが、スーツの用意がないのでジーンズで入場してしまった。休憩時にロビーに出たらみんなタキシードやカクテルドレスであった。カクテルを傾けながら彼らと会話したが、特別われわれを気にしている様子はなかった。彼らがドレス・コードにこだわるのはみんなそうしてほしいと思うからでなく、自分がそういう気持ちで参加するんだという意思のように思えた。何のわだかまりもなくわれわれに接してくれた彼らに特別な好意を感じたものだ。

第2部　実践経営学—Specialtyの時代〔1972年～1981年〕

—初めての出向と関連会社マネージメント—

第2部　目　次

1章　外食事業独立への準備

2章　飲食部門分離・独立への準備

5章　利は元なり

6章 ファーストフード事業―カレーショップ「C&C」の開発

7章　カレーショップ事業の展開戦略

8章　カレーショップ「C&C」フランチャイズの展開

1章 外食事業独立への準備

京王ストアへの出向と外食事業の検討

1970年（昭和45年）電鉄企画調整部に「外食事業プロジェクト・チーム」が編成された。これから成長が予想される外食産業に対して京王としてどう対応すべきか、というものだった。当社はもともと外食事業への進出は早く、1959年京王食品という会社が明大前で饅頭の製造販売を始めてから、食堂経営に進出、井の頭線渋谷駅ビルや銀座フードセンターなどで、大型レストランを7店経営、新宿京王百貨店や鉄道・バスの乗務区での食堂など様々な形態の外食事業を展開していた。京王食品は京王帝都電鉄発足後、いわば事業多角化の先兵として活動してきた。スキー場やスーパーなど新しい事業に早い時期に進出していた。

京王食品はまたダイエーと同じ頃スーパーストアに進出、その後、ストア業が中心となってきたので、1968年（昭和43年）社名を京王食品から京王ストアに改めた。一方の外食事業もこれからの有望産業ということで、プロジェクト・チームを編成して検討を始めたわけである。

チームのメンバーは、電鉄からリーダーの轟部長、池田課長、京王ストア食堂部から真田課長及びその他3名合計6名であった。ぼくはその時労務課にいてプロジェクト・チームのメンバーではなかった。

「今後日本経済の成長に伴い、女性の就業も高まり、家計の所得水準も上がり、外食産業は成長分野である。その中で企業が展開する外食事業の業態として期待できるのは、ファミリー・レストランとファーストフードである」

以上がプロジェクト・チームの答申であった。

この答申を受けた小林社長は、

「判った、その方向で事業を進めなさい。ただし、チームのメンバー全員京王ストアに行って、京王ストアで外食事業を進めるように」ということであった。

その5、6日後、ぼくは労務担当の中山課長から呼ばれ、京王ストアへの出向の内示を受けた。ぼくは労務担当の仕事にも慣れ、時間的にも余裕もあったので、本を集めて経営全般について学んだり、京王電鉄が進める新規事業についてあれこれ考えたりしていた。

後で人事部の名古屋課長から聞いた話だが、当初プロジェクトチームのリーダーだった轟部長が辞退したので出向チームは企画調整部の能本次長と池田課長二人ということになった。そこで、企画担当の多比良専務から名古屋課長に話があり「能本君と池田君の他に誰かもう一人元気のいい若い者を付けてやってくれ」ということになったという。

その頃関連会社への出向は定年近くなった役職者で、若い人の出向はまず無かった。しかし、

2年前京王プラザホテルが出来て若い人の出向も当然出てくると思っていたので、内示を受けて新しい仕事への期待感でうれしかった。

君たちはこの会社に骨を埋める覚悟か

1972年（昭和47年）京王ストアに出向した。初めて出社した翌日、早速食堂部の歓迎会が開かれた。京王食品は、かなり以前から和洋中の大型レストランをいくつも経営してきているので、食堂部の幹部はかなりのベテランが揃っていたし、腕のいい料理長クラスもいた。

ベテランの幹部たちはまず、池田さんとぼくに厳しい言葉を投げてきた。

「君たち、昼間の会議で判ったようなことを言っていたが、この会社に骨を埋める覚悟はあるのか」

池田さんは柔らかい物腰ながらきっぱりと答えた。

「もちろん骨を埋める覚悟ですよ。皆さんのご意見を聞きながら一生懸命やりたいと思います。どうぞよろしく」

「堀井君はどうなんだ」

ぼくはその時、何か「骨を埋める」という言葉に違和感をもったので、池田さんと違うことを言っておきたいと思った。

「ぼくは骨を埋める気はさらさらありません。すぐ帰るかも判りません。ただ腰掛けだからといっていい加減にやるつもりはありません。皆さんはこの会社に骨を埋めなくてはならないのでしょう。だったらお互い一生懸命やって、いい会社にしましょうよ」

その場でのいろいろやりとりを聞いていると、プロパーの幹部たちはどうも出向者に対して信頼を持っていないように思われた。無理もない話だ。プロパーと出向者の間の溝はこれから時間をかけて実際の仕事の場で埋めていかなければならない。

しかしこれからはグループ一体となって他社と競争していかなければならない。本社だ、傍系だといっている場合ではない。人材ももっと交流していくことが必要だ。そのためには、まず、我々出向者の意識改革が必要だ。

電鉄会社は株式会社ではない

関連会社は普通の株式会社であるが、電鉄会社は特殊な会社である。ぼくは、電鉄会社は株式会社ではないと思う。株式会社は、ます売上高が一番である。売ってなんぼ、ということである。だから会社の中で営業部が最右翼である。しかし電鉄会社には営業部はない。売上を自分でコントロール出来ないからである。鉄道会社の売上高はお客様・鉄道利用者と価格・運賃により決定される。鉄道はほぼ地域独占なので、売上高は沿線の人口によって規定される。沿線人口の伸びは年だいたい2％である。また鉄道という商品の価格は、独占事業であるがゆえ売り手が自由に決められる価格でなく、運輸省の認可制運賃となっている。鉄道運営にかかわる諸コスト・鉄道原価が査定されて、ほぼ5年に1回15％ほどが認められる。年平均では3％である。従って鉄道事業の売上高のモノサシは5％ということになる。

普通の株式会社では営業部の次に大事なのは仕入・購買部である。良い材料を如何に安く仕入れるかが競争会社との勝負になる。仕入れ価格の差が価格競争力となり、利益の源泉となる。鉄道のレールを従来10億円で仕入れていたものを特別に工夫して9億円で仕入れることができれば、普通の会社では1億円の利益増となる。ところが鉄道事業では9億円分の運賃しか上がらない。いい加減に11億円で購入すれば、11億円分の運賃が上がる。だから鉄道会社には仕入部はない。もちろん経理部内に、モノをきちんと購入し、減価償却処理をする購買担当はある。しかし、戦略的な仕入機能を持った購買部は無い。つまり鉄道会社には営業部と購買部が無いのである。これでは株式会社とはいえない。役所である。その鉄道会社が関連事業に進出してそれぞれの業態の商売のプロの専門会社と競争していくわけだから、勝てるわけがない。よほど考えなければならない。そういう意味では若いうちに関連会社の経験が出来ることは幸いであると思った。

ウェイトレスの仕事の能力は愛嬌

京王ストアが展開しているレストランの実態を見るため、1週間に1店ずつウェイターとして勤務した。当時京王ストアでは100坪ほどの大型店を6店営業していた。銀座のフードセンターに和洋2店、井の頭線渋谷駅ビルに和洋中3店、八王子のサマーランドの中のカフェテリア1店、である。

一連の見学を終えて京王ストアの本社に帰り人事担当常務に会って意見を述べた。

「レストランのウェイトレスの採用基準はどうなっているんですか。一日中渋谷の町を歩いてもこんなに可愛くない女の子は探せませんよ」

「何を言っているんだ。うちの採用は、内申書と学科試験とクレペリン・テストを行なって、成績順に選び、最後は役員による面接を行なうんだよ。だから優秀な子が入っているんだよ」

「待ってください。レストランのお客様は食事を楽しみにやって来るんですよ。可愛いいウェイトレスの笑顔のサービスが大事なんですよ。学科の成績なんて関係ないですよ。ウェイトレスの能力は学科ではなく、愛嬌ですよ」

「君、それは女性蔑視だよ」

今なら、セクハラと言われるようなことを言ってしまった。しかしお客様にとって気持ちのよいウェイトレスは、かわいい愛嬌のある女の子に違いない。

こうして、それからは面接のウェイトを高めてもらうことを約束してもらった。鉄道と違って百貨店やレストラン、ホテルなど当社グループが行なっているサービス事業では、女性スタッフのキャラクターは大切な要素だ。一次試験、二次試験で、愛嬌のある子はたいてい落とされてしまう。最終の役員による面接試験には明るい愛嬌のある子は残っていない。

その後グループのサービス会社に行った時ぼくは、入社試験の順序を変えることにした。最初の一次試験でトップの面接を行ない、二次、三次で学科試験などによる選別をすることにした。一目顔をみれば、その人物はたいてい判断できる。これだけで、店の雰囲気は一変する。

【実践経営学 *スタッフの採用基準はサービスの心】
知識や技術は教育で教えることができる。しかし人間性や性格はなかなか変えられない。サービスの本質はおもてなしの心である。その心が自然に笑顔をつくる。

サービスを考える。

外食事業に携わるようになって「サービス」についていろいろ考えた。鉄道事業では大切なのは安全、定時運行、快適性などで、どうしても役所のような営業姿勢になってしまう。まして鉄道事業は地域の独占企業なので、「乗せてやる」というように、接客サービスは軽視しがちとなる。ところが、鉄道以外の事業はすべて他社・他店と競争している営業事業である。グループとして「サービスとは何か」を真剣に考えていかなければならない。

ところがグループの経営の歴史の中で「サービスの本質」を表した言葉が見つかった。それは1964年（昭和39年）京王百貨店創業のときの井上定雄社長の言葉である。

「客の心を心となす」

それまで京王電車は、甲州街道の上を走る路面電車で、大手私鉄の中でも規模も資金力もない脆弱な会社であった。その年1964年、京王線は専用線になり車両やユニフォームのデザインも一新、特急電車を走らせて沿線の宅地開発を積極的に進めることになった。京王線新宿駅は新しく西口の地下に新設された。その上に地上8階建ての大型ターミナル百貨店を建設したのである。ターミナル百貨店でありながら鉄道事業を脱皮して新しい高級百貨店を実現するために井上社長は高島屋と提携した。部長クラスを高島屋からスカウトし、マーチャンダイジングも高島屋の傘下に入ってリーズナブルな百貨店を実現した。そして井上社長は一番大切な心構えとしてこの言葉を掲げたのである。この井上イズムが１９７０年開業の京王プラザホテルにつながり、まさに京王グループのイメージは一新されたのである。

【忘れられぬ人 ＊京王帝都電鉄　井上定雄社長】

１９６４年（昭和39年）移設した新しい地下新宿駅の上に京王百貨店が建設された。当時日本の百貨店の中でも大型の本格的な百貨店であった。その5年後、新宿駅西口に日本一の超高層の京王プラザホテルが建設された。いずれも井上社長の決断によるものであった。そしてそれを契機として京王グループのイメージは一挙に高まったのである。

営業の原点はサービスである。サービスはお客様と向き合う一人ひとりのこころから生まれるものでなければならない。「客の心を心となす」と、もうひとつ心を打たれた言葉に出会った。その頃スーパーマーケットや外食産業が勃興、いろいろなところで、チェーン展開やサービスについてのセミナーや講演会が行われた。雑誌「商業界」でもセミナーが開かれ、その中で「誓詞」がつくられた。ぼくはその後グループ各社で、会社のモットーとともにこの誓詞を掲げサービスの精神を徹底するように工夫した。アメリカで誕生した新しいこれらの業界では詳細なオペレーションの「マニュアル」が導入された。だが、質の高い日本の接客サービス員に必要なのはマニュアルに書かれたテクニックでなく「サービスの心」だと思った。「マニュアル・ブック」を読むより「シェークスピア」を読んだ方がずっといいと思った。

【実践経営学　＊サービスのこころ―商業界ゼミナール誓詞】

「誓い」
あなたの今日の仕事はたった一人でもよい
この店に来てよかったと満足してくださるお客様をつくることです
あなたがいるおかげでひとりのお客様が人生は楽しいと知っていただくことです

外食業界の先輩たちに学ぶ

外食業界に入ってつくづく感じたのは、会社組織で経営するのではなく、信念を持った個人の経営する飲食店が成功しているということである。商社や電鉄会社など伝統的な企業が進出してもなかなかうまくいかない。そのトップがどれだけ情熱をもってその事業に取り組むかということである。たくさんのオーナーの方々に会ってそのひたむきな事業に対する取り組みに心を打たれた。

京王沿線の下高井戸に本店がある「旭寿司」の高野専務からは、いろいろ学ぶところがあった。高野専務はそのころ郊外のロードサイドに大型の新しい寿司店を展開していた。百貨店やホテルのインショップを脱皮して多店舗化を加速していこうということだ。本社を訪ねたことがある。下高井戸駅前の立派な本店を訪ねると、本部は店の前にあるという。店の前の小さな空き地には工事現場にある飯場のような小さな2階建てのバラックが建っていた。これが本部だという。2階の狭い事務所では3人の女性が出迎えてくれた。経理から庶務まで事務はこの3人で行なっているということを聞いて驚いた。立地の調査、選定、賃借の契約、店舗のデザイン、仕入、営業方針など基本的なことは全部専務が一人で行なうという。そして出店した後は店長に任せる。だから本部のスタッフは女性3人で出来るという。同じような規模の営業で、当社の本部には30人もいる。さらに当社の場合は京王ストアの一般管理部門でもレストランにかかわる人事・経理業務などの統括を行っている。先ず伝統的な会社と個人オーナー経営の決定的な違いはここにあることがわかった。

伝統的な会社が外食事業を経営する場合、本部には、経理、総務の一般管理部門の他に店舗開発、仕入、店舗運営といった事業の中核となる機能が別々のセクションに分れている。レストランなどのサービス業では、店舗、メニュー、接客サービスがバランスよく運営されていることが必要だ。その3つの機能がうまく調和がとれていて初めてお客様は心地よく感じる。その意味では、飲食店の経営はオーナー経営が向いている。オーナーがどれだけ情熱を以て経営全体に目配り出来るかである。そしてそれは、長く徹底して行われることが必要である。商いとは「飽きない」である。ホテルや百貨店その他サービス事業はみな同じだと思う。だからサービス業で成功しているのは、個人のオーナー経営である。

パンを中心とした新しいレストランで「神戸屋レストラン」が人気を博している。京王プラザホテルの佐藤君から桐山社長を紹介され、いろいろ勉強をした。

桐山義弘社長とお付き合いをしていたある日渋谷の神戸屋レストランで会うことになり行くと、

「堀井さん、ぼくはこのところケーキを勉強しているんですよ。あちこち食べ歩きもしているんですが、堀井さん、どこか美味しいケーキ屋をご存じないですか」という。

「馬事公苑に近いウチの傍にヴォアラというケーキ屋があり、人気ですよ」

と言ったら、すぐに店の前に車を呼んで運転手にメモを示して「直ぐここに行くから」と言って車に乗り込んだ。いま一番やらなければならないことに全力を傾けて直ぐに行動する桐山社長の姿勢には感心した。

いずれにしてもオーナー経営者は積極的で情熱に満ちている。その心がお客様にも従業員にも伝わっていくんだと思った。

【忘れられぬ人 ＊旭鮨総本店　高野健久専務】

京王線の下高井戸に本社があった旭鮨とは以前からご縁があり、グループのいろいろな事業にテナントとして、またケータリングをしてもらったりした。外食事業で伸びていこうとしていた若い高野専務にはいろいろ教えてもらった。レストランの担当を離れてからも相談相手としてお付き合いいただいた。

【忘れられぬ人 ＊神戸屋レストラン　桐山義弘社長】

個人オーナーで活躍している人は常に前向きで行動力に満ちている。その考え方や仕事に取り組む姿勢はどんなに勉強になったかしれない。

2章
飲食部門分離・独立への準備

業態の整理と事業のリストラクション

飲食部門の分離・独立の準備を進めるために次のように基本方針を固めた。

一、大型店の継続する業態を①洋食レストラン②和食居酒屋③喫茶店の3業態に絞り込み、渋谷駅ビル3フロアーで営業する。

二、外部出店の大型店を撤収し、差し入れ保証金を回収し、老朽化した渋谷駅ビルを再構築する。

三、京王百貨店内の大食堂屋上ビヤガーデン、および電鉄関係施設での食堂は継続営業する。

四、渋谷駅高架下のテナント営業は、引き続き管理する。

五、拡大部門としてファーストフード事業を開発し、チェーン展開を進める。

京王ストアでの飲食部門の専属営業欠損は年間約8千万円、累積欠損を2億円抱えている。この累積欠損は京王ストアから渋谷の高架下店舗の営業権を買い取ることで埋めればいい。不採算店の大型店の撤退で6千万円の欠損は解消したとしても、分離独立後トントンでやっていくためには、経常段階であと4千万円ほど改善しておかなければならない。そのために次の重点施策を組み立てた。

① 渋谷高架下テナントの収益性を改善する。
② 食材の仕入れを根本的に改善する。
③ 当社の営業拠点である渋谷駅ビルの大改装を成功させる。
④ 駅ビル内に新たに出店する喫茶店を早期に採算ベースに乗せる。
⑤ すぐに収益を改善できるビヤガーデンの営業改革を実施する。

以上の既存事業の改革とともに新規事業拡大のためにファーストフード事業の開発プログラムをつくらなければならない。幸い部内には経験豊富な支配人・店長クラスと成長段階に入った京王ストア直採の若い優秀な社員がいる。彼らに思う存分やってもらえばいい。そのためには基本戦略、基本方針と会社の目標をしっかり決めておかなければならない。それを決めて社員に提示するのは会社トップの役割である。経営再建と新規事業を同時に進めるためには特にトップの強いリーダーシップが必要である。そして、本体の京王ストアから離れて新しく設立するレストラン京王に移行するわけだから、社員にとって新しい会社が夢があって希望の持てる会社でなければならない。

【実践経営学 ＊経営再建のセオリー】

① 会社の強み・弱みを明確に査定する。
② 営業段階で赤字の事業・店舗については躊躇なく撤退する。

③　会社の強みを生かしたシナジー効果のある事業に戦力を集中する
④　管理・間接部門は徹底的に縮小する。
⑤　会社・事業・店舗について基本方針・基本戦略を明確に設定して社員に徹底する。
⑥　会社・事業・店舗についてそれぞれ高い目標を設定し、それぞれの担当者に権限を委譲して任せる。
⑦　結果についてはトップが責任を取り、努力と成果については厚く応える。

【実践経営学　＊心に銘記した本大前研一「企業参謀」】

ぼくは会社でこれから仕事をしていこうとするこの時期にこの本に出合えたことに心から感謝をしている。「企業参謀」の「参謀五戒」は、仕事を進めていく上の最高のモットーである。いつもデスクに貼り、手帳に挟み、いつも心に銘記した。

戒①　参謀たるもの「イフ」という言葉に対する本能的恐れを捨てよ
戒②　参謀たるもの完全主義を捨てよ
戒③　KFS（Key Factors for Success）については徹底的に挑戦せよ
戒④　制約条件に制約されるな
戒⑤　記憶に頼らず分析を

大型店はむずかしい——不採算店の整理

京王ストアの食堂部で経営している大型店は渋谷の駅ビル3店（3F中華京王飯店・4F洋食レストラン京王・5F居酒屋わかさ）、銀座フードセンターに2店、吉祥寺駅ビルとサマーランドに各1店、合計7店である。その大型店はほとんど全店で赤字となっていた。中華「京王飯店」に至っては過去5年間毎年1千万円の赤字を出している。

レストランの経営はメニュー・価格と、店舗の雰囲気とサービスが程よく調和がとれていることが重要である。伝統的な大企業が組織で飲食店を経営する場合、この3点のバランスを十分認識して運営しなければならない。京王の場合、店舗の雰囲気づくり・投資は企画の担当者がトップの了解を得て投資額を決めて業者に発注する。調理は調理師会から派遣してもらう。店舗サービスは大企業意識を持った一般管理部門出身者が新入社員やアルバイトを採用して当たる。店舗の雰囲気、メニー、サービスの3点がばらばらで、価格と調和がとれていない。だからお店の魅力が無いのである。

それぞれの業態ごとに3点をコントロールして、お客様にとって真に魅力ある店づくりができる担当者を育てなければならない。それを真剣にやっているのがオーナー経営者である。サラリーマンの社員ではなかなかできない。それを組織的に対応できるとすれば、ファーストフードである。

和・洋・中華等の既存店舗の整理を進めるにあたって次の方針を固めた。

① グループでの飲食サービス機能を考慮して、今後継続運営する業態は和食居酒屋・洋食レス

トラン・喫茶店に絞り込む。

② 5百万円以上の赤字店舗は撤退する。全店黒字体制にする。

③ それぞれの業態について若い責任者を設定して飲食店経営者を育てる。

④ 京王百貨店内の大食堂・屋上ビヤガーデンの営業は継続し収益を改善する。

⑤ 井の頭線渋谷駅ビルは、全面大改装し、3F中華店を喫茶店に転換する。

⑥ 銀座店、サマーランド店は撤退、差入れ保証金を回収して渋谷駅ビル大改装に投入する。

売上高は下がっても賃料収入は上げたい——テナント契約の改革

井の頭線渋谷駅高架下では物販店4店、飲食店4店が営業している。以前から京王ストアのテナントとして食堂部が管理していた。不二家のケーキショップの他に、輸入食品、甘栗店などである。飲食店は「陣馬そば」、「ぼてじゅう」など立食の小型店である。しかし渋谷駅高架下で大通りなので人通りも多く繁盛していた。不二家などは東京一の売上を上げていた。クリスマスの時期は2階駅改札前のコンコースに山のように積み上げたケーキが飛ぶように売れる。毎年応援で手伝うのが楽しみだった。

全店の売上高は6億円、当社の家賃収入は1億2千万円で収入の柱になっている。テナントの売上管理をするため当社から各店にレジ要員を派遣していたが、京王ストアになってからは、派遣を辞めて毎日の申告売上高の歩合制賃料に切替えている。飲食店の申告売上高を見てみると、物販店は大きな変化はないが、飲食店では年々売上高が減っている。高架下のイメージも汚くなってきているので仕方がないが、何とかしなければならない。そこで「陣馬そば」の売上を調べてみることにした。曜日をランダムに決めて、5日間ほど、2人で柱の陰に隠れて入店客数、そば玉の搬入ケースをチェックした。それからその日の売上高を推定し、当日の店側からの申告売上高と比較してみた。その結果約15%の申告漏れが推定された。

このことを店側に指摘しても「それならレジ要員を入れたらいいじゃないですか」ということになるので、賃料制を次の通り改めることにした。

売上高は月毎に集計し現在の売上高を責任売上高として、従来の歩合賃料を収受する。

翌年の責任売上高は本年の責任売上高に対し、井の頭線渋谷駅乗降客数の伸び率及び経済成長率の伸び率を乗じた売上高とする。

責任売上高を超えた売上高については5ポイント減の低減歩率として営業努力に報いる。

京王ストア食堂部では、テナントの店舗周辺の環境美化に努め、広告・宣伝等の販売促進に協力する。

大方の店舗はこの改訂について合意してくれたが、一部のテナントのオーナーからは厳しい反発が出た。

「おまえは俺たちの首を絞める気か」

「そんなに不満なら退店してください」

といったやり取りの後、最終的にはお互いに高架下の営業効果を上げるよう力を合わせて努力しましょうということになった。それからは、申告売上高は減少しても賃料収入は増えていくようになった。

【実践経営学　＊取引先との契約変更で配慮すること】

取引先との契約変更を行う場合は、一方的に自社の利益のみを主張するのではなく、今までの取引慣行、取引先の立場、利益を、よく配慮して行うことが必要である。

3章

渋谷駅ビル大改装

改装基本計画の策定と親会社への説明

その昔、井の頭線渋谷駅ビルは他に東急の東横百貨店しかなく、渋谷の街では目立つ建物だった。1階は当社のテナントがあり、隣接出店東横百貨店の食品売場があった。飲食店ビルとしての入り口は2階の井の頭線渋谷駅改札横になっていた。改札前は国鉄につながるコンコースになっていて、改札前のすぐ横は1階の高架下商店街に下る大階段がありその横がビルの入り口になっている。小さいエレベーターがメインの入り口となっていて、エレベーターの横にエレベーターを巻くように狭い螺旋階段がついている。コンコースの上の階、3階には中華「京王飯店」、4階は洋食「レストラン京王」、5階は和食「わかさ」があるが、店は全く見えず、なにか事務所の入り口のような雰囲気だ。エレベーターの横には3店の大型サンプルケースが置かれていたが、このビルの上に大型のレストランがあるとは思えないファサードになっている。

渋谷駅の乗降客数27万人に対してアンケート調査をした結果レストランの存在については2%の人しか認知されてないことが判った。そこで次の通り改装計画を作成した。

①　2階の中華は喫茶店に業態を転換する。

②　駅改札横の階段上部に大型の電飾看板を設置する。ただし古いビルの躯体は相当に老朽化して、壁もボロボロになっているので設置については慎重に対処する。

③　エレベーター内の臭気を解決してきれいにする。

④　螺旋階段は広いクランク型の階段に変更して、上にある店が判るように壁面にミラーを貼る。

古いビルなので、京王技術センターに構造計算、京王建設、京王サービスに工事を依頼、内装は京王サービスの芝辻社長からの紹介で東京店舗の平櫛社長に依頼した。店舗のデザインは平櫛社長が優秀なデザイナーをつれてきてくれた。

総工事費は1億円を超える当時としては大事業ということで、多比良専務をはじめ関連会社担当の企画調整部ではいろいろ心配してくれた。渋谷駅ビルは電鉄のビルということもあり電鉄の社長以下各役員及び関係部署に対して詳細な改装計画を説明して回った。一緒に回った能本常務とは「階段の数だけ説明して回らなければならないね」と話をした。また、回った先では、それぞれの立場からいろいろな意見が出て、それに対してどう対処するかは、なかなか面白いやりとりがあった。

サンプルケースの一新

本社鉄道担当の森専務のところに伺ったら、先ず、サンプルケースについて意見が出た。エレベーター横に設置してある3つの大型サンプルケースは上の階のレストランを告知する唯一の案内となっているが、確かに薄汚れたような状態になっている。森専務ははじめから厳しい表情だった。

「あのサンプルケースは汚い。見っともないよ。第一あの場所は都道の上でウチの敷地じゃないんだ。サンプルケースなんか置けないところなんだ。あんなもん取れよ。取れよ」と能本常務に強い口調でたたみかけてきた。あまりの勢いに押され、能本常務は応諾しそうな様子になったので、ぼくは思わず口を出した。

「専務のおっしゃる通りあのサンプルケースはちょっと汚いと思います。でもレストランの営業でサンプルケースは必ず必要です。それで今回綺麗にしようと計画しているんです。3月には改装が終わります。そしたら是非見に来て下さい。それでも醜いから撤去せよとおっしゃるなら、直ちに撤去します」

こうして何とかその場を収めていただいた。そして改装オープンの時に森専務はお見えにならなかった。

大型電飾看板の設置

2階コンコースから1階への幅6メートルの階段に、上の3店舗を案内する大型の電飾看板を設置したいと思った。改札に向かう通行客に対面する看板はどうしても欲しかった。しかし、この看板には二つの問題があった。

レストランの担当になってしばらくしてビルの老朽化がひどく進んでいることに気がついた。外で雨が降り出すと、間もなく螺旋階段のステップや壁に水が滲み出してきた。どうやらスラブにすっかり水が溜っていて、コーキングのとれた外壁面から水が浸み込んでくるようだ。雨水を止める措置は取ってもスラブ内の腐食が心配だ。京王技術センターの永田社長に慎重な検討をお願いした。巨大な看板が階段の上から落ちてきたら大変だ。

もう一つの問題は鉄道運輸部の川越常務から看板設置について待ったがかかった。

「この間の運輸審議会で最近鉄道駅ビルや構内にハデな色を使った広告看板が増えて、運転や乗降客の通行に支障が出ているという指摘があった。そんなところにそんな大きな広告看板はだめだ」

「看板はレストランの営業にどうしても必要です。それにこのビルは鉄道ビルでなく駅前商業ビルですし」

「何をいっているんだ。あれはオレのビルだ」

鉄道の責任者として常務の姿勢は固かった。

しかしアンケート調査のとおり、この駅前レストランの認知度は極端に低い。どうしても看板が欲しい。考えてデザイナーを呼んで指示した。常務は商業広告の看板は困ると言っている。それなら鉄道の沿線案内看板にすればいい。丁度3階は「喫茶バラ苑」になるので、沿線の神代植物園のバラ苑の絵を入れて鉄道沿線広告にすればいい。全面バラ苑の上にシルエットで、テープルを前にアベックがお茶を飲んでいるシルエットを重ねよう。

変更案のパースは出来たが、看板の制作発注の締め切りが迫っている。その晩パースを持って、めじろ台にある川越常務の自宅を訪ねた。

「ご自宅まで押し掛けてすみません。渋谷駅ビルの看板の件でご相談にあがりました」

風呂敷に包んだパースを開けようとすると、常務はそれを押しとどめて、

「看板はだめだよ。まあいいから上がれ」

それから、延々と杯を重ねることになった。

「おれは君に運転手になってもらいたかったんだよ」。入社間もなく運輸部に正式配属となり、京王線の運転手になるように言われたが、最初の身体検査で視力不足が判り、運転手になれなかった。その時の運転課長が川越常務だったのだ。

いろいろな話が出て、すっかり遅くなり、上りの終電間近になって早々にお邪魔した。相当酔ってしまったのでパースは風呂敷に包んだまま、玄関に置いてきてしまった。

翌朝二日酔いのまま、常務から了解が取れなかったことにがっかりしながら出社した。9時をすぎたら、常務にご馳走になったお礼の電話を入れようと思っていたら、9時ちょっと前に常務の方から電話がきた。常務は何も言わずに、ただ一言、「看板、あれでいいよ」と言ってくれた。うれしかった。

取り付けのときは大変な工事だった。京王技術センターの永田社長からは大丈夫といわれたが、ボロボロになっている壁面のことがそれからずっと気にかかった。このビル自体早く建て替えて

ほしいとずっと願った。

階段は非常時には避難階段になる

ファサードは小さなエレベーターとエレベーターを囲むように作られた狭くて暗いラセン階段になっている。これを改善するにはどうするか。あれこれ検討して改装計画を立てた。

螺旋階段を広くて明るいクランク型階段に変更する。階段の壁面にはミラーを貼って、上にお店があることが分かるようにする。大看板と壁面ミラーのクランク階段、大型のサンプルケース、これでレストランへの誘導が図れることになる。

ところがこのミラーについて問題が起こった。京王技術センターの永田社長と内装会社の東京店舗の平櫛社長がやってきて、ミラーの変更をするという。渋谷消防署の予防課に工事の申請に行ったら、ミラーの変更を指示されたという。

「このビルの場合、階段は非常時には避難階段となる。避難するとき階段の踊り場の正面がミラーだと、行き止まりと間違えられる。ミラーの設置は許可できない」という。

「ミラーは営業上大事な要素です。ミラー設置で請書をいただいているのですから、やってもらわないと困ります」

「困りますといっても消防が駄目だといっているんだから駄目だよ。君がそういうなら、京王ストアの立川社長に話をするから」

「社長に言っても駄目ですよ。決めるのはぼくですから」

その日は物別れとなったが、夜考えた。消防がいっているのは非常時にミラーでは駄目だということ。ということは非常時にミラーでなければいいのだ。非常時に暗幕でミラーを覆えばいいということだ。非常時に作動するのは煙感知器だ。暗幕をパイプに巻き上げて5階の天井にフックで止める。煙感知器が作動したらフックがはずれるようにセットすればいい。この考えがまとまると、直ぐに絵を描いた。下手な絵であったが、我ながらいけると思った。

翌日永田社長と平櫛社長を呼んで図を提示した。そして、厳しいやりとりがなされた。

「このようにやってください。そのための費用はそちらで負担してください」

「こんなことで消防が通ると思っているのか」

「消防は非常時にミラーでなければいいといっている。とにかくこの通りにやってください」

竣工の日がやってきた。消防署からやってきた検査官2人は入り口から上の方へ順次検査を始めたが、3F「ばら苑」に上がる階段を見て入り口に戻ってきた。

「指摘した階段のミラーがそのままですね。撤去が終わったらまた連絡してください」

といってそのまま帰ろうとした。

「ちょっと待ってください。非常時にはミラーでなくなりますから、見ていてください」ぼくは「ばら苑」に行って煙感知器にたばこの煙を吹きつけた。すると5階階段の天井のフックが外れ、パイプに巻き就いた暗幕がものすごい音を立てて下がり、階段3フロアーの踊り場正面壁面のミラーは暗幕で覆われた。これを見て検査官は何も言わずに検査を続け、終了して帰っていった。

こうして消防の許可も下りて、ビル改装は計画どおり進められた。

老朽化した設備と戦う工事スタッフ

表面的な改装以上に大変だったのは設備の手直しであった。雨漏り、水の漏洩、エレベーターや階段ホールの悪臭、地下の下水槽の撤去、漏電の予防など設備上解決しなければならない課題が山積みしていた。さらに悪いことに25年も前の戦争直後の工事だったため設備関係の図面が残っていないという。京王サービスの大隅課長はこの困難な中で実にいい仕事をしてくれた。時間に追われながら、休みも無く、ときには徹夜作業もいとわずに成し遂げてくれた。大隅課長とスタッフの仕事ぶりを見ていると本当に頭の下がる思いであった。

【忘れられぬ人 ＊京王サービス株式会社　大隅課長】
どんなに困難な仕事にも誠実に向き合うその姿勢に感動した。

工事関係者の慰労で伊豆の温泉へ

一通り工事が終わったとき、東京店舗の平櫛社長が本社にやってきた。そしてぼくに封筒を差し出した。現金が入っているようなので辞退すると、

「これは業界慣例のお礼で特別なものでありません。どうか納めてください」という。

とても引いてくれそうもないので、

「平櫛社長、判りました。それでは次の土曜日これを持って東京駅にきてください」

工事にかかわって苦労した皆で温泉にでも入って汗を流そうと思った。

伊豆の温泉には、建築設計士、デザイナー、現場監督、設備工事関係者など現場で苦労してく

れたメンバー全員が集まってくれた。
一緒に温泉に入っていると、大隅課長は
「今までたくさん現場の工事をしたけれど、温泉に招待していただいたのははじめてです。本当にうれしい。ありがとうございます」と喜んでくれた。
皆でリニューアル工事の完成を祝い合って温泉につかり、杯を交わす、これほど嬉しいことはない。宴会が終わって一人ゆっくり湯につかっていると、自然に好きな「旅傘道中」が口をついてでてきた。こういうときはなぜか股旅ものが心にひびく。一仕事終えて心は満足で暖かいのに、なぜか夜が冷たい、心が寒いという歌なのだ。

【その時の音楽 ＊旅笠道中　藤田まさと作詞・大村能章作曲】
夜が冷たい心が寒い渡り鳥かよおいらの旅は風のまにまに吹きさらし

新業態・喫茶「ばら苑」の健闘と本社の支援

今まで長いこと3階で営業していたのは中華「京王飯店」であった。この店はずっと毎年1千万円以上の赤字が続いていた。そのうえ中国人のコックを使うのは難しい。採算のとれる店舗に改善するのは容易なことではない。さらに駅前でありながら、1日の営業時間は4時間程度でしかない。立地を生かしてすぐに採算の取れる業態は喫茶店しかないと思った。一方、喫茶パーラーの経験者は多い。レストラン京王や京王百貨店大食堂、サマーランド内のカフェテリアなどでは喫茶・パーラーの営業を続けてきている。新業態の出店が成功するかどうかは新生レストラン京王の重要な試金石になる。そこで当社のスタッフの中でエースを選んだ。渋谷3店の総括管理として森支配人、「ばら苑」の店長として水島課長、副店長として若い伊達係長とした。

電鉄の多比良専務をはじめ担当の企画調整部では大いに関心を持って渋谷の経緯を注目していた。特に「ばら苑」については毎日の売上高をグラフにして壁に貼り出し、売り上げの推移について心配をしてくれていた。

新店が駅の乗降客に周知され、お客様が増えてくるまでには3ヶ月ぐらいはかかるだろうとは考えていたが、3ヶ月経ってもなかなか伸びない。待ち切れずに手描きのポスターを店前に掲出した。すると森支配人と水島店長に抗議された。

「堀井部長、気持ちは判るけど、このポスターはやめてください。赤い字はまるで血判状みたいですよ。確かに3ヶ月で何とかなると思っていたんですが、6ヶ月以内には必ず計画をクリアーさせますから信用してください」ぼくは森支配人の落ち着いた態度と水島店長に対する信頼に感動した。

「ばら苑」の売上高はオープン4ヶ月目あたりから順調に伸びて5ヶ月目には完全に計画を上回るペースになってきた。

スタッフの皆さんの健闘に感謝しなければと思っていた矢先、電鉄の多比良専務から営業終了後「ばら苑」関係者を全員集めてほしいと連絡が入った。全員を前に、多比良専務は皆の努力に対して感謝するとともに、男性には靴下セット、女性にはハンカチセットのプレゼントを手渡してくれた。

その後「ばら苑」はじめ渋谷駅ビルの3店は計画を超えて大きな実績を上げてレストランの柱になった。

【忘れられぬ人 ＊レストラン京王渋谷店　森健寿支配人・水島秋男副支配人】

森さんは京王映画のスナックからずっと経験をつみあげてきたベテランで、仕事の上でも人間的にもスタッフ全員から大きな信頼を得ていた。その信頼は森さん自身が部下を信頼していることから生まれていることに気がついた。水島店長はその信頼に応えて十分に能力を発揮している。人を信頼することが、どんなに大切か、つくづく教えられた。

【実践経営学 ＊人は信頼されたら全力を挙げて頑張る】

仕事の方向付けをして担当者を決めたらその担当者をとことん信頼して任せることだ。任せる方がふらふらしては、任された方は気が萎えてしまう。「ばら苑」の件では大いに勉強させられた。

【実践経営学 ＊トップのねぎらいは何よりの励み】

電鉄のトップが関連会社の我々の仕事にまで関心をもってくれていることに感動した。そしてわざわざ現場のお店にまで足を運んで、一人ひとりにねぎらいのプレゼントを手渡してくれたことは本当に皆の心に響いた。

4章
ビヤガーデンの営業改革

レストラン京王分離独立に際して利益が欲しい

新会社設立の構想は固まり、採算の見通しも立ってきたが、ファーストフード事業の新規投資のためにも十分な余裕を持っておきたい。あと3千万円ほど利益を出しておきたいと思った。食材の仕入れ改革も順次進めているが、すぐに確実な利益の確保をしておきたい。そこでシーズン営業ではあるがビヤガーデンに注目した。前の年、シーズンを通してお客様の状況、店の営業実態、競争店の営業状況についてはつぶさに観察をしているので、改革のアウトラインはすでに頭にあった。

京王百貨店屋上のビヤガーデンは百貨店開業の時から、都内でも随一の規模の営業を続けてきている。売上高は、その年の天候により若干の加減はあるが、ここ10年は毎年1億円である。売上高比例の賃料を百貨店に収めて年間2千万円ほどの利益を確保してきた。この利益を倍増したいと考えた。

不思議なことに倍増したいと思った瞬間に胸がわくわくしてきた。倍増するとなるとよほど発想を変えなくてはならない。利益倍増を確保するには売上は5割増、経費は15%ダウンする必要がある。

木曜日営業・営業時間の延長・雨天対策を実施

売上を上げるために先ず木曜日営業と1時間の時間延長を考えた。しかし百貨店の管理元では否定的であった。

「ビヤガーデンは百貨店付帯の営業で、百貨店の休みの木曜日とか百貨店の営業終了後はお客様は来ませんよ。経費の持ち出しになりますよ」

「それでも結構ですからやらせて下さい」

結果的には百貨店営業日と変わらない来店客であった。

ビヤガーデンの営業期間は雨が多い。最低限のお客様を確保するためテントを設置したいと考えた。百貨店に話をすると「屋上は避難場になっていてテントは付けられません」という。他店の屋上ではテントがあるのでは、というと、

「京王百貨店は淀橋消防署の優良百貨店としてモデルになっているのでテントは付けられない」という。

そんな話を仲間内でしていたら、同期の友人が消防学校の教官をしている弟さんを紹介してくれた。弟さんと一晩じっくり話をして消防署の方にも何とか了解してもらうことができた。可動

式のテントを設置して突然の雨でも60席は確保できることになった。

「ビールが旨い」だけではだめだ――三本立ショーを企画

さらに売上を上げるには客数を増やさなければならない。それには宣伝だ。宣伝も「サッポロビールが旨い」ではだめだ。なぜなら隣の小田急のビヤガーデン、ニュートーキョウもサッポロビールだ。何かアトラクティブなショーをやりたい。昨年はピークシーズンに文化放送の手配で3人編成のバンドが入っていた。もっとパンチの利いたショーを考えたい。PR担当の京王観光広告部の草野龍二課長に相談した。草野課長はぼくの構想に見事に応えてくれた。

ビヤガーデンの営業はほぼ3ヶ月。はじめの6月は6大学野球が人気の時期だ。各校の軽音楽同好会に出演の打診をした。6大学に限らずどこも熱心に出演の希望をもっていた。おかげで、安いギャラで出てもらうことができた。大学バンドのよかったことはギャラが安いだけでなく、友達がたくさん見に来て、飲んでくれたことだ。

8月になると秋風の吹くお祭りのムードになる。お祭りは太鼓だ。文化放送を通して「全国太鼓まつり」を企画した。「御陣乗太鼓」「御諏訪太鼓」「助六太鼓」など三大太鼓を当ってもらった。ところが、ギャラ・交通費・滞在費など予想外にかさみ、三大太鼓は断念した。その替わり浅草の女性太鼓チームを呼ぶことにした。サラシを巻いてパッチ姿の女性がやぐらの上で太鼓をたたく姿は好評だった。

何といってもビヤガーデンのピークは7月である。ハワイアンが好きなぼくの思い入れでフラダンスをやりたいと思った。それもプロでなく、ハワイの女性がいい。京王百貨店の後藤部長に相談すると、ホノルルのハワイアン・アイスクリームの谷口社長を紹介してくれた。谷口社長はカイムキ・ハイスクールのフラダンス・サークル担当のブライアン先生を紹介してくれるという。日系のブライアン先生は日本での公演に積極的だという。7月1ヶ月のハワイ女子高校生によるフラダンス・ショーの計画を固めた。

女子高校生のフラダンス・ショーの計画を京王百貨店に提示したら、トップから難色が示された。

「京王百貨店は品のいい百貨店で通っている。スカートは膝上3センチにしている。臍を出して踊るなんて許されない」というのだ。学校の先輩でもある宮澤専務によくお願いをしてやっと了解をいただいた。

【忘れられぬ人 ＊京王観光広告部 草野龍二ディレクター】

京王観光広告部の馬淵課長はそれまでの鉄道看板セールスしかやっていなかった広告部に業界から5人の専門家を招聘、一気に一般の広告会社らしい体制を作り上げ、次々に実績を上げていた。そのチームリーダーが草野ディレクターであった。

草野さんは類まれな広告センスと驚くべき豊富な人脈をもっていろいろな企画の組み立てを着実にこなしてくれた。それ以降いろいろな会社に移る度に、ぼくの構想、目標の実現にどれだけ力になってくれたか知れない。

ハワイから女子高校生フラダンス・チームを招く

ぼくは京王観光の草野さんと共に具体的な相談をするためハワイへ向かった。草野さんは向こうでの法的な対応のために女性の国際弁護士を帯同してくれた。

ハワイアン・アイスクリームの谷口社長の紹介でカイムキ・ハイスクールを訪問するとフラダンス・チーム担当のブライアン先生が快く迎えてくれた。ブライアン先生はまだ若い音楽の先生だ。夏休みにはヨーロッパの方へ公演旅行をしたこともあり、東京での公演はウエルカムということだった。早速講堂に案内されると、ステージの前に椅子がひとつあり、座るように言われた。画板が手渡され、画板には1～30まで大きく番号が書いてある。オーディションである。ステージには番号札を付けた女子高校生が一人ずつ、踊りながら出てきた。みんな「私こそ東京へ連れてって下さい」と、こぼれるような笑顔である。みんな踊りはうまい。ルックスとスタイルを中心に5人選んだ。

5人の女子高校生の各家庭を訪問し、1ヶ月の公演旅行について説明した。

「日本一の京王プラザホテルに泊ってもらいます」

「東京一の京王百貨店でパフォーマンスをやっていただきます」

「シャプロンとして音楽のブライアン先生に同行してもらいます」

ご両親たちは快く了解してくれた。

女子高校生5名と先生の6名が京王プラザホテルに滞在することになった。京王百貨店の後藤部長に同行してもらい、京王プラザホテルの宿泊部長、料飲部長に会い、30日間6名の宿泊・食事についてできるだけのサービスをしていただくようお願いをした。

公演前日、屋上でリハーサルをするため6名のフラダンス・チームは元気にやってきた。腰に巻く生の大きなヤシの葉を氷漬けにして大切に持ってきてくれたテープの音楽に合わせて彼女たちの踊りを見ていると、本番のステージを想像して胸が高鳴るのを覚えた。

【その時の音楽 ＊ハワイアンラハイナ・ルナ】
女子高校生チームの中に特にダンスの上手い、アジアン・ビューティがいた。ラハイナ・ルナに合わせて黄色いロングドレスで月への想いを踊る彼女のダンスはお客様から絶賛を得た。

フラダンス・ショーは満席の盛況

新宿の摩天楼をバックにしたステージでいよいよフラダンス・ショーが始まった。するとすぐにお客様の数も増えてきて、一週間もしたら満席の盛況となった。ただ、中に酔っ払って興奮のあまり、彼女たちの踊るステージに登ってくる人も出てきた。ぼくは警備員と一緒にハンドマイクを持って「踊り子の衣装に手を一緒にハンドマイクを持って「踊り子の衣装に手を触れないでください」と呼びかけた。

その日の公演が終わるとブライアン先生から早速クレイムがついた。

「ミスター・ホリイ、日本の観客はマナーが悪い。うちの女の子にこれ以上続けさせるわけにはいかない。公演を取りやめて帰ることにしたい」

「ちょっと待ってください。このようなことの無いよう万全を尽しますから続けてください」

女子高校生を預かる先生の気持ちもよくわかるので、その晩歌舞伎町に連れて行って、一杯やることにした。先生はバーの壁に賭けてあったギターを取ってご機嫌で歌った。そして次の木曜日には桜ケ丘カントリークラブに行ってゴルフをした。風の強いハワイでやっている先生は能本専務から借りたクラブでいきなり81のスコアで廻った。

「ユアショットイズハワイアン・パンチ・ショット、グレイト。マイショットイズトウキョウ・バナナ・ショット」

ゴルフの好きな先生は大いに喜んだ。その後ショーは無事続けられた。

夕方のショーの付き添いだけでハワイの先生が退屈しているのを聞いた京王百貨店の後藤部長がいい人を紹介してくれた。ユニフォームなどのクリーニングの仕事を手広くしているクリーニングサプライ株式会社の川本社長である。川本社長は昔米軍キャンプで仕事をしていたこともあり、得意の英語を交えながら先生を楽しい所に案内してくれた。取引先の川崎堀之内にあるお店である。先生は日本の「おもてなし」にすっかり感激し、以後ビヤガーデンの営業に対して全面的に協力してくれた。

【忘れられぬ人　＊クリーニングサプライ　川本昇正社長】

川本社長は昔米軍のキャンプでエンターテイメントの仕事をしていたこともあり、英語を交えながら、実に楽しい話をしてくれた。クリーニングの仕事も積極的で広い人脈を生かして京王百貨店にも大きな仕事を紹介してくれている。

ノーワーク・ノーペイ——アルバイト人件費の改革

コントロール出来るビヤガーデンの経費は、人件費と食材である。ビヤガーデンは季節営業なので店長及び調理担当の責任者以外は京王ストアの子会社新東京エリートからの派遣に任されている。フロアスタッフの大部分は派遣されたリーダーが大学生のアルバイトを編成して対応していた。

エリートから派遣されている二人のリーダー・藤田キャプテンとサブの岡田キャプテンは素晴らしい能力をもっていた。アルバイトの採用から、出勤管理、朝礼での支持から業務の指導まで、彼らの動きを見ていると惚れ惚れとした。確かに高い報酬を支払っているが、まだまだ、足りないと思った。しかし学生アルバイトの時給は8百円、勤務時間は12時から20時までと長い。ビヤガーデンの勤務時間は5時から9時まで4時間だ。12時から5時までは屋上でぶらぶらしている。このアイドルタイムに時給を払うのは適切でない。ノーワーク・ノーペイだ。ところが1日分の賃金を払わないとアルバイトは確保できないという。何とか納得してもらおうと藤田キャプテンと一晩飲み明かした。時給を10％上げて勤務時間を8時間から5時間にしたい。ところが今までのやり方を変えるのは難しいことだ。それに派遣会社である新東京エリートの収入は総人件費の10％である。総人件費が減ればキャプテンの会社の収入も減ることになる。明け方藤田キャプテンのアパートに行って、一升瓶を枕にさらに話を続けた。疲れてうとうとしかけたら藤田キャプテンが言ってくれた。

「わかりました。堀井さんの言う通りにやります」

営業時間の延長、客数増に対応して両キャプテンの給与も引き上げることにした。

【忘れられぬ人 ＊新東京エリート　藤田キャプテン・岡田キャプテン】

京王ストアの子会社、新東京エリートから当社ビヤガーデンに派遣されていた藤田・岡田両キャプテンは実によく学生アルバイトをコントロールしてくれた。アルバイトの採用から、出勤管理、業務の指導まで、彼らの仕事ぶりを見ていると気持ちが良かった。開店前の朝礼など、実に見事なものだった。

フラダンス・チームに京都旅行をプレゼント

フラダンス・ショーは予定以上の成果をあげてくれた。何かお礼をと考えていたら、またとない話が舞い込んできた。京都「しょうざん」川澄総支配人からの話である。「しょうざん」では毎年5百人ほどのお得意様を招待して、「しょうざん」庭園で謝恩パーティをやっている。そのパーティで彼女たちに踊ってもらえば、旅費、滞在費、一切を出してくれるという。またとない京都旅行をプレゼントできるということで二つ返事でOKした。

一行8人は京都に向けて新幹線に乗った。車中でぼくはブライアン先生に今回の旅行の趣旨を説明、「しょうざん」庭園のステージで一回パフォーマンスをやってくれるように話した。すると、「ミスター・ホリイ、あなたは京都旅行をプレゼントと言ったでしょう。パフォーマンスはビジネスです。フラダンスはできません」

「そうじゃないでしょう。滞在、観光のお礼に一回踊ってあげるくらいは当たり前でしょう」

「いや、それはできません」

仕方なく、旅行の費用は一切こちらで持つことにして京都に向かった。

京都の老舗織物会社「しょうざん」の庭は境内に大文字焼きの隣の山を持つ大きな庭園である。入ると庭園のあちこちにかがり火が焚かれ、緋毛氈の縁台が置かれている。ドライアイスのスモークの立つセンターの大きなプールには、特設舞台が設置されて和服の女性が6台の琴を弾いている。幻想的な雰囲気である。するとこれを見たフラガールたちがぼくの所に来て「是非私たちに踊らせて下さい」という。

そのうちに、ホテルロイヤルの社長、京都新聞社主など、京都の名士たちが続々と集まってきた。フラダンス・ショーが終わると、京都新聞の記者からインタビューを受けた。翌朝の新聞を見るとコラム欄に載っていた。

『ハワイの女子高校生のフラダンス・チームが東京の京王百貨店での公演を終えて、ゆっくりと古都の観光を楽しんだ』

「しょうざん」のオーナーも大変喜んでくれて、翌日我々を上七軒の料亭に案内してくれた。

京都の蒸し暑い夏は彼女たちにとって厳しかったが、「セブンアップが飲みたい」、「シャワーを浴びたい」などと言いながらも、「しょうざん」の用意してくれたハイヤーで古都の街を楽しく回ることができた。後で手紙が来て彼女たちがとても喜んでくれたことがわかった。改めて「しょうざん」に感謝した。

この年ビヤガーデンは売上高対前年1・7倍、店利益4倍を達成

ビヤガーデン営業の利益を2倍にしたいという目標を設定した。その目標を達成するために主に次の3点を中心に手を尽くした。その結果目標を大幅に上回り、4倍の利益をあげることができた。

① 3本立てショーと営業時間の延長による売上高のアップ

② 学生アルバイトを中心とした人件費の節減

③ 生ビール、枝豆その他の食材の仕入れ価格の改革

このうち食材の仕入れ価格の節減については同時に各店共通の課題として全社を挙げて取り組んだ。この経験はビヤガーデン営業の実績とは別に、これから仕事をしていく上での大変大きな教訓となった。

シーズンが終わってその成果をお互いに喜び合うために、皆で下田へ温泉旅行にでかけた。やはり一仕事終えてみんなで温泉に浸かると芯から心地よい気分になった。シーズン通して一日の休みも無く活躍してくれた皆も晴れ晴れとした顔をして心から喜んでくれた。ただ、同行した一人から思わぬ話を聞いた。新東京エリートの近藤部長は「温泉に行ったら堀井さんを温泉に沈めてやる」といっていたという。確かに人材派遣業の新東京エリートの収入は派遣人件費総額の10％なので、総額が減ってしまったことで恨んでいたという。しかし、大きな成果を上げて皆でその努力を讃えあう雰囲気の中で近藤部長もやはり満足してくれたようだった。

そして夜遅く一人で湯に浸かっているとまた、いつもの歌が出た。旅傘道中である。

全ては高い目標から始まった。

ビヤガーデン営業から学んだことは、先ず何といっても「高い目標を設定する」ということであった。

普通、会社では毎年事業計画を策定して予算を組む。大抵、その予算は個々の事業部と総合企画部がネゴをして組立てる。

先ずはじめは事業部から一次予算案が出る。その場合各部の責任が問われるのは決算の時の対予算達成度なので、決して無理のない予算を組む。売上高は景気の動向を配慮して2％アップ、人件費は全社のベースアップの動向に合わせて設定する。経費は1％節減を図る。いずれも努力目標の域を出ない。何もしなくても達成できるレベルの予算である。売上についても全力を挙げて予算を達成します。経費についても出来るだけ節減できるよう努力します。従ってこれは、今までと同じようにやりますという、成り行き予算だ。計画ではない。その予算が通ればあとは決算で予算をクリアすればいい。一年間今までと同じようにやればいい。予算そのものについて責任を問われることはない。

企画部は全社のバランスの中から各部に対してガイドラインを提示する。大抵、各部の営業内容までは判らないので、経費のコントロールにだけ注目する。来年度は全社的に厳しい情勢になるので、各部各社は経費の節減に努め、前年の利益を確保するようにと指示する。それ以上に高い要求はしない。これでは、高い成果が上がるはずがない。

たとえば、「売上を2％アップの目標とする」という事業計画ができた時、営業担当はどうするか、去年と同じように努力しようと思うだけだ。「仕入を1％引き下げる」という予算ができたとき、担当者は取引先を呼んで「来年は厳しいのでどうぞよろしく」とお願いするだけだ。

しかし、その目標が高いと意識が変わる。売上を30％アップする、仕入を50％ダウンさせるということになると、はじめから「意識が変わる」。これは今までと同じことをやっていたのでは達成できない。やり方を変えなければならない。「方法論が変わる」のである。方法論が変わると、「行動が変わる」。行動が変わると周りの「環境が変わる」ことになる。面白いことに、こちらが高い目標を持って当ると周りの人たちがついてきてくれるのだ。高い成果は高い目標から始まるのだ。

よく、会社の経営者から「どうも売上が上がらない」とか「なかなか利益が出ない」とか言っているのを聞くが、それは社長が「売上を上げなくてもいい」「利益が出なくても仕方がない」と思っているとしか思えない。「利益を50％アップする」という高い目標を設定することだ。ただ、部下に「利益を50％アップしろ」というだけではだめだ。その方法論について一緒に考えていかなければならない。そして一緒に行動しなければならない。何しろ社長が事業について一番の責任を持っているのだから。

【実践経営学 ＊全ては高い目標から始まる】
高い目標を設定すると意識が変わる。意識が変わると方法論が変わる。方法論が変わると行動が変わる。行動が変わると環境が変わる。全ては高い目標から始まるのである。

5章 利は元なり

生ビールの仕入れ価格引き下げで三方一両損を提案

ビヤガーデンにおける食材原価の最大は何といっても生ビールである。創業以来京王はサッポロビールで、問屋は善波商店の扱いである。隣の小田急百貨店のビヤガーデンではニユートーキヨーが同じサッポロビールでやっている。ニユートーキヨーは全国で手広くビヤガーデンやビヤホールを展開している業界最大手で、当然サッポロビールの取り扱いも大きい。

生ビールの流通はメーカーから酒類販売の免許を持つ問屋を通して小売りに行く。大手の小売に対する卸価格は統一価格として決まっているが、取り扱いの量や問屋の力でキックバック（ＫＢ）という形で調整されている。流通にかかわる経費という意味では一店当たりの扱い量が大きい当社のビヤガーデンは有利である。ニユートーキヨーでは一体どのくらいで仕入れているのか配膳会ルートで情報を探ってみた。ＫＢ込で比較するとニユートーキヨーは当社よりも18％安いことがわかった。

善波秀吉社長は業界でも大きな力を持つ問屋である。こちらから出向いて相談しなければならない。担当者と共に本社を訪ねると、古い大きな倉庫のような建物であった。社長はどちらかと尋ねると倉庫の裏に居るという。そこには新しい立派な本社があった。彫りの入った大きな柱がたくさん立っている。同行の担当者に「この立派な柱の何本かはウチが建てたもんだよ」

何とか18%引き下げてお客様を増やしたいと考え、次の通り提案した。

① ビールの原価を18%引き下げたい。

② 18%の負担は、メーカー・問屋・京王、3方一両損でいきたい。

③ 京王側は販促に努め、取扱高は50%増やしたい。

善波社長とのやり取りは厳しいものだった。

「堀井さん、酒類販売の流通にはルールがあるんですよ。京王さんだけ特別扱いするわけにはいきませんよ」

交渉の作戦を変えなければならない。一つは問屋を替えること。京王百貨店の酒売り場は酒類販売の免許をもっている。百貨店を通して仕入れれば問屋を外すことができる。ただし、京王百貨店は小売りの立場でもある。いずれにしても問屋を通して仕入れなければならない。

次の方法としてはメーカーの出し値で工夫してもらうことである。サッポロがだめなら朝日かキリンに替えること。ただし、サッポロビールとは長い取引があるので慎重に考えなくてはならない。屋上でビールをストックする千リッターの大型タンク6基は、もともとサッポロビールの提供である。とにかくメーカーと交渉する前に上層部の了解をとっておかなければならない。

先ず京王ストアの立川社長に説明、メーカーを替えることになるかもしれません、と了解をとった。また、京王プラザホテルを作った電鉄の井上社長の息子さんがサッポロビールから京王プラザホテルに来ている。お二人によく事情を説明し、了解していただいた。

そして、サッポロビールに直接申し入れた。窓口は東京支店の金子副支店長だ。金子副支店長は当社の考え方をよく理解してくれた。その上、他社のビールに替えてもらっては困るとして、いろいろ配慮していただいた。キックバックの料率を替えるのは難しいので、18％相当を販促費として提供していただけることになった。金子副支店長のご努力に応えるためにもビールの取り扱いを50％アップすることを心に誓った。

【忘れられぬ人　＊サッポロビール東京支店　金子和人副支店長】
金子副支店長は六大学慶応のファーストのレギュラーでスポーツマンらしく爽やかな先輩だ。その後レストラン京王になってからもゴルフでもいろいろなことを教えて頂いた。

枝豆は台湾直輸入で半額

ビヤガーデンの食材の第二位は枝豆である。ぼくは仕入れの担当者を呼んで、枝豆はどこから仕入れているのか尋ねた。

「春日という八百屋から仕入れています」

「どういうルートからなのか、元から調べてみてくれ」

「大洋漁業が島根県の種を台湾に持って行って、農家が栽培した枝豆を台湾の冷凍会社が冷凍にして、それを大洋漁業の子会社の新洋商事が一括買い取り、問屋を通して春日という八百屋に卸して、京王に入っているという。ぼくは直ぐ出張の日程を調整して、翌週担当者と２人で台湾に行った。枝豆は春日から１キロ５００円で４トン仕入れている。何とかＬＣレートでネットの仕入れ価格を半額にしたいと思った。

　現地台湾で調査したり交渉したりするルートを開発しておかなければならない。親しくしている京王百貨店の後藤部長に相談したところ泰昌貿易股份有限公司の蔡東瀛社長を紹介してくれた。後藤部長のお父様は戦前台湾で校長先生をされていたということで、いろいろなところで親切な対応を受けることができた。蔡東瀛社長は戦前の早稲田出身の紳士で、台北、台南、台中の枝豆農家、冷凍会社を回って案内してくれた。そのころの台湾はどこに行っても日本の田舎の風景でなんとも懐かしい。台湾は梅干し、枝豆、うなぎなど日本人が求める食材を積極的に生産している。気候が暖かいので食材の成長は早く、人件費も安い。

　冷凍会社を回っていろいろ事情を伺い、価格について探ってみたが、通訳を通しての話はどうも思うように進まない。台中の嘉力冷凍という会社に行ったら簡董事長はハーバード出で英語が通じた。

「ＬＣレートで１キロ２５０円になりませんか」

「それは厳しいですね。どのくらいのロットですか」

「15トンほどです」

「もっと増えませんか」

「それでは30トンでお願いします。15トンはそのままダンボールに入れて送ってください。残りの15トンは500グラムパックにして京王枝豆と印刷して送ってください」

これで半額となった。京王ストアは店売りの枝豆は今まで1キロ450円で仕入れていた。1キロ350円で売ればいい。その後京王ストアの仕入担当は私鉄系スーパー共同仕入機構八社会で嘉力冷凍の枝豆を採用することを決めてくれた。輸入の手続きは京王物産の関連会社の沖物産株式会社の小池沖宗社長のお世話になった。

嘉力冷凍の簡董事長は取引の成立を喜んで、ぼくたちを夕食に招待してくれた。社長は自分でワーゲンを運転してホテルまで迎えにきてくれた。店は、いろは坂を上って丁度高尾山のような山の頂上にあった。大きなテントの各テーブルは山の中腹のあちこちに点在している。かがり火に囲われ幻想的な雰囲気である。テーブルの真ん中には大きな鍋が置かれ地鳥の小さなもみじのような手が湯に浮かんでいる。

簡董事長はご機嫌でホステスを3人連れてきてくれた。紹興酒を開けて皆のコップに注ぐと、董事長は皆を促して立ちあがって「カンペイ」をする。飲み干してお互いにコップの底を見せ合う。その後それに倣い、皆次々に立ち上がって「カンペイ」をする。空いた紹興酒ビンは次々に席の後ろの棚に並べられた。17本までは覚えていたが、あとは全く記憶を無くしてしまった。

気がついたのは翌朝、自分のホテルのベットだった。後で話を聞くと、あの後董事長は自分で運転して、いろは坂を下りてホテルまで送ってくれたのだという。董事長には驚いたが、いくら旅の疲れがあったとはいえ、不覚を取ってしまった自分を恥じた。

簡董事長はさらに台湾の思い出に北投温泉とフーバー・レストランを紹介してくれた。北投温泉は丁度日本の熱海温泉のようなたたずまいの温泉街で、そこではおよそ桃源郷のような行き届いたサービスが用意されていた。食事のとき大広間にはわれわれ二人だけのテーブルがセットされた。仲居さんにちょっと寂しいんじゃないのと言ったら、カルテットのバンドが入った。食事もお酒も豪華でまるで映画「昼下がりの情事」のようにヴァイオリンの音に酔ってしまいそうだ。隣のホステスに歌をリクエストするとバンドをバックに日本の演歌を上手に聴かせてくれた。彼女たちに普段は何をしているのか聞いてみた。

「昼間は学校に行っています。科目は3科目です。一つ目は日本語、二つ目は歌、それも特に日本の演歌、三つ目は様々な日本文化の実技です。お茶やお花も手習いがあります」

昔の日本の花柳界のようだ。聞いてみると最近は北投温泉のホステスたちは山を降りて中山通りで、喫茶店を開く者も多いという。店の開業資金は北投温泉で贔屓だった日本人のスポンサーたちから出ているという。

帰国する前日、台北のフーバー・レストランを訪ねた。3層の大きなレストランで真中は大きな吹き抜けになっている。2階の中央に席を取ると間もなくショータイムになった。3階の高い天井から金色のゴンドラがゆっくりゆっくり降りてきた。ゴンドラには白いチャイナドレス、白いショール、白い大きな扇の女性が歌をうたいはじめた。夜来香である。一仕事終えて明日台湾に別れを告げるわれわれにはこれ以上のおもてなしはない。ゴンドラの歌手のたたずまいと中国語の夜来香は強く心にしみた。

【実践経営者学 ＊取引先との会食の心得】

取引先との会食では最後まで自分の立場、役割を見失うようなことのないようにしなければならない。特にお酒については自分の適量を意識して相手を立てなければならない。飲むことも取引の一環であることを忘れないことが大切である。

【忘れられぬ人 ＊台湾嘉力冷凍　簡董事長】

簡董事長はハーバード大学出身の若き経営者である。ネゴや交渉の過程で見せた董事長の巧みな説得力には大いに学ぶところがあった。また心からの接待には、人間的な親しみを感じた。

【その時の音楽 ＊夜来香】

台北のフーバー・レストランは赤坂の「みかど」を想わせる大きなシアター・レストランでゴンドラで歌う地元歌手の「夜来香」は心にしみた。それから、丁度そのころ日本でデビューしたテレサ・テンが中国語で歌いすっかりファンになった。

日本酒の仕入れ改革――地元八王子の銘酒で半額

以前から営業している「わかさ」という和食・居酒屋は渋谷駅前ビル5階ということもあって、毎日サラリーマンで賑わっていた。ぼくは「わかさ」という店名は初め「若さ」ということだと思っていたが違っていた。若狭湾の「若狭」ということだった。だから「わかさ」の酒は若狭湾の銘酒「濱小町」がメインで他に「剣菱」が入っている。店を作った時、会社の上の方の誰かが若狭の出身だったのかもしれない。その銘酒「濱小町」の仕入れ値を見ると、高い。酒ネットの値段は普通であったが、その他の経費がかかっている。週に一回小浜から軽トラに「濱小町」を10ケースほど積んで持ってくる。高速も無いから一般道で時間がかかる。当然一泊して翌日は空で帰る。近くの酒ならもっと安くなるはずだ。

多摩の酒蔵を回ってさぐってみた。澤乃井、多摩自慢などと、試飲しながら、回ってみた。意気投合したのが、八王子の小澤酒造の小澤専務だった。澤乃井の小澤さんとご兄弟でその誠実な人柄に好感をもった。「桑の都」という名も八王子らしくて気に入った。店も近いし、京王プラザホテルなど京王グループに取引も広げられるので、いい値を出してほしいと言ったら、酒屋のご主人らしく、大きなそろばんをはじいて見せてくれた。「濱子町」の半額近かった。

早速、次の店長会議にお酒の変更を提案した。ところが店長やベテランの板前たちから思わぬ反対が出た。

「堀井課長はまだ判ってないのかもしれないが、この店『わかさ』は濱小町で持っているんですよ。訳のわからない、その辺の旨くもない酒を入れたら客が怒るよ。客が減って堀井さんあんたは責任が取れるのか」

「わかりました。明日この『わかさ』でもう一度店長会議をやります」

翌日利き酒をやった。「濱小町」「剣菱」「澤乃井」「大関」「「桑の都」「高尾錦」銘柄を伏せて旨い順に番号を付けてもらった。裏で順位を合計すると、一位が「剣菱」、「桑の都」他の評価は割れた。日本酒は「剣菱」と「桑の都」に決まった。「桑の都」はその後京王プラザホテルにも入り、永く取引をするようになった。

魚を築地市場からの直買いに変更

「わかさ」に用事があってまだ営業時間前の10時頃、裏階段を登って行ったら、階段に発泡スチロールの箱がいくつか無造作に置いてあった。魚屋が置いていったのである。ところが、その一つの箱には穴が開いて中の氷水がこぼれ出ている。魚は全店でかなりの取扱いがある。自社で手配するように検討した。京王ストアでは築地に鑑札を持っているのでストアについて行って仕入れればいい。倉庫からの配送品もあるので、板前一人を選んで専任のバイヤーに任命した。この担当者小菅係長は誠実で、魚の築地市場直買いの成果を上げた。またC＆Cのカレーソース缶の配送も担当して大いに活躍してくれた。

グループ共同仕入れの提案

個々の食材の仕入れを進めた結果、全体の仕入改善の手順について考えた。

①　競争会社の仕入れ事情を的確に調査する。
②　問屋、メーカーを調査して自社の商品に適した問屋、メーカーを選択する。
③　中間の問屋等を省き、できるだけ生産段階に近い仕入れルートを開発する。
④　メーカーとタイアップしたり、あるいは直接自社生産の可能性を探る。

いずれにしてもダイナミックな仕入改革を進めるためには一定の仕入総量が必要である。そのためにはグループの仕入れを統合することが必要である。牛肉は百貨店、スーパー、レストラン京王などで扱っている。使う部位は異なるが全社で約2千頭も扱っている。2千頭を前提にすれば問屋や牧場といろいろな工夫ができる。ビールや酒、コーヒーなど、まとめただけで相当有利な条件を引き出すことができるに違いない。そのうちグループの共同仕入れ会社を作って進めたいと思った。グループの仕入れ会社を作れば各社のコックやバイヤーはそれぞれ個別に問屋に発注するのではなく、グループ会社に発注することになる。これにより仕入れ面の透明化も図ることができる。

取引先との親善ゴルフ会——金子副支店長の言葉に衝撃を受ける

仕入れの改善を進めるためには取引先とのコミュニケーションと人間的な信頼関係が必要である。そこで取引先に声をかけて会費制でゴルフ・コンペを実施することにした。20人ほどゴルフ好きのメンバーが集まり、月に1度の実に和やかな会となった。

ある時、当社の顧問税理士が優勝した。パーティの席でついぼくは不注意な発言をしてしまった。

「税理士先生は相変わらずお上手ですね。でも先生はいいですよね。サラリーマンのわれわれと違って、何時でも練習場に行ってゴルフができるんですから」

そうしたら、すかさずぼくの前に座っていたサッポロビールの金子さんが立ちあがってぼくに抗議してきた。

「堀井さんそれは違います。私だってサラリーマンですけど毎日練習していますよ。私は毎朝、車に6番アイアンを一本入れて会社に行くんです。昼になったら近くのゴルフ練習場に直行、200発打つんです。何年かしたらアイアンのソウルの6という字が消えました。これは冗談ですけと」

それを聞いてぼくは自分が言ったことに恥入るとともに大きな衝撃を受けた。金子さんは根っからのアスリートで慶応大学時代は神宮のファーストのレギュラーで、ゴルフでは小山カントリークラブのハンデキャップ6という。そんな腕前の金子さんが今でも毎日クラブを持つという。

その翌日、ぼくは自宅に知りあいの大工さんを呼んで応接間のリニューアルを依頼した。天井は青空のクロス、壁は林の柄のクロスにして、床には全面人工芝を貼った。桜ケ丘のゴルフ場から買ってきた練習場のカップを床の隅に埋め込んでもらった。大工さんもゴルフが好きで芝をどの方向に貼ったらいいかパターをやりながら随分時間をかけて検討したという。

それからは夜遅くか朝早く時間を見つけてはパッティングと壁に丸い的を付けてアプローチの練習をした。ただ、母が訪ねてきて「なんですか。この応接間は」と叱られてしまった。

【実践経営者学 ＊目標に向けて工夫し不断の努力をすること】

サッポロビールの金子次長からシングルを維持するために練習の時間を工夫し、努力することを学んだ。出来ないということは目標を設定してそれを実現するための工夫、努力が足りないというだけだ。

6章
ファーストフード事業―カレーショップ「C&C」の開発

ファーストフード事業で成長を期す

レストラン部は既存店の業態の整理と営業改善を終え、京王ストアより分離独立して新会社として十分やっていける体制はできた。しかし、新会社は成長していかなければならない。電鉄のプロジェクト・チームの答申は「ファミリー・レストラン」と「ファースト・フード」の展開であった。

ファミリー・レストランのような大型店は、当社の今までの経験ではかなり難しいと思った。大型のレストランを経営するためには「店舗・雰囲気」「メニュー・価格」「サービス」がよく調和されていなければならない。それは、トップが全体によく目を行き届かせてマネージメントすることが必要である。しかもそのトップは長くその店の魅力を維持していくために、ガバナビリティを持ち続けなければならない。それは個人のオーナー経営者でなければ出来ないことである。伝統的会社では組織で運営されるし、頻繁に人事異動がある。それを解決する方法がシステムで運営していくファーストフード事業である。プロジェクト・チームのメンバー、社内の幹部で協議した結果、先ずファーストフード事業からスタートすることにした。

ファーストフードは、和風と洋風があり、和風では日本人に一番人気のある「カレー」のファーストフードを取り上げることにした。洋風のファーストフードとしては、ハンバーガー・ショップの開発を検討したい。ハンバーガー・ショップは前年アメリカのマクドナルドのフランチャイズ店が銀座の三越にオープンした。この2つの業態は自社でシステムを開発出来ると考えた。

カレーショップを事業として展開するには、少なくとも年商300億円規模の事業にもっていくことを目標として、チェーン・システムの開発に着手した。

一度食べたら忘れられないカレー

先ず、一度食べたら忘れられないようなインパクトのあるカレーソースを開発しなければならない。そんなカレーが思いのほか身近にあった。京王線新宿駅西口の当社がやっているカレー・スタンドC&Cである。そのスナックは当初コーヒーとカレーの営業だったが、そのカレーが若者たちに大いに受けたので、コーヒーを止めてカレー専門スタンドになった。そのカレーは京王百貨店屋上の京王食品の店を担当していたコックの渡辺兄弟が開発したもので、特に若い男性に好評で毎日食べに来るリピーターも多い。立食のカウンターは8人ほどしか入れないが、いつも満員で昼食時には店の外に行列ができるほどである。

このカレーを初めて食べてみて「これだ」と思った。28種スパイスをブレンドしたカレーソースは奥の深い、コクのある辛さで、強烈なインパクトがある。

スパイスはほとんど薬草で特に黄色い色を出すメインのスパイスはターメリック「うこん」である。C&Cカレー一食でウコン茶27杯分がとれるという。まさに健康食だ。

28種のスパイスをブレンドしたカレー粉は横浜の交易食品に作ってもらっている。

カレーソースは、玉葱、ポークを仕入れて、下高井戸の京王ストアの裏にある集中厨房で自社生産をしている。生産したカレーソースは大きなタンクに入れて軽トラックで新宿C&Cに運び、店内の大きな冷蔵庫に収める。ソースは生ものなので常温で置くとすぐに腐敗してしまう。カレーソースは常温でデリバリーできるように缶詰化したい。そうすれば、冷蔵スペースを削って客席スペースを増やせる。

店名は「C&C」のままでいい。「コーヒー&カレー」ではなく「カレー&カレー」あるいは「Clean& Comfortable」清潔で気持ち良い店にしていこうと思った。

そしてお店の基本コンセプトは「速い、旨い、安い」とした。このコンセプトが「カレーショップC&C」のキイ・フォア・サクセス(Key Factors for Success)になる。このKFSについては徹底的に挑戦しなければならない。

日本冷蔵にC&Cカレーの缶詰化を依頼

カレーソースを常温でストックするには缶詰にしなければならない、自社で缶詰化するには荷が重い。当社グループは流通サービスの会社で製造のノウハウはない。缶詰化は外部委託することを考えた。どこに委託するか。日本一の缶詰会社、日本冷蔵株式会社（ニチレイ）に委託しようと考えた、メーカーとのルートは無いので直接アプローチすることにした。勝鬨橋近くの本社を訪ねると、花田隆商品開発部長と織井盛課長が応対してくれた。

日冷は日本一の缶詰会社であるが、帝国ホテルなど多くの会社から缶詰化を受託している。当社の計画を告げると、早速試作をしてみましょうということになった。翌日、織井課長は日冷の主力工場である焼津工場に案内してくれた。今朝作って持ってきたＣ＆Ｃカレーを缶詰化して翌日試食をした。一目見て畠山工場長に指摘した。

「工場長、これはダメですよ。玉葱が溶けて無くなっている。ウチのカレーはさらっとしたカレーだけど、ポーク２片と玉葱２片でボリューム感を出しているんです。玉ねぎを残してくれなければ」

「堀井さん、それは無理ですよ。缶詰化するということは、殺菌するということです。高温で煮沸殺菌すれば玉葱なんかは溶けますすよ」

「いや、玉葱は残してください」

やりとりを聞いていた織井課長が助け舟を出してくれた。

「わかりました堀井さん、ちょっと時間をくれませんか。検討してみますから」

翌日、織井課長から連絡があった。スエーデンで開発されたロートマットという缶詰機械があって滅菌方法が高温煮沸でなく中温回転式なので、玉葱を残すことができそうだという。そして花田部長はすぐにそのロートマットを輸入するように指示してくれたという。

後日、焼津で新しく輸入したロートマットで製作したC&Cカレーを試食して、これならいけると満足した。それにしてもどれだけのロットになるか分からない当社のカレーソースの缶詰化のためにすぐロートマットの輸入を提案してくれた織井課長と輸入を決断してくれた花田部長には感謝とともに敬意を表した。

【実践経営学 ＊提携するときは一流の企業と提携する】

自社に足りないノウハウを充足するには他社と提携する方法がある。他社と提携するときはその業界のナンバー1企業と組むべきである。一流の企業には必ず一流の人材がいるし、いろいろな事態に対処できるだけの力があり、懐が深い。カレーソースの缶詰化を日冷に依頼したことでそのことを確信した。

【忘れられぬ人 ＊日本冷蔵商品開発部　織井盛課長】

北大の水産科を出た織井課長は豊富な知識と人をそらさない性格で周囲の人々から尊敬されていた。ロートマットを輸入して缶詰化することができたのは織井課長の力によるところが大きかった。家業を継ぐために日本冷蔵を辞めてからもいろいろ指導して頂いた。

カレーソースの価格について覚書を締結

日冷に缶詰化を依頼することにした。C&Cカレーの秘密は28種スパイスをブレンドしたカレー粉にある。カレー粉は当社側から納入することにした。カレー粉の製造は、長年協力してもらってきた交易食品にそのまま依頼した。玉葱、ポークなど他の食材は日冷の大量仕入れルートで安く入れてもらう。カレーソースは9キロ缶に入れて八幡山にある当社の倉庫にストックする。製造コストは将来のC&Cカレーの量産を前提に一食当りの価格を決めた。

当初の価格設定は合理的に決められるが、今後のカレーソースの製造は全て日冷に任せることになるので、価格変更のイニシアティブは日冷側に移ってしまう。お互い、担当者も替わってしまうので、その後の価格変更については一定のルールを決めておかなければならない。そこで、「今後のカレーソースの価格の変更について」という覚書を交わした。

① 日冷側の仕入れる食材については半年ごとに日経の商品市況にリンクする。
② カレーソースの生産量が年間100万食増加した場合は1%価格を引き下げる。以後同様とする。
③ カレー缶の国内配送については日冷の配送ルートを活用して、配送費は当初設定の範囲に収める。

その後間もなく、ぼくは電鉄本社に復職してしまったが、カレーソースの価格は長く適正に維持された。その結果C&C事業は会社全体の収益に大きく貢献することができた。このように価格を適正に維持することができたのはC&C事業の責任者の水島課長の力によるところが大きかった。そしてそれを受けてくれた日冷という懐の深い会社とパートナーを組んだ結果である。

トッピングを導入してメニューの価格操作をする

ファーストフードの鉄則は単品メニューである。メニューの原価を極力下げて調理の手間を無くしてスピード提供する。そして「速い、旨い、安い」が実現する。しかしポークカレー一品ではお客様の飽きがくる。それに単品メニューの最大の問題は価格である。食材の原価は頻繁に変わる。いくら原価を抑えようとしても限界がある。メニューの価格は適正に替えていかなければならない。その場合、単品メニューだと影響が大きい。そこでトッピングを用意してメニューにバリエーションを持たせることにした。

バリエーション・カレーを出せば客単価も上がり、店の売上高にも貢献する。トッピングのバリエーションは初め、カツ、ハンバーグ、コロッケ、唐揚げの4品を考えた。冷凍ものを店で解凍し、ウォーマーに置いておき、オーダーが出たら、高性能のレンジにかけて提供する。その工程に耐えられる品質になるよう繰り返し試験を重ねた。特に電子レンジは時間短縮に耐える最も高性能のものを求めた。しかしウチには料理の専門家が多い。いろいろ意見が出てきた。

「堀井課長、カツ・カレーにはそれ用にソースを別に作らなければだめですよ」

確かにC&Cカレーはポークカレー・ソースで、ポークカレーの上にカツを置くのはおかしいかもしれない。しかし、ここはベースの単品に拘った。

「いいんだ。ウチのカレーソースはポークカレーひとつだ。全てのトッピングはポークカレーの上につければいい」

一寸無理かなとも思ったが、そのうち製造ラインが落ち着けばいろいろなことが出来るようになる。

売れ方が落ち着いたところを見ると、安いレギュラーカレーとバリエーションカレーの総数はほぼ同じくらいに出るようになった。そこでレギュラーカレーの割合が60％を超えたら、レギュラーカレーの価格を5％引き上げる。バリエーションカレーの総量が60％を超えたらバリエーションカレーを5％値上げする。この方法はお客様の値上げに対する抵抗感を和らげることになったと思う。

C&Cのコンセプトは「速い旨い安い」

カレーは決まった。インパクトの強い一度食べたら忘れられないカレーだ。大量のお客様を捌くにはお客様の回転を速くしなければならない。観察していると、速く提供すればお客さんは速く食べていただける。注文を受けてから提供するまでの時間とお客様の滞留する時間は比例関係にあることが分かった。プレートにご飯をサッと盛り付け、カレーソースを特注のレードルでサッと掛けて、素早くトッピングを乗せて提供する。リピート率を上げて回転率を上げればファーストフード店は繁盛する。10秒で提供すればお客様の滞留時間は3分に押さえられる。新宿店の入店客数1，000人を実現できる。

ファーストフード店「C&C」のコンセプトはまさに「速い旨い、安い、」であると思った。大前研一の言う「Key for Success」である。これをさらに徹底的に追求しようと思った。

君、C&C一店貰って会社を辞めて独立した方がいいよ

その頃、業界のオーナーたちが集まるセミナーによく行った。ある日セミナーの後、皆でお茶を飲もうということになり、ロイヤルの江頭社長とご一緒した。ロイヤルは原宿でアメリカンスタイルのファミリー・レストランを始めていたので興味を持っていた。

「鉄道会社で堀井さんのところは何をおやりになっているんですか」と聞かれた。

「駅前の立地を生かしてカレーショップを始めたところです」

「その店どのくらい儲かるの」

「新宿駅前の1号店は年間5千万円ぐらいの利益が出そうです」

「え!5千万円?堀井さん、その店一軒もらって会社を辞めた方がいいですよ」

「いや、ぼくはカレーショップをやるために会社に入ったわけじゃありませんから」

そんなやり取りをしたあと、江頭社長はいろいろこころに残る話を聞かせてくれた。

「世の中で一番楽しく立派なことは、一生涯を貫く仕事を持つこと」

「店つくりではいろいろなこだわりが必要だが、そのすべては、お客様に喜ばれるためにという一点に集約しなければならない」

「人との出会い、縁を大切にしなければならない。二人の人を結びつけるのは文字通り『仁』です」

「これからは豊かな時代になるのだから店の雰囲気づくり、デザインが大切だ」

江頭社長は米国ホテルのインテリア設計で有名なハワード・ハーシュ氏のデザインした全米のホテル・レストラン38店を全部見て回ったという。これが大事だと思ったら徹底して追求する江

頭社長の姿勢には感動した。

【忘れられぬ人＊ロイヤル　江頭匡一社長】

江頭社長の活躍はその後日本経済新聞の「私の履歴書」で知った。企業としての外食事業を確立し、日本の外食産業を拓いた江頭社長は、業界で尊敬する先輩である。その江頭社長と出会え、いろいろ教えてもらったことは幸運であった。

ファーストフード事業の展開戦略

ファーストフードでは「吉野家」の開発部長と話をした。吉野家は牛丼のファーストフードの展開を華々しく始めたばかりであった。開発部長は自信に満ちた口調で言った。

「吉野家の戦略は3本柱だ。先ず第1にウチは牛でいく。第2は単品主義を貫く。そして出店は郊外だ」

すかさず、ぼくは思いつきで言った。

「ウチは第1にポークでいく。牛は輸入中心で価格が不安定だ。第2に単品は単品だがトッピングでバリエーションを用意する。単品だけだと価格操作が難しい。第3に出店は駅の前だ」

外食事業のリーダーたちは皆積極的だ。こうと決めたらわき目もふらず、邁進する。この姿勢が大事なんだと思った。もっともそれが出来るのは個人のオーナーの特権かもしれない。

缶詰化による外販の拡大

カレーの調理には時間がかかる。大量に集中的に提供する場合などはカレーソースの缶詰があれば便利に違いない。缶詰化することによって今後いろいろなところでの需要が見込める。

① フランチャイズ店への提供
② 学生食堂
③ スキー場、海水浴場、民宿
④ 外洋航海の船

この外販作戦はとりあえずお店の展開が軌道に乗ったら、本格的に進めていくことにした。

水を研究して美味しいごはんを提供

その頃どうもご飯が美味しくないのが気になった。

ぼくの母の実家は新潟魚沼の米どころで、いつもお米を送ってもらっているので、どこの食堂のご飯も美味しくないのが気になった。第一ご飯の色が真っ白でない。それに食べ残しは半日も放っておくと黄ばんでくる。田舎ではそんなことはなかった。田舎のコシヒカリの場合、銀シャリが立って、食べてよく噛むとほんのりと甘さが出てくる。

カレーライスはご飯が命だ。お客様にコシヒカリを食べてもらいたいと思った。しかしお米は食管法で規制されていてブレンドの配給米しか手に入らない。この自主流通米を何とかもっと美味しくする方法はないだろうか。

そういえば、お米を浸して炊飯する水道水もカルキ臭くて美味しくない。水の質が悪くなっているから田圃の水も悪くなって、お米も美味しくないということだ。

結局水が根本問題なのに違いない。水を研究する必要があると思った。

ある情報で渋谷に水を研究しているところがあるという。株式会社E・S・A特性研究所である。研究所所長の雨宮重博先生を訪ねると、とても面白い研究をしていることがわかり、結局一週間通い詰めることになった。

雨宮先生のところは、自治体から委託を受けて浄水場の浄化の研究をしていた。浄水場は水を全部抜いて空にして清掃するわけにはいかない。浄水場に水を入れたまま水をきれいにする必要がある。電気的にイオン化することを研究していた。濁った水にプラスとマイナスの電極をチャージすると不純物が固まって除かれ、後はきれいなイオン水ができる。そのイオン水で様々な実験をみせてくれた。

① 劣化してポカポカ点滅している蛍光灯の両端にイオン水をチャージするとパッと明るくなった。

② 萎れかけた花が入った花瓶の水を水道水からイオン水に替えたら花がピンと蘇った。

③ 水道水で飼育した鶏卵とイオン水で飼育した鶏卵を比べると一回り大きく、顕微鏡で見ると断層がきれいに整っていることがわかった。

④ コーヒーや水割りが美味しくなった。

イオン水の効果を目の当たりにして、ぼくは先生の力を借りて炊飯の実験をしてみた。同じお米を水道水でなく、イオン水に浸し、イオン水で焚いてみた。イオン水での炊飯の結果は普通の水道水の場合と比べて明らかに大きな違いが出た。

① 自主流通米をイオン水に30分漬けておくと、上澄み液は薄く黒く濁って細かいワラやもみ殻など不純物が浮いている。
② 不純物を除いて炊飯すると白いご飯粒がふっくらと焚き上がっている。
③ 焚き上がりのご飯は水道水で炊飯した場合と比較して重量が9％増えている。
④ 焚き上がりのご飯は粘りがあり、美味しい。
⑤ 焚き上がりのご飯を常温で放置したら70時間何ともなかった。水道水の場合は5時間で色がついて腐ってくる。

イオン化の原理について話を聞いた。電気分解の電流を調整して水酸化イオンの多いアルカリイオン水を生成する。水酸化イオンはもともとお米の中に含まれているデンプンの水素と結合してお米の中に水が浸透、その結果デンプンの糊化が進むとともに、アミノ酸などが溶け出して、旨み成分やミネラル成分を引き出す、ということであった。

やはり、全ての元は「水」にあることがわかった。戦後の経済復興、高度経済成長の過程の中で河川の水が汚されてきた。そういえば50年代はまだ川の水もきれいで子供の頃近くの多摩川で泳いだ記憶があるが、その後間もなく魚も見なくなった。60年代には全国各地で深刻な公害問題が発生した。河川の水が汚染していたということは田んぼの水が汚れていたことで、お米の中にその汚れた水が入り込んでご飯が美味しくなくなってしまったのだ。その頃から水道の水の質も悪くなり、カルキ臭も強くなってきた。だからご飯の傷みも早くなってしまった。昔は腰におにぎりをぶら下げて2、3日は平気だった。ところが今は5、6時間で傷んでしまう。だからおにぎりは売店で売れない。一日に2回もデリバリーしなければならないからだ。

イオン水で炊飯すると質・量ともに9％上がり、70時間腐らない事がわかった。これは経済的に大きな効果である。早速電気的イオン化装置を作ってみようかと思った。全国30万店の飲食店に売り込めば大変な商売ができる。ただ問題は電気的にイオン化するには時間がかかることである。5リットルイオン化するのに1時間もかかる。そこでいろいろな浄水器を検討してみた。

初め、水の浄化は活性炭が使われていた。水道水のカルキや不純物が活性炭の組織を通して除かれる。しかし組織に付着した不純物が腐敗するという指摘があり、活性炭は使われなくなった。そのうちセラミックのカートリッジが出てきた。これは定期的に交換すればいい。そのほか、NASAで使われているという浸透圧方式の浄水器。今盛んに浄水器の研究開発が進められている。そのうち必ずいいものが出てくるに違いない。とにかく今最善の浄水器を店に導入して何としても美味しいご飯を提供しなければならない。

【忘れられぬ人 ＊E．S．A．特性研究所 雨宮重博所長】

農大で微生物を研究してきた雨宮先生はいかにも学者らしく誠実な実験を進めていた。一外食担当者のぼくにも丁寧に教えてくれて、一緒に様々な実験をしてくれた。

【実践経営学 ＊専門家の考え方や知識を積極的に活用すべきである】

事業展開をしていく上で政治や法律・技術の方向をよく認識しておく必要がある。専門的な知識・能力の点で不十分であることを謙虚に認識して、より高い見識を求める努力を怠らないようにしなければならない。

おにぎりが売られるようになった

それから半年ぐらい経ったある日、セブンイレブンに行って驚いた。おにぎりが売られているのである。製造所を確認すると「わらべや」の東村山工場とあった。早速、わらべやの社長に電話を入れて見学させてもらうことにした。工場を訪ねて驚いた。広い工場全体を6メートル掘って活性炭を敷き詰めているという。工場全体をイオン化しているのである。中に入ると先ず直径1メートルほどの大きな鍋が目についた。この鍋に黒い水が入っていた。なんだろうと聞くと、炊飯前のお米が浸されているという。アルカリイオン水にお米を浸しておくとお米の中にきれいな水が入って不純物が外に出るのだという。以前E．S．A．研究所で実験した時と全く同じだった。

安いお米がこしひかりになってふっくらと炊きあがる。その上、長時間腐らずにもつということで、おにぎり商売が成り立つようになったという。

イオン水の効果は絶大である。外食事業だけでなく、生花店、住宅など幅広く応用できると思った。花屋の生花は長持ちするし、健康ハウス、健康風呂など次々にアイディアがでてくる。

7章 カレーショップ事業の展開戦略

「驚異の100回転」雑誌「月刊食堂」特集

「速い・旨い・安い」のコンセプトでいよいよ出店を進めることになった。

一号店の「新宿店」は順調にお客様を増やし1日1200人のペースになってきた。そんな時、業界誌の「月刊食堂」でカレーショップC&Cがとり上げられた。「驚異の100回転」というセンセーショナルな特集記事である。普通レストランでは客席回転率は20~30といわれているから、確かに100回転は驚異ということになる。しかし京王線の新宿西口改札は1日30万人もの乗降客がいる日本一の立地だ。しかも改札口から近く、競合店もない。こういう立地を早く開発して多店舗化をはからなければならない。

そこで早速、渋谷駅高架下に目を付けた。井の頭線渋谷駅高架下は当社が管理している委託店があるところで、ぼてじゅう、陣馬そばなど立食の店が繁盛している。その並びに以前の手小荷物室だったところがあり、現在は閉鎖されている。5坪ほどの狭い場所である。5坪ではとても店舗は無理だと思われたが、渋谷の立地は得難い。バックヤードはあるので8席のカウンターを作り、最小限の厨房システムを組んだ。当然社員1人しか入れないので、全ての作業は1人でこなさなければならない。しかも提供時間を格別に速くしなければならない。

そこで、際立ってフットワークのいいレストランのコックがいたことを思い出した。望月博文コックだ。望月君が料理をしているのを見ていると、きびきびとして実に気持ちがいい。望月君にやってもらいたいと思った。店長や先輩コックたちからは強く反対された。確かにレストランのコックからカレーショップのスタッフになることは抵抗がある。しかし彼しか出来ない。本人に頼んだら快く承諾してくれた。聞くと、彼はコックになる前、ボクシングの3回戦ボーイだったという。抜群のフットワークの訳がわかった。将来料理長にもなる人材だ。ファーストフード部門でも会社としてもしっかり待遇しなければならないと思った。

【忘れられぬ人　＊京王ストアレストラン部　望月博文主任】

望月主任はアスリートらしく実にさわやかな性格で、どんな時も会社の要望に対して応えてくれた。その後店管理者となり、新規開業の店舗や重要な課題のある店舗などを次々に担当して大いに成果をあげた。

「C&C」は新宿では有名店だ

多店化では、まず京王沿線でもターミナルの好立地から押さえていこうと思った。新宿駅の地下整備が進み、小田急から京王にかけて地下広場を囲んで大きな地下街「モール街」ができることになった。京王側は「京王モール街」として京王百貨店の駐車場をやっている京王グループの新宿南口地下駐車場（南駐）が経営することになった。当然たくさんの出店要請があった。

早速当社もカレーショップC＆Cの出店の要請をした。西口改札前のC＆Cに近いが、新宿のマーケットではまだまだ出店可能だ。百貨店口の改札口から近いモール街の角地を申し出た。その場所はすでに西口商店街にある和食店「いまさ」がカツスナックで出店要請があるという。窓口では埒があかないので南駐の専務に直接申し入れた。

「新生レストラン京王としては当面C＆Cの拡大を考えています。グループの出店について配慮していただきたい」

「モール街は営業方針として有名店で揃えることにしている。グループだからといってC＆Cなんかの出店は認めるわけにいかない」

「専務、C＆Cは銀座や丸の内では有名店ではないけれど、新宿では有名店ですよ」

モール街には何としても出店したかったので、当社の上の方からも要請してもらったが、結局、出店は叶わなかった。当該場所に出店希望の「いまさ」の社長は新宿駅西口商店街の副会長をしているので外すわけにはいかないとのことだった。

結局「いまさ」は当該場所において、有名店ではなく、初めての「カレーショップいまさ」を出店した。「いまさ」の社長は商売人としてさすがだと思った。C＆Cの盛況を見てすかさず「カレーショップ」に変更して繁盛店をつくった。

収入マイナス経費は利益——出店の鍵は入店客数予測

新宿、渋谷のような立地は問題ないが、これからいろいろな立地に多数の店舗を出店していく場合、新規出店の採算性を確実にするために、確度の高い売上高予測システムを開発する必要があると思った。なぜなら、あらゆる経費・必要利益は手の内の数字なので、売上高の予測さえ確実ならば繁盛店のチェーン展開が可能になる。そしてそれらの出店ノウハウを武器にフランチャイズシステムによる多店展開を進めていくことができる。C&C事業成功のKEY For Successは「売上高予測＝入店客数予測」である

そのために次の手順で考えた。

① 先ず、自分自身は商売人でないことを自覚する。商売人は商売のカンを持っている。それは天性の能力の場合もあれば今までのたくさんの経験から得た能力の場合もある。だから商売人は候補立地の前に立てばたいていここで上手くいくかどうか判断できる。しかし我々はそういう能力を持ち合わせていない。だからカンでなく、ロジカルに判断しなければならない。さらにこのことが大事なのは、個人の商売人と違ってわれわれの仕事は会社の組織でやっていく。一人の直観力を持った担当者がいたとしてもその担当者は会社の人事異動で交代する。従ってロジカルな判断のノウハウを会社全体の財産として持っていなければならない。

② マーケットリサーチのデータや収支予測は自社のデータを基に組み立てなくてはならない。

なぜならお店に入ってくるお客様はそのお店の総合的な魅力を認めて入ってくれるのだから、ウチの店が出店した場合と他の店が出店した場合は当然入店客数が違う。だからこの地域の外食

需要、カレーショップの需要はいくらあるというような客観的な商業統計では役にたたない。

5店出店のシミュレーションで収支予測システムを確立

そこで京王ストアの立川社長にC＆Cチェーン展開の構想を説明して提案した。

「確度の高い収支予測を組み立てるために何も言わずに5点だけ出店させてください」

立川社長は、

「いいだろう、やりなさい」と認めてくれた。

早速渋谷店、桜上水店、聖蹟桜ヶ丘店、永福町店を開店し、5店の入店客に数について詳細に分析し、シミュレーションを重ねて、売上高予測の基本システムを開発した。

【C＆C入店客数予測】
店前通行人員×基本吸収率1・0％×修正係数
修正係数①男女比率＝（男10％超毎にプラス1・0％）
修正係数②駅改札口からの距離＝（10ｍ毎にマイナス0・1％）
修正係数③競合店からの距離＝（10ｍ毎にマイナス0・1％）
【収支予測システムの確立】
売上高＝入店客数×客単価×365日
原価率＝標準原価率

人件費＝入店客数×１・２％×給与
償却＝設備投資・５年　内装投資・３年

Ｃ＆Ｃの競争力の現状から予測する売上高は以上の条件に適合すると考えられる。従って１日の通行人員調査で入店客数・売上高が推定できる。その推定入店客数に適合した席数・店舗面積・適正賃料および10年間の収支計画が設定できるシステムを作り上げた。これにより立地の選定、出店交渉が迅速に行なうことができるようになった。

【売上高予測の確度を検証】

その後、新たに5店出店してこの予測システムを検証した。その結果、予測と実際の乖離は５％以内に納まった。

【駅乗降客数から店舗年間収支予測を推定】

この売上高予測システムから推定すると通行量２万７千人あれば採算が取れることが判った。営業時間帯における店舗前の通行人員は、駅乗降客数の約90％なので、乗降客数３万人以上の駅であれば出店可能ということになる。

【実践経営学　＊ビジネスマンは常に論理的に思考せよ】

熱心に仕事に取り組めば取り組むほど、自分はこの仕事に精通している、いろいろな課題に対して直感的に適正な判断を出来ると自信を持つようになる。しかし慢心してはならない。ビジネスマンは常に謙虚でなければならない。ものごとを判断する場合は常に客観的、論理的であることを心がけなければならない。

店舗基本設計とデザインの開発

C＆C店舗のオレンジとイエローをベースにした店舗デザインも固まった。28種のスパイスがいかに健康に良いか大型のボートで訴える。特にメインのターメリック（うこん）を強調して、誰か有名スポーツ選手が愛用していることを訴えたい。

店舗設計は入店客数予測で適正席数、厨房スペースが決まるその都度設計士に図面を依頼する必要はない。カウンターや椅子の高さなど内装、家具のスペックは水島課長と二人で人間工学に基づいて大いに議論し、検討した。図面は水島課長が自ら作成した。

出店候補地が出ると3日で全てを整えることができた。さらに、すでに営業している他業種他店に対してもより良い提案を地主に行なえるようになった。

【忘れられぬ人 ＊レストラン京王　水島秋男課長】

C＆C初期の店舗開発は水島課長の努力によるところが大きい。高回転を実現するために人間工学に基づいた店舗構造をとことん突き詰め、自分で図面を描いた。厨房や調理器具等についても一つずつ丹念に検証してモデル店舗を作り上げた。水島課長の仕事に対する妥協のない姿勢は周囲の信頼を得て確実に成果を上げた。

C＆C700店舗構想

全国鉄道各駅改札口別のサーキュレーション情報が公開されている。店舗が営業している時間帯の通行人員の10％増しが駅乗降人員となる。

このことからC&Cのチェーン展開の可能性を判断できると考えた。首都圏の駅で乗降客数3万人以上の駅をカウントすると690駅であった。一駅に複数店出店可能な駅がある。そこでC&C展開のビジョンとして「C&C700店舗構想」を掲げた。

この大風呂敷が電鉄のトップから不評で「堀井に任せていたら何をするか判らない」ということになったようである。

8章
カレーショップ「C&C」フランチャイズの展開

横浜ジョイナスに「C&C」フランチャイズ1号店出店

あるとき電鉄の箕輪専務から呼び出しがあった。

「バスの広告を取り扱っている第一弘報社の菊田社長から、新規事業として外食事業をやろうとしているんだが、相談に乗ってほしいと言ってきた。一度会ってやってくれないか」

早速、新橋の第一弘報社本社を訪れた。オフィスの扉を開けて中に入ってびっくりした。30人ほどの社員が一斉に立ちあがって、ぼくの方に、いらっしゃいませと挨拶をした。各人の机の上はきれいに整理整頓され、終業時には全て周りのキャビネットに収めて帰宅するという。社長室には立派なデスクがあり、デスクの前には豹の頭付きの豪華なジュータンが敷かれていた。

菊田社長の経営の方法は大いに参考になった。東芝のトップセールスマンだった菊田社長は10年ほど前に独立、私鉄のバス広告に狙いをつけてスタートした。営業はトップセールスである。社長は各社のトップにアプローチして、秘書役の女性の坂口部長がフォローする。経理全般は女性の経理部長が担当する。実に機能的で簡素な体制である。毎年大卒を10人ほど採用して各電鉄大手のバス広告を開拓して、今ではバス広告では関東私鉄のトップになっている。

菊田社長の話を聞くと、たまたま横浜の相鉄ジョイナスに場所の営業権を得たので、新規事業としてハンバーガー・ショップをロッテリアのフランチャイズで出店する方向で話を進めているという。場所はジョイナスの中2階で相鉄横浜駅の真ん前で、出店するについていろいろアドバイスを戴きたいという。

ぼくは即座に提案した。

「社長、ハンバーガー・ショップは近くにマクドナルドも出ているし競争が激しいですよ。その場所だったら絶対にカレーショップですよ。ウチのC&Cのフランチャイズでやられたらいいですよ。全面的に応援します」この一言で決まった。

当社では直ちに場所に合わせて、図面から出店計画の詳細を提示して動きだした。当社はフランチャイザーになるということで、図面、事業計画を再点検、整備した。人間工学に基づいた店舗構造の再チェックを進め、厨房機器や食器、サービスのマニュアルまで整備して、店舗計画、事業計画をここでほぼ完成することができた。店舗計画は平面図を含めて全て水島課長が自ら組み立てた。

第一弘報社ではエースの菊池課長が責任者として配置された。菊池課長は遠い自宅から毎日6時に店に出て年中無休で店の経営に当った。半年後には相鉄ジョイナスのテナントの中でも抜群の成績を上げた。菊池課長の人間性で店舗のスタッフのチームワークもよく、お客様からも評判を得て、相鉄のビル経営部から感謝の言葉をいただいた。

インド大使館の協力で盛大な開店披露パーティ

菊田社長から呼ばれて横浜店出店について相談があった。新しく外食事業に進出するに当って、是非記念になるような開店披露パーティを盛大に行ないたいので何か考えて欲しいという意向だった。菊田社長は本業の私鉄バスの広告事業を進めるにあたって、とにかく徹底的にトップセールスを進めてきた。当社の小林社長、箕輪専務をはじめ、私鉄各社トップと緊密な関係を持っていた。パーティには各社トップの皆さんを招待して披露したいという。

場所として用意した京王プラザホテルで披露パーティをするにはそれなりの雰囲気がほしい。そこでインド大使館に赴き、協力をお願いした。一等書記官は快く承諾してくれた。当日は一等書記官をはじめ大使館員4名が参加してくれることになった。その夫人、娘さんたち4名はインドのサリーを纏ってホテルの大きなシルバー・カップからシルバーのレードルでカレーソースをサービスしていただいた。この時は、C&Cカレーも高級カレーに見えた。当社の小林社長、相鉄の穴水社長、東武の根津社長もびっくりしたに違いない。

後にも先にも小さな店のオープン披露宴をこんなに盛大にやった例はない。しかし、菊田社長のこのパーティ演出は、その後東武沿線への出店につながっていった。

【実践経営学 ＊ことの初めにはきちんとしたセレモニーが必要である】
新しい事を始めるときにはそれなりのセレモニーが大事である。それによりその事業を担当していく社員の意識を高め、その事業にかかわるお取引先や関係先に対して会社の姿勢をきちんと伝えることができる。

【忘れられぬ人 ＊第一弘報社 菊田英輔社長】

一つの会社をトータルでマネジメントしていくにはどうしたらいいかを学んだ。大切なのは人で、組織や制度、規定ではない。菊田社長は、トップセールスで仕事を開拓してあとは部下に任せる。特に能力の高い女性には責任を与えて任せる。その緊張感のある仕事の進め方は心地よい。我孫子の海岸に別荘を持って社員との交流をはかっている。趣味は航空関係でセブ島に80回も通ってセスナの操縦免許を取得した。セブの島民たちとも親しく、島には「きくた号」と書かれたバンブーボートがある。

【忘れられぬ人 ＊第一弘報社 菊池福寿課長】

菊池課長の仕事に取り組む姿勢には頭が下がった。ソフトな人柄は周りのスタッフからの信頼を得た。ひとつの店の経営は一つの会社の経営に等しいということをつくづく感じた。菊池課長は後に第一弘報社の社長になった。

「C&C」ではなく「T&C」

その後第一弘報社は東武沿線駅に2ヶ所のC＆Cを出して順調に営業を進めていた。

ある日菊田社長から電話が入った。

「堀井さん、これは吉報です。今度東武の浅草駅が改装することになって、構内に20坪の場所が取れそうです。よろしくお願いします」

早速、水島課長に図面を書いてもらい、準備を始めた。すると今度は東武鉄道の企画室の課長から電話が入った。労務にいた時私鉄連絡会で一緒だったので、直接ぼくの方にかかってきたのである。

「今度ウチのターミナルの浅草駅の改装をするんです。そこで何かC＆Cのカレーショップが出るという話があるんです。『C＆C』は堀井さんのところのカレーですよね。悪いけど浅草駅に京王さんの店を出すわけにいかないですよ。よろしく了承してください」

やむを得ないと思った。だか、既設の2店は確保しなければならない。すぐに菊田社長に電話を入れた。

「菊田社長、折角の浅草店は残念ながら難しそうです。他の2店の店名を今晩中に変えてください。とりあえずカッティングシートか何かで、『C＆C』を『T＆C』に直しておいたらいいでしょう。聞かれたら京王さんの店ではありません。『T＆C』は『トーブ＆カレー』と説明しておいてください」

国鉄にカレーショップ共同事業を提案

モータリゼーションの進展と労働コストの急激な上昇から日本国有鉄道は、東海道新幹線が開業した1964年（昭和39年）から赤字に転落した。この問題の解決には2つの方法があると思った。一つは均一料金方式によるキセルの逸失利益の回収と改札を中心とした営業職員の大幅な削減。もう一つはかねてからの持論である駅の活用である。この二つの施策を実行すれば年間3千億円から将来には1兆円の改善ができる。いろいろな機会にいろいろな人に話をしたが政府、国鉄はとうとう動かなかった。そして土光臨調ができて厳しい労使闘争を経て民営化の方向に動くのである。

ぼくは東大法学部卒の原沢社長から東京南鉄道管理局の西ヶ谷開発部長を紹介していただき、自分の仕事の関連で提案をした。

「西ヶ谷部長、是非国鉄の効率化にお手伝いをさせてください。国鉄の駅に500店のC&Cを出させて下さい。一店当たり2人、1000人の国鉄職員の職場を確保します。さらに今までのキヨスクやテナントよりも1店当り5百万円、25億円賃料を上乗せして支払います」

「堀井さん、驚きました。しかしC&Cはそんなに儲かりますかね。第一、500ヶ所も場所はありますか」

「C&Cは儲かりますよ。当社の新宿駅改札前では15坪で年間5千万円の利益が出ますから。国鉄の駅ならどこでも十分やれます。場所も十分あります。本社の隣の東京駅だけでも10ヶ所はあります。ご一緒に見に行きましょう」

西ヶ谷部長は大変興味を持たれ、他の部長、課長を紹介してくれた。しかしあまりに唐突な提案だったため、検討に時間がかかった。その間、いつものことだが、ぼく自身が異動になってしまい、残念ながらこの件は絶ち止みとなってしまった。

ただ、同じころカレーショップを始めて、30年足らずのうちに１０００店のチェーンを築き上げた「ＣｏＣｏ壱番屋」の宗次徳二さんには本当に感動した。

宗次徳二さんにお会いしてじっくりお話しを聞いたのは、それから20年ほど後のことだった。孤児院で育った宗次さんは食堂の皿洗いから身を起こしてカレー店を始め、海外も含め千店以上の大チェーン店に育て上げ一部上場まで果たした。普通ならば六本木ヒルズにでも住むところが、さっさと引退して音楽ホールを作るなど、たくさんの若い音楽家やスポーツ選手を支援をしている。渋沢栄一を思い起こすようなさわやかな人生である。

やることを精一杯やってきた宗次さんの言葉は心に響く。

「毎日毎日仕事が楽しくて、常に目標があって、それを達成したらまた次の目標を作って突き進む。その繰り返しで、気づいたら、こうなっていた。とことん経営をした後は、『俺の会社』という意識を捨てて、そこには執着しない。精一杯やったからこそ執着を捨てることができる」

【忘れられぬ人　＊壱番屋創業者　宗次徳二社長】

同じ頃にカレーショップのチェーン展開を始めて25年ほどで、１０００店の上場会社に育て上げた経営手腕もさることながら、55歳で後進に道を譲り自らは音楽やスポーツの分野で夢をもって進む若い人々を応援する。こんな素晴らしい生き方のできる人がいるんだと思うだけで、こころが奮い立つのを覚えた。つらい若いころ毎日のようにメンデルスゾーンのヴァイオリン協奏曲を聴いて心を慰めていたという。やはり音楽って本当に素晴らしいものだ。

【座右の銘 *ノブレス・オブリージ NOBLESS OBLIGE】

宗次徳二社長の生き方にいたく感動して、自分の生き方について改めて考えた。今までノートに挙げてきた言葉は1000を超えているが、これからいつも心に刻む言葉として「ノブレス・オブリージ」を座右の銘とした。

9章
ハンバーガー・ショップ「ロッキー」の開発

Rockyの店舗コンセプトはKeep Clean Our Nice Town

ファーストフード事業のもう一つの業態として「ハンバーガー・ショップ」を開発しようと考えた。2年前に銀座の三越店に「マクドナルドが開店し大いに話題になった。3年前に1ヶ月かけてアメリカを回った時、全米いたるところにマクドナルドがあった。子供も大人もマックで満足している。日本もきっとハンバーガー・ショップがどんどん増えていくと思った。

アメリカを回った時から構想は芽生えていた。店名はアメリカの屋根「ロッキー」、店舗コンセプトは「環境」。その頃ぼくは地球環境問題に大きな関心を持っていた。食材はオーガニックにこだわる。ハンバーガーの包装紙の4隅とドリンクの紙カップの底の周りに店のスローガンを掲げた。

「Keep Clean Our Nice Town」

店では毎朝1時間かけて、お店周辺をきれいに清掃することをしたい。

1号店は新宿京王百貨店1階に出店したい。小田急百貨店寄りの角に丁度いいスペースがある。そこから一気に広めようと思った。ところが、京王百貨店のトップに提案したところ、「京王百貨店の表玄関でパンを売るとはなにごとだ」ということで断念した。

仙川SCにロッキー1号店を出店

間もなく京王ストアがやっている仙川のショッピングセンターに区割り店舗ができることになった。仙川は京王沿線の中でも若い人も多くモダンな街である。区割り店舗の一角に「ロッキー一号店」を出店することにした。C&Cの出店も重なっているので、ロッキーの出店工事について池田部長に相談した。

その頃レストラン部は、既存店の営業改善、C&Cの新規出店、分離独立の準備と様々な課題が山積していた。責任感の強い池田部長は、会社全体の方向や上の方の人に対する不安もあり、夜中に電話があったり、早朝相談があると言って喫茶店に呼び出されたりした。池田さんはかなり精神的に追い込まれていたようだ。

丁度その月、購読していた「ハーバード・ビジネス・レビュー」に「Beyond theory Y」という論文が載っていた。訳文を添えて池田部長を励まそうと思った。

「池田部長、いろいろ心配しても仕方がないですよ。ぼくたちは粛々と目先の事をこなしていけばいいじゃないですか。仙川の工事についてやっていただけませんか」

仙川店は7坪、厨房機器が中心の設備だが、カウンターに5脚のスツールを置いてイートインもできるようにした。

飲食店の営業は武蔵調布保健所の認可を得なければならない。施工の終わった店を検査に来た担当官から無理難題を押し付けられたと池田部長から相談があった。換気扇は外の汚れた空気を取り込んではだめだ、また厨房の排煙を外に出してはだめだ。また、この店は飲食店なんだから、そもそも店内にトイレが無いと許可は出せないという。役所の担当者にありがちな大企業いじめのようだ。池田部長はとうとう精神的にダウンしてしまった。

気持ちの優しい池田さんには荒っぽい飲食業の仕事は向いていないのかもしれない。能本常務と一緒に立川社長の所に行って、池田さんを電鉄へ戻してくれるようにお願いした。すると、スマートで優しい感じの立川社長の口から思わぬ言葉が出てきた。

「何を言ってるんだ、男が一旦傍系に出た以上、二度と本社の敷居を跨ぐもんじゃない」池田部長が気の毒なので、電鉄の箕輪専務のところに行って事情を話した。専務は直ぐに復職の手続きをするよう人事に指示をしてくれた。

とりあえず保健所の問題を片付けなければならない。店内にトイレを作るのは無理なので、SCオーナーである京王ストア企画部に行って今までの経過を説明して対策を相談した。

「テナント店の営業ができるように設備をするのはオーナーである京王ストアの責任です。保健所は店内にトイレを設置しなければ営業許可を出せないといっているので設置費用を負担してください」

「どのように設置するんですか」

「店内にはスペースが無いので店舗裏の通用口を開けて、その外に仮設用のトイレを設置します」保健所の担当官に説明して了解をとることができた。大企業に厳しい役所の担当官に苦慮した池田部長の無念さをかみしめた。新しくできる「レストラン京王」の責任者としてあまりにも多くの負担がかかってしまったものと思う。

【忘れられぬ人 ＊京王ストアレストラン部池田部長】

池田さんは電鉄の飲食事業のプロジェクトチームから担当していたこともあり、会社全体の将来について常に心を砕いていた。責任感が強い余り、細かなことにも気を配り自分を追い込むことにもなった。越後十日町出身の池田さんはとても柔らかく優しい心の持ち主で、箕輪専務が主催する短歌会のメンバーでもあり、宮柊二に就いて、斎藤茂吉を思わせる優れた歌を数多く詠んでいた。

グループの人事政策と出向者のメンタルケア

鉄道会社は役所のようなところで、同質の人間が集まって組織で仕事をする。また、仕事はほとんどレールの敷かれたルーティンワークで、決められたことを真面目にやっていれば年功序列で昇進する。しかし、鉄道会社がこれから進めようとしている事業は鉄道とはかけ離れた異業種で、競争もあれば、レールのない道を開拓していかなければならない。このような仕事は鉄道の人間には向いていない。

鉄道会社を希望して入ってくる人は、安定している、転勤がないという所に魅力を感じている人だ。だから入社する人の7割は長男のA型である。こういう人には商売や開発の仕事は向かない、長い間鉄道で育ってきた人が、明日から商売をやれといわれても無理である。また、そういう人が関連会社のトップに来られてもプロパーの人たちは困ってしまう。電鉄の人事はよほど注意深く人選をしなければならない。と同時に電鉄一本の採用方法を改めて、幅の広い志向を持った人材を求めていく必要がある。

また、新規事業や関連会社との人事異動が活発になると社員のストレスが溜り、精神的に変調をきたす人も多くでてくる。社員の身体検査とともにメンタル・ケアが重要になってくる。カウンセラーを導入したり、適正な人事異動を行なうことが必要であろう。このことは後で関連会社管理に関する検討の中で深く考えることになる。

10章
株式会社レストラン京王設立

新会社の体制確立・転籍の希望聴取

1976年（昭和51年）株式会社レストラン京王が設立された。京王ストアの飲食事業を引き継ぎ、資本金1億円の電鉄直の関連会社である。新会社の概要が発表されると、業界の知りあいから電話が入った。

「京王さんは何をやられるんですか。業界では東大出の社長なんてほとんどいないのに、社長・専務が二人とも東大・法学部卒なんて聞いたこともないですよ。よほど大きな事業構想を立てられたんですね」

「いやいや、鉄道会社ですからこの業界についていくだけで精一杯ですよ」と答えた。

確かに南フランス風の内装デザインで評判の「ジロー・レストラン」の社長が東大の仏文出身と聞いたが、この業界は学歴とは無縁と思っていた。逆に原沢社長や能本専務は本意でないのかもしれない。

分離に際しては、労働組合の強い意向で、転籍する社員には本人の意思が確認されることになった。もともと京王食品として飲食が中心の会社でスタートしたが、今ではストア業が大きく伸びている。ここ10年の間に入社した大卒の社員は、成長するストア業にあこがれて京王ストアに入ってきた社員である。レストラン京王に移ることについては将来の待遇の問題も含めて、抵抗があるに違いない。希望を聞かれて若い優秀な社員がどう反応するか心配だった。ただ、こういう若い社員とはここ4年間、一生懸命一緒に仕事をしてきた。そして将来の夢も一緒に語り合ってきた。一緒についてきてくれるものとは思ったが、若い人たちの将来について責任も感じた。

希望聴取の結果、ほとんどの社員はレストランに移ってくれた。

一般管理部門は15名にしたい

レストラン部の管理部門については、かねてから軽くしておきたいと思っていた。今まで京王ストアのレストラン本部の管理部門は30人いた。分離後のレストラン京王の管理部門の布陣を見ると十分簡素化できると思った。大事な経理部門には、電鉄からの出向者の優秀な霜鳥正義マネージャーがいる。担当には全ての経理業務に精通している手堅い加畑星子主任がいる。店舗運営と組織の統括は社員からの信頼の篤い森マネージャーがいる。社長以下管理部門は15人で十分だ。残り15名は京王ストアにそのまま残したい。ただ、残したいということだけではストア側は納得すまい。

グループの資産を統括管理している電鉄総務部の額賀次長を訪ねた。

「次長、今度レストラン京王は京王ストアから独立するんですが、全てにコンパクトな経営体制でいきたいと思っています。新本社を置く場所を捜しているんですが、どこか15人しか入らないような事務所はありませんか」

「そういうことだったら、丁度いいところが空いているよ。追分ビルの4階だ」

京王ストアに帰って、ストア側に説明した。

「いろいろ探したんだけど追分ビルの4階しか無いんですよ。ただ、そこは15人しか入らないんですよ。厳しいんですが、何とか15人でやってみようと思います」

15名残したことで新生レストラン京王は身軽な体制でスタートすることができた。レストラン部門の累積欠損は渋谷高架下店舗の営業権を買い取ることで、清算した。当面大きな赤字を出す店舗は無くなり、ファーストフード店、C&Cおよびロッキーの開発プログラムもできた。あとは新会社の社員の心を一つにしていくことを考えればいい。

社員のモラール向上――ゴルフ会・親睦会・海外旅行

新会社の結束を図るために、まず管理職および店長の気持ちをしっかり掴まなければならない。社員のモラールの向上には給料と職位を適切に上げて社員のやる気と努力に報いることが必要だが、京王グループの中では親会社である電鉄の人事体系、給与体系の枠内という制約がある。電鉄会社は年功序列、職種別同一賃金が基本となっている。およそ成果配分の考え方とは正反対である。運転手、車掌は誰がやっても成果は同等と評価される。飲食店のコックや店長は人によって全く成果が違う。努力して成果が上がれば、それだけの待遇をしなければならない。電鉄をベースにした人事や給与の規定の中で自由な評価待遇を行うには、現段階では制約があるので、個々人とのコミュニケーションをとりながら社員のモラールの向上と教育をしていかなければならない。

京王ストア時代から幹部社員の間ではゴルフが盛んだった。能本専務もすこぶるゴルフが好きで、よく仲間たちグループでゴルフに行ったり、取引先も入れて月に一度は社内のコンペを行なった。

会社のコンペは秋山カントリークラブによく行った。少し早めに行ったら食堂のロビーに立派なサイドボードがあり、中に分厚い図録のようなものが一冊だけ入っていた。何だろうかとその図録を開いて見たら「古備前のすべて」という大部な図録だった。素晴らしい古備前の陶芸にすっかり見とれてしまった。その次のコンペの日も早めに行ってゆっくり図録のページをめくって楽しんでいたら、支配人が声をかけてきた。

「この前もご覧になっていましたが、陶器はお好きなんですか」

「こんな素晴らしい古備前のコレクションは見たことありません」

片山支配人は、ちょっと待っていてくださいと言って、事務所に入っていった。少し経って戻ってきて驚くようなことを言った。

「この図録のコレクションはウチのオーナーのものですが、今オーナーに電話したら、そんなにお好きな人がいるなら、この図録を差し上げてくださいということでした。どうぞこの図録はお持ち帰りください」

感激して家に持ち帰り改めて見てみると、備前焼きの古い名品がほとんど収録されている。これらは全て秋山カントリーのオーナーである岡山の実業家安嶋庄吾氏の所蔵になるものであることがわかった。岡山の自宅には膨大なコレクションがあるという。

毎月店長会議で決算報告があるが成績が良かった月には何か皆でその努力を讃えあう場を持ちたいと思った。その当時、新宿で最も華やかなグランドキャバレー、「クラブハイツ」や「サロン嵯峨」に案内した。半年毎の決算で特に業績が良かったときは、ホテル熱海園に行った。熱海の海岸近くにある熱海園は京王帝都電鉄経営のホテルで、地階に「モナコ」というバーがあった。温泉に入り、ゆっくり散歩をして宴会になった。原沢社長から半年間の皆の努力を讃える言葉があり。和やかな雰囲気の中ですっかり杯も進んでいった。宴もたけなわの頃、一人で黙々と飲んでいた社長から声がかかった。

「おい、芸子を呼んだのは誰だ。堀井か。なんで芸者がいなけりゃ飲めないんだ」

あらかじめ3人の芸子を呼んでおいたのだが、芸子が若い連中の周りに偏り、原沢社長には不満であったらしい。それでも社長は翌朝喜んでくれたようだった。

7年前、1ヶ月かけてアメリカを回ったことは自分自身、特に外食事業を担当する上で大いに参考になった。社員の見聞を広めるために海外旅行のチャンスを用意したいとかねてから考えていたが、スタートしたばかりのレストラン京王で海外研修は難しい。そこで業務出張ということで順番に海外旅行のチャンスを作ろうと考えた。旅行先はハワイと台湾である。ハワイはビヤガーデンのフラダンス・チーム招聘、台湾は枝豆輸入というぃずれも業務である。毎年４人ずつ10年でひと通り出張できる。ただこれは後のトップの方針で実現できなかった。

原沢社長は、決まって毎月一回行きつけの小料理屋にぼくをつれていってくれた。毎回同じような会話で二人してじっくり杯をかたむけた。

「社長、今日は何時ごろまでやりますか」

「障子がしらじら明けるまで」

日ごろ無口な社長も飲むほどに声も大きく電鉄トップの人事のやり方について大いに思いのたけを語った。

「社長、昼間もそのくらい元気にやってくださいよ」

明け方、肩を支えて社長の自宅マンションまで送る。扉の前まで行くと、ピシッとしてぼくの方を向いていつも同じように言ってくれた。

「堀井君、君の思うようにやってくれたまえ」

その言葉を聞く度にぼくは社長の気持ちがよく分かって、社長のためにも一生懸命仕事をしようと思った。

その後新会社の決算も順調に終わって社長からご褒美が出た。

「決算、ご苦労さん。どこかゴルフ場でも入ったらいい。ぼくはゴルフしないから、能本専務と二人で買いなさい」

原沢社長は業務の面では何も言わなかったが、いろいろ配慮していただいた。

【実践経営学 ＊人を育てることは共に夢を語り合うこと】

人を育てることは難しい。人はそれぞれ個性がある。その個性を伸ばすということは、その個性を尊重してその人に仕事を任せることである。大事なことは一人ひとりの気持ちを会社のめざす方向にベクトルを合わせることだ。それは、同じ夢を語り合うことだ。

【忘れられぬ人 ＊レストラン京王 原沢社長】

東大法学部卒の原沢社長は寡黙だったが、物事の本質はよく理解されていた。日常の仕事のことは全て部下に任せていただいた。

【忘れられぬ人 ＊レストラン京王 能本専務】

東大法学部卒の能本専務は博学で、お酒とゴルフをこよなく愛した。仕事の上では皆の意見をよく尊重して、任せてくれた。

11章 医療事業の検討

にんじんジュースで「よみがえる青春」

ある日、ホテル準備室の加覧室長から電話が入った。デスクに伺うと一枚の講演のレジメをわたされた。タイトルは『よみがえる青春』とあった。

「昨日ウチのホテルで鹿児島大学のOB会をやったんだが、そのとき診療所の石原結實先生に講演をしてもらってとても評判がよかったよ。これがその時のレジメだ。君はいろいろネットワークを持っているだろうから、石原先生の講演会をやってくれたまえ。内容は昨日と同じ、レジメもこのままでいい。とにかく、ニンジン・ジュースはすごいぞ」

新しい若い先生が会社の診療所に入ってきたとは聴いていた。鹿児島大学出身の室長は長崎医大出身の石原先生が代々薩摩藩種子島家の〝藩医〟であったということで、早速講演を頼んだということ。

「わかりました、室長。ただ、このタイトルだけは変えさせてください」

「何を言ってるんだ。この『よみがえる青春』がいいんだよ。一体何て変えたいんだ」

「『ひきつづき青春』にします」

石原先生は若い頃、世界中の長寿村を訪ね、自然療法を研究して自らの予防医学を確立した。30歳になるかならないかの駆け出しの医師の頃から、長崎の新聞やテレビで「医者いらずの自然療法」を広めていたら、狭い長崎では同業者のやっかみなどもあって、居心地が悪くなり東京に出てきた。たまたま笹塚の友人の下宿に転がり込んで、業界誌の京王帝都電鉄診療所の医師募集に応募して京王電鉄に入社してきたのだ。

講演のレジメを見ると予防医学と体質改善には「ニンジン・ジュース」が一番いいとあった。いろいろな長寿村で飲まれている漢方薬類の成分を分析したところ、最大公約数の1番が「にんじん」で、3番が「りんご」だという。そのミックス・シュースを毎日飲むことで健康が維持、増進されるという。そのことが詳細な医学データで裏付けられていた。

早速講演会を開くことにした。先生に講演の最期に「ジューサーはナショナルがいいですよ」とひと言いってくださいと頼んだ。その後はぼくが引き継いで次のように話をした。

「今、先生から健康に一番のニンジン・ジュースの話がありましたが、この石原先生のジュースはタダのジュースではありません。世界一のジュースなんです。なぜなら、ニンジンは東洋4千年の歴史が、人間にとって一番の食物を『人が参る・人参』と名付けました。また、西洋ではアダムとイヴの時代から『リンゴの医者いらず』と、リンゴは西洋一の食物といわれてきました。東洋一のニンジンと西洋一のリンゴをミックスした石原ジュースは世界一のジュースです」

「ところでこのミックス・ジュースをつくるジューサーは皆さんのお宅の押し入れに一台ぐらい眠っているでしょう。カスの掃除が厄介で使われなくなっていますね。ところがこのほど新しく発売されたナショナルのMJシリーズは全く違います。カスはカセット・ポンと簡単に取れます。出来たジュースはご主人が6、奥さんは4の割合で飲んでください。そして、残ったニンジンとリンゴのカスは捨ててはいけません。ちょっとハチミツで溶いて、奥さんの顔にパックしてください。そうするとご主人は長生きして、奥さんはそこそこ長生きしてキレイになります」

これが受けて京王百貨店扱いの優待申込書にはたくさんの人がサインをしてくれた。

それから何回か講演会を行って半年くらいしたら、松下電器大阪本社の回転事業部課長から電話が入った。

「最近、京王百貨店の電気製品売り場でウチのジューサーがばかに売れているので、売り場の人に聞いたら、講演会で売っていただいているということで、堀井さんを紹介していただきました。ありがとうございます。今度、講演会の予定の時はお知らせください。私がご挨拶にお伺いしたいと思います」

にんじんジュースの製品化をニチレイに提案

石原先生のにんじんジュースは社内でブームになった。コップ一杯のジュースはニンジン2本とリンゴ半個でつくる。朝晩家族3人でにんじんジュースを飲むとかなりの量になる。京王ストアではニンジンとリンゴがケースでよく売れた。ニンジンとリンゴの量はともかく、いくらいいジューサーがあるといってもその手間はかなり大変だ。また毎日飲用するとなれば、外で簡単に飲める方がいい。それには何か、ボトル・ジュースにすることだ。ニチレイに製品化してもらったらいいと考えた。レストラン京王Ｃ＆Ｃカレーソースは、今ではニチレイの主力製品になっている。早速ニチレイの商品開発部長に連絡、まずは石原先生の講演を聴いてもらった。そして講演の後いろいろ議論した。

「アセロラドリンクというヒット商品を出している御社が作れば売れますよ」

「確かに面白いが、にんじんジュースはいろいろのところで出している。デルモンテなど大手との差別化は難しい」

「これは単なるにんじんジュースではなく、医学的に効用の高いジュースですよ」

「薬事法との関連で医学的な効用はなかなか謳えないですね」

「『Ｄｒ．イシハラのにんじんジュース』で、どうでしょうか。石原先生はたくさんにんじんジュースの本を出していますから先生の『にんじんジュース健康法』の本をたくさん売れれば普及しますよ」

その当時は石原先生の知名度はそんなに高くはなく、開発部長はなかなか決断できなかった。その後石原先生は独立して伊豆に断食道場をつくり大繁盛することになる。また、著書も３００冊を超えて、石原にんじんジュースの知名度は大いに上がっていくことになる。

医療ビジネス検討プロジェクト・チーム

講演会を契機に石原先生との交流が深まり、医療の問題をビジネスとして考える必要があると思った。そこで商社や医薬品会社などの若い担当者に集まってもらって「医療ビジネス検討プロジェクトチーム」をつくった。

ブレーンストーミングの結果、いくつかのテーマが浮かび上がってきた。

(1) 体質改善を目的とした自然療法センター

石原先生は世界的に有名なスイスの「ベンナー・クリニック」で体質改善の自然療法を体験、実践してきた。当社のマンションのある熱川は自然に恵まれ、よい温泉もあるので、断食、エステ、温泉療法を含めて総合的な自然療法センターとする。

(2) 検診と早期治療のクリニック

モデルはアメリカ・ミネソタ州にある医療都市ロチェスターのメイヨー・クリニックである。メイヨーは財団、医科大学院保険科学大学と2つの総合病院を抱えた巨大な医療センターである。このメイヨー・クリニックは世界最高の医療施設を誇り、世界中から大勢の人々が集まってくるので2棟のマリオットホテルを備えている。

東京にも高度な検診機能と心地よい治療設備を備えた医療センターが求められている。それは、これからできる新宿の京王プラザホテル・アネックスがふさわしいと考えた。日本ではまだ医療設備はレベルが低く、医療のシステム化も遅れているので先進の医療システムを研究、導入すれば、ビジネスとしても大きな成果が得られるに違いない。

(3)　ペイン・クリニックのチェーン化

現代人はさまざまなストレスに晒されているため、常に身体のどこかが痛い。頭、首、肩、背中、腰、膝と、どこかが痛んでいる。高齢化してくると骨や筋肉の老化で痛みがひどくなる。マッサージや鍼灸、整骨のクリニックが今後増えていくに違いない。痛みの原因は精神的なストレスに起因する場合が多いので、総合的な「癒し空間」を提供するのがいいと考えた。

①　全身マッサージ機

高度な全身マッサージ機を開発して患者の症状に合わせてプログラムされたカードを装着して自動的に可動させる。

②　ヘッドフォン・オーディオ・システム

副交感神経を刺激してストレス回避に最適なモーツァルトを聴く。

③　アロマの香り・ハーブ・ティー

精神的にリラックスする。

(4)　心の健康

身体的病気よりも問題なのはこころの病である。そしてその多くの原因はストレスである。フィジカルな病気の場合は自覚症状がある。病院に行って治療すればいい。しかし、精神的な場合は自分ではなかなか認識できない。従って必ず業務に支障が出てくる。さらに対応が遅れるため、なかなか治らない。そして家族の大きな負担を背負うことになる。

人間の一番の関心は自分の生命、財産である。その生命、財産の生殺与奪を握っている者に対してストレスを感じるのである。それは家庭の主婦の場合は姑であり、会社の場合は上司である。会社では上司が、給料や人事の権限を持っているからである。だから、上司から貶められたり、バカにされたりすると、猛烈なストレスを感じるのである。

強いストレスを感じると、交感神経が高まり、呼吸や脈拍が速くなり、血液の循環が滞り、免疫力が低下する。上司による過度なストレスは心身の健康を損ねていく。心の病は早く発見し、対処しないと取り返しのつかないことになる。

入社以来、たくさんの事例を見てきた。そしてストレスに弱い人は必ず真面目で心の優しい人が多い。以前、ぼくがレストランの事業を担当していたとき、仕事の上で悩んで病気になってしまった先輩がいた。早くそれに気づき、会社としてサポートできなかったか、随分考えさせられた。そして、今の企業でもそのような悩みを抱えている社員がたくさん出てきている。

会社は莫大な経費をかけて診療所を運営しているが、身体的疾患より大事な心のケアをすべきではないかと提案したことがある。診療所に専門のカウンセラーを複数配置して専門医師とともに社員の心のケアをしていかなければならない。

石原先生の退社とその後の活躍

石原先生を中心に医療事業を立ち上げる検討を始めたばかりの時、石原先生が退社すると言ってきた。入社してから1年しか経っていない。

「先生、それは無責任ですよ。先生はグループの社員、家族5万人の健康を預かっているんですよ」

「それは申し訳ありません。最新の自然医学で治療、普及していたら、古参の院長から敬遠されて辞めざるをえなくなりました」

京王にたまたま飛び込んできた石原先生は、そもそも会社の枠に納まる先生ではない。1982年（昭和57年）、石原先生は、退社すると、すぐに森下に「イシハラクリニック」を開き、1985年には伊豆の伊東に念願の「ヒポクラティック・サナトリウム」を開設した。ある会社の温泉付き保養所を買って、スイスの「ベンナー・クリニック」のような断食自然療法病院を開いた。

オープンの日、ぼくはロビーに飾る絵と各部屋のロッカーに備えるハンガーを持ってお祝いにかけつけた。サナトリウムは伊東から一碧湖を通って登った丘の上にあり、眼下に駿河湾が広がっている。すぐ隣には伊東カントリークラブがあり、近くに有機栽培のニンジン畑もある。

石原先生はここで断食によるデトックス治療と体質改善を進めようというのだ。入所時、最初に先生の診察があり、毎食時ににんじんジュースが出され、あとは断食療法で肝炎、高血圧、肥満、痛風、アトピーなどの改善を図ろうというのである。

実際、名古屋の印刷会社の社長は大学病院で前立腺ガンの末期で切除を宣告されたが、どうしても切りたくないのでサナトリウムにやってきた。そして断食にんじんジュース療法で手術を免れることができた。

また、大きな会社の秘書課長をやっていた友人は肝炎のため会社で倒れ、大学病院で治療していたが治らずに半年も入退院を繰り返していた。石原先生に診ていただいたら、明日から出社してもいいという。そのかわり、玄米食に切り替えて毎食にんじんジュースを飲むように言われた。それから良くなってすっかり元気である。

にんじんジュースを飲んでいると空腹感を感じない。メタボで食いしん坊の政治家もアトピーで悩んでいる子供も平気で断食ができる。1週間の断食ですっかり体質が改善される。断食中、暇なので好きな人はすぐ隣の伊東カントリーでゴルフを楽しむ。断食しているのに、だんだんボールが飛ぶようになる。体のキレがよくなるのだ。

石原先生は伊豆のサナトリウムから森下のクリニックへ毎週列車で通っているが、列車の往復で一冊本が書けるという。石原ジュースを飲んでいると頭が冴えてくるのだろうか。先生の記憶力にはいつも感心する。そしてぼくは講演などで石原先生を次のように紹介する。

「この先生はとんでもない生意気な先生なんですよ。まだ30歳そこそこのとき、初めて書いた本が『病気は必ず治る』直ぐ後に書いた本が『ガンは治せる』なんですから」

その後、先生はにんじんジュースから断食、生姜紅茶、体を温める、などと次々にテーマを広げて300冊以上もの本を書いてきた。そしてごく最近出した本は「医療が日本を殺す」という。石原サナトリウムが大好きな石原慎太郎元知事に乞われて参議院選に立候補したこともある。いよいよ日本の医療行政を改革すべく意気軒高である。

石原先生は出版だけでなく、年間100回を超える講演をこなし、ラジオ・TVにも頻繁に登場し、石原式自然療法の普及に努めている。

【忘れられぬ人 ＊イシハラクリニック 石原結実院長】
石原先生は世界中の長寿村を回って、総合的な人間観察と病気の予防を研究した。膨大な知識とユーモアのある先生の話は、聴いているだけで元気になってしまうから不思議だ。もっともっと大きく活躍して、日本人の健康に寄与してほしいと願っている。

モーツァルト・セラピー研究をライフワークとする

健康、医療についてあれこれ研究しているうちに自分なりの考え方が固まってきた。現在の日本は衛生状態もいいし、栄養も行き届いている。医療水準も高いので長生きする。しかし決して病気はなくならない。むしろ次第に増えている。病気になる原因として増えているのは何だろうか、ストレスである。現代人の病気のほとんどの原因はメンタルなストレスである。

現代社会にはさまざまな形のストレスが蔓延している。騒音、人間関係、経済問題、生活不安などなどから、社会の体制不安，国や地球の将来不安まで、考えたらきりがない。

そして、特に会社に勤めている者にとって上司からのストレスは想像以上に大きい。

ぼくは入社当時から、仕事はゲームと考えて仕事上のストレスは自然と回避するようにしてきた。仕事が思うようにいかなかったり、上司から叱られたりしても、それは自分にとってためになることなんだと考えるようにしていた。

そんな風に思えるようになったのは音楽の力が大きかったと思う。その時々に心に沁みる音楽をいつも聴いている。ジャズ、タンゴ、シャンソン、ハワイアン、歌謡曲、なんでも聴いた。音楽を聴いているとご機嫌な気持ちになれた。会社で何があってもそれは忘れて、すぐに新しい気持ちになれた。

そんな音楽の中でも一番心を落ち着かせてくれるのはクラシック、とりわけモーツァルトである。子供の頃からクラシックが好きだったぼくは、大学2年のとき、日本モーツァルト協会の会員になった。日本モーツァルト協会は会員ナンバーがケッヘル番号というユニークな協会で、毎月例会でモーツァルトの曲を生演奏で楽しんできた。モーツァルトの曲を聴いていると自分の心が自然となごみ、癒されてくる。モーツァルトの音楽はほかのどの作曲家の音楽とも全く違った魅力を持っていた。古今東西のあらゆる人々がモーツァルトにあこがれ、モーツァルトを愛し、モーツァルトを崇めてきた。

そんなモーツァルトの音楽の魅力を自分なりに探ってきた。626曲全曲を通しで2回聴いて、各楽章の曲がそれぞれ心にどう影響するかを分析した。気持がリラックスするか、想像力を高めてくれるか、血行促進の効果があるか、免疫力を高めてくれるか、分類した。その中で特にこころがリラックスするベスト11曲を1枚のCDにまとめて、タイトルを「サプリメント　Forever Fresh」とした。

【サプリメント　Forever Fresh】

効能・効果生命機能すべての調整

用法・容量無制限

副作用皆無原材料 W.A. Mozart

製造元 PHILIPS
調剤 A.HORII
価格無料
【CONTENTS】
1　セレナーデ第13番ト長調K525「アイネ・クライネ・ナハト・ムジーク」第2楽章
2　ピアノ・ソナタ第15番ハ長調K545第1楽章
3　ヴァイオリン・ソナタ第34番変ロ長調K378第1楽章
4　ディベルティメントニ長調K136第2楽章
5　交響曲第35番ニ長調K385第2楽章
6　ピアノ協奏曲第21番ハ長調K467第2楽章
7　ヴァイオリン協奏曲第3番ト長調K532第2楽章
8　フルートとハープのための協奏曲ハ長調K299　第2
9　クラリネット五重奏曲イ長調K581第2楽章
10　モテットニ長調K618　「アヴェ・ヴェルム・コルプス」
11　クラリネット協奏曲　イ長調　K622　第3楽章

毎年、会社の診療所で定期健康診断が行われる。その時、問診票が渡され、そこに「あなたの健康法は」という欄がある。ぼくはそこに毎年同じ「くよくよしない」と書いている。ストレスをためないことが一番の健康法だと思う。そしてその助けとなるのがモーツァルトである。
モーツァルトを楽しむことと、モーツァルトの研究はぼくのライフワークとなる。いろいろいろなところで頼まれれば講演をする。希望があれば、サプリメントをさしあげる。世の中の人たちみんながのびのびと仕事や人生を楽しんでくれたらいいと思う。そしていつも思う。
「この世はすばらしい音楽があるからそしてモーツァルトがいるから」

【実践経営学　＊ビジネスマンにとって最も大切なことは心身の健康である】

健全な心身なくして良い仕事はできないし、健全な経営もできない。石原先生流の自然療法とストレスの回避のためのメンタルケアはビジネスマンにとって最も大切なことである。

12章
シンガポール・五千人送客キャンペーン

京王観光KIOSCAの存続

ある日、京王観光の橋本副社長が関連事業部を訪ねてきた。

「シンガポールでやっている観光バス会社KIOSCAを止めようと思う。10年やってきたが、赤字でこれ以上続けられない」

KIOSCAは京王観光の子会社で観光バス3台を持ってシンガポールで観光バス事業をやってきた。バス会社のトップは現地華僑である。

「京王の海外の子会社はKIOSCAだけです。止めないでください」

「赤字はともかく、バスが10年経って、もう使えないんだ」

「じゃあ、バス3台は電鉄で入れますよ」

バスを無料で貸与すれば存続できる。京王観光もこれから海外旅行を増やしていかなければならない。関連事業部でグループのグローバル化を考えているぼくとしては、京王観光には、何としてもシンガポールの拠点を維持してもらいたいとおもった。

早速、上司の徳山部長と二人で電鉄の社長室に入ってバス3台の無償貸与について相談した。

「シンガポールは小さいと言ってもひとつの国だ。京王の看板を背負ったバスが国中を走るんだから、バス代なんか取らなくてもいい。看板代と思えばいいんだ」

井上社長は戦前、駐在武官としてシンガポールに滞在していたという。宿舎はインターコンチネンタルホテル・フォーラムで、部屋の高い天井には大きな扇風機がゆっくり回っていたという。

「それはそうと、先ず現地をみてこなければならんだろう」

「そうなんです。とりあえず堀井君と二人で出張したいと思います」

「どんな日程で行くんだい」

「シンガポール2泊3日の予定で行って来ようと思うんですけど」と徳山部長が言ったら、

「なにを言っているんだ。シンガポール一国だけで帰ってくるバカがいるか。あの近辺の国を全部見てこい」

井上社長は直ぐに秘書に大林組の副社長に電話をつなぐように言って受話器を取り上げた。

「井上だけれど、うちの若いのがシンガポール辺りに行くんで、面倒をみてやってくれ」

間もなく、徳山部長と二人でシンガポールを中心に周辺5ヵ国の出張旅行に出た。シンガポール、バンコクの空港に着いたときは、大林の現地社長が出迎えてくれた。

シンガポールは淡路島ほどの小さな国だが、リ・クアンユー首相の強力なリーダーシップのもとで、急激に発展しようとしている。発展を支える若い人たちの教育にも力を入れ、各国からの投資を盛んに誘致して8％を超える経済成長を続けていた。各種インフラの整備も急ピッチに進められて、淡路島ほどの小さな国なのに１９８０年に開業したばかりのチャンギ国際空港は成田の数倍の能力を持っている。まさに東南アジアのハブ空港である。海外からの観光客は２００万人と、10年で5倍に増加した。シンガポールは確実に東南アジアの金融、商業、観光の中心地として伸びてゆくと思われた。

不動産、ホテル、外食、流通の各事業の可能性について具体的に当社グループの可能性を探るためにグループのメンバーによる市場調査の必要性を提案した。そして間もなく電鉄、ホテル、百貨店、観光の実務レベルの中心メンバーを集めて、シンガポールおよびその周辺5カ国を回った。そしてシンガポールＫＩＯＳＣＡの継続の方法について副社長以下の役員連絡会に提案した。

電鉄で観光バス３台を投入しＫＩＯＳＣＡ事業は継続する。

ＫＩＯＳＣＡには電鉄から社長を派遣する。

グループ共同で事業進出の可能性について検討する。

ところがこの提案について思わぬ異論が出た。

「日野の最新鋭のフルデッカー観光バス３台を1億円で購入し、京王観光に無償で貸与したい」と提案したところ大向うから声がかかった。

「タダとは何ごとだ。ちゃんとバス代を取れ」

桑山副社長である。井上社長の出席していない役員会だった。止むを得ず、京王観光の橋本副社長のところに伺い、バス代の支払いをお願いした。すると、

「何を言ってるんだ。君はタダだと言ったろ。バス代を払えと言うならＫＩＯＳＣＡはたたむ」

困ってしまった。バスは10年もつというから、最低年間１千万円のバス代をもらわなくてはならない。こっちから送客してバス代を稼ぐしかない。送客キャンペーンをやってお客様を３千人送って、パーヘッド３千円のバス代をもらえば何とか１千万円になる。ただ、３千人送客計画では１千人ぐらいしか送れまい。そうだ〝５千人送客キャンペーン〟をやろう。

橋本副社長に提案した。

「５千人送客キャンペーンをやりましょう」

「なに！５千人？おまえはバカか。去年京王観光は独自で何人シンガポールに送ったと思ってんだ」

「何人ですか」

「２５０人だ」

シンガポール5千人送客作戦

５千人送客となると、今までのセールスでは全く不可能だ。意識を変えなければならない。そして方法論を変えなければならない。俄然やる気がでてきた。まず、京王観光の中で一緒にやれる同士を見つけた。旅行事業本部の隅田次長、安田課長がいた。この２人とならきっとうまくいくような気がした。

京王の旅行事業進出は古い。昭和30年代の大衆旅行時代を迎えて、旅行会社が次々に設立された。1955年近畿日本ツーリスト、56年には東急観光が設立された。京王観光は翌57年発足し、64年にはJALをはじめ大手航空会社の代理店となり、70年にはシンガポールでKIOSCAのバス会社を始め、73年にはIATAに加盟している。

73年の変動相場制移行により、円は360円から急速に円高に振れて、飛行機や空港の大型化が進み、海外旅行ブームとなってきた。海外旅行者は72年初めて100万人を超えたが、昨年の78年には350万人に達している。京王観光もディスティネーションとのパイプを生かして海外旅行事業の拡大を図るチャンスである。

そこで、まず5千人送客の目標を達成するための基本戦略を組み立てた。

① 20万円を切るツアー価格を設定する。
② グループを巻き込んだキャンペーンを繰り広げる。
③ 電鉄およびグループの社員を大量に送りこむ。
④ 京王観光各営業所のセールス体制を強化する。
⑤ 京王観光と協力関係にある他社エージェントに卸す。

それぞれの目標に対して具体的な戦術を組み立てて取り組んだ。

当時のシンガポール3泊4日のツアー料金は大体22～23万円であった。大量に送客するには20万円を切る料金にしたい。現地のホテルとの交渉、航空会社との交渉を始めた。

ホテルはKIOSCAの営業実績があるので、京王観光側で交渉を詰めた。飛行機の方は自由な国際競争の中で価格の引き下げ競争が進んでいる。その背景には各航空会社のさまざまな効率化がおこなわれているに違いない。東南アジアのマーケットの中で有力な航空会社に直接当ってみることにした。その中でキャセイ航空では国際企業の進んだ経営の実態を学ぶことができた。

キャセイ航空はイギリスの船会社「スワイヤー」の関連会社である。香港の「スワイヤーハウス」ビルの中にあるキャセイ航空本社を訪ねた。一通りビジネスの話を終えると、エクゼクティブは「折角いらしたのだから」と、オフィスを案内してくれた。広いワンフロアーに各部門の明るいガラス貼りの個室が並んでいた。直接の窓口、Far East Sales Division もあった。ひととおり各部門の説明が終わって気付いたので、聞いてみた。

「Accounting の部門はどこですか」

「それは上にあります」

そこにはスワイヤーの経理部門があった。40人ほどのスタッフは全員デスクトップコンピュータのデスクに座っていた。エクゼクティブが説明してくれた。

「ここは、スワイヤーの経理部門で、スワイヤーグループ全社の経理を取り扱っています。この中でキャセイの担当グループはこの7名です。この経理データは、直接私のコンピュータに送られます。当社には経理部門はありません」

キャセイ航空グループの規模は京王グループと同じくらいだろうか。その経理を7人で処理している。帰国してグループ全体の経理部門を数えてみたら、400人もいた。

ノースウエスト、シンガポールなど、航空会社を回って聞いてみると、どこも一般管理部門の効率化が進んでいる。その背景で料金の熾烈な国際競争が行われている。伝統的な体質の日本航空は大きな課題を抱えているように思った。ローカルで、独占的な事業の鉄道会社では今まで人件費などのコストは、そのまま運賃に転嫁できた。しかし、連結経営の時代になって、次第に厳しい競争関係にさらされるようになってきているのだ。

シンガポール送客の検討を進める中で、思わぬ大きな勉強をすることができた。

日本航空の協力で20万円を切るツアーを実現

航空料金について各社の事情聴取をした中で、日本航空が積極的に協力の意向を示してくれた。

「当社は京王観光さんとは従来特別なお取引をいただいている。今回京王さんがグループを挙げてシンガポール5千人送客キャンペーンをやられるのであれば、できるだけの協力をしましょう」

これでシンガポール3泊4日、20万円を切るツアーが出来上がった。

旅行の広告は通常、営業所の前に並べられたパンフレットが中心となる。今回は沿線のお客様にもっと徹底的に訴求するために、駅貼り、車内ポスターも用意した。さらに駅務員、運転手、車掌の胸に〝シンガポール・キャンペーン〟のワッペンを付けて、車掌には時々スポットの車内放送でPRしてもらった。同時に京王プラザホテルや京王百貨店などグループ各社にもそれぞれの方法でPR・販促に参加してもらった。

グループ社員1万2000人、家族を合わせると5万人の強いお客様がいる。まだまだ海外旅行の経験者は少ない。京王観光だけでなく、京王プラザホテル、京王百貨店など、グループはかなり、国際的な仕事をするようになっている。電鉄の社員にも是非海外に行って国際的な感覚を身につけて欲しい。そこで、以前作った「海外研修制度」を大いにPRした。その結果たくさんの社員が初めて海外旅行を経験することになった。

京王観光では、隅田次長が中心となって実に統制のとれた営業を展開した。各営業所にそれぞれキメの細かいツアー客の獲得目標を設定して、獲得競争をさせた。また、「キング・ツアー」で提携している、京急観光、京成トラベルなど私鉄系旅行会社や日常の営業活動で連携している旅行会社にも卸した。

このグループ挙げての取り組みが大きな成果をもたらした。そしてこの成果を認めたJALはその後のパナイ島の事故の時もいろいろ支援をしてくれた。一つの大きな成果が社員に自信をもたらし、取引先の信頼を増すことに繋がった。

シンガポール・キャンペーンは初年度4800人送客を達成

京王観光を中心にしてグループ挙げての努力が実を結び、初年度は大きな成果をあげることができた。協力してくれた日本航空の担当部長から後で内輪話を聞かされた。京王がシンガポール・キャンペーンをやる計画を聞いて、古い付き合いの日本航空としても協力しなければならない。せめて500人の送客を願っていたという。それが4800人の実績が出て京王グループを再認識したという。

日本航空とはその後の取引でより密接な関係をつくることができた。とくに翌年起きたパナイ島飛行機事故ではたくさんの援助をしてくれることになった。

ぼくはパナイ島事故の直後、人事異動で関連事業部から企画調整部に異動した。新しい東南アジアのラウンド・ツアーは実行に移せなかったが、さまざまな有益な体験をすることができた。高い目標を設定することの意味、それを実現するための体制づくり、グループの結束、他社との連携など、学んだことは多い。そして何よりもこのプロジェクトに参加した社員たちの自信につながったと思う。

そして1番のキッカケを作ってくれたのは、桑山副社長である。

「タダとはなにごとだ。ちゃんとバス代を取れ」

この一言が大きな成果につながった。経営者は安易な妥協をせずに、部下に対して常に高い課題を課すべきだとつくづく思った。そしてその高い課題を課してくれた副社長に感謝した。

【実践経営学　＊全ては高い目標から始まった】

桑山副社長からバス代を取れと指示されたことがキッカケであった。それが無かったらシンガポールに大量のお客様を送ることはできなかった。そういう試練を与えてくれた副社長に感謝しなければならない。

【忘れられぬ人たち─京王観光・吉田部長・隅田次長】

吉田部長は元電鉄で観光バス課にいた。早く京王観光に出向し、旅行事業部をまとめていた。仕事に対しては妥協を許さず、若い社員たちを厳しく統率していた。隅田次長は根っからの楽天家である。どんな難しい課題にも気楽に立ち向かう能力を持っている。周りの人はその明るい性格についていく。この二人なら、高い目標のプロジェクトに向かって一緒にやっていけると思った。シンガポールのプロジェクトだけでなく、吉田さん、隅田さんとはその後何度も一緒に仕事をすることになる。

ラウンド・ツアー構想（シンガポール・マレーシア・プーケット・バンコク）

キャンペーンを初めると、集客は好調な勢いを示した。この調子なら最低目標の３千人は確実に達成できる。しかし今年は勢いもあって３千人送客出来ても次の年はどうなるか。シンガポールは小さな国でリピーターは取りにくい。新しいバスツアーの企画を考えなければならない。

ＫＩＯＳＣＡバスを、シンガポールからマレー半島を北上してマレーシアのペナンまで持っていく。ペナンから外洋航海でタイのプーケットに渡り、プーケットからバンコク、パタヤビーチ、東京のラウンド・ツアーを考えた。ペナンからプーケットまでの船にはタイのチェンマイ美人を乗せたい。外洋航海ならカジノもできる。プーケットは００７のロケでも使われた奇岩の美しい島だ。パタヤビーチはさまざまなマリンスポーツが楽しめる。

このラウンド・ツアーのプランを旭艏の高野専務に話したら、「それは面白い。内で２００人のツアーを組みますよ」と、大賛成してくれた。

タイのランドを長くやってきた海外トラベルの板井社長は是非協力したいと申し出てくれた。船の調達については、そのうち本四橋が完成すれば、宇高連絡船がいらなくなるので、船を安く調達できるのでは、と話し合った。

早速プーケットの視察に行くことにして、板井社長に現地側の対応を手配してもらった。京王観光の関根君と二人でバンコクからプーケットに着くと、大勢の迎えが待っていた。プーケットの州知事、ホテル協会、観光協会の会長たちは、まず、島を案内するので、これからのこの島の観光開発について意見を聞かせてほしいという。地図を片手に2台のジープに分乗して、回った。「この浜には、マリン・センターを作ったらどうか。この港近くにはいい平野があるので、海を見渡す9ホールのゴルフ場をつくったらいい」

とにかくあまりに美しい海、景観を見ているうちに、ついつい勝手な想像を膨らませてしまった。

その夕、島一番のゴールデン・サンド・ホテルで盛大なレセプションが行なわれた。夕闇せまる白いビーチには、あちこちにかがり火が焚かれ、椰子の木々の向こうには濃紺の海が輝いていた。観光協会会長が歓迎の挨拶をしてくれた。

「京王グループではこのたびこの島の観光開発について大きな関心を持って視察に来られた。この島の発展のために是非京王グループの力を貸していただきたい」

京王が今すぐにでも島の開発に乗り出してくれるような話になってぼくは少しあわててしまった。そこで皆さんの歓迎に対して丁寧にお礼をのべた。

「プーケットはインド洋の真珠といわれています。我々はこの素晴らしい島をたくさんの日本人に来ていただきたいと思います。そのためには先ず空港、道路、電気、ガスなどのインフラを整備しなければなりません。それはタイ政府の仕事です。みんなで力を合わせてタイ政府に働きかけてください。そのインフラの整備が整ったら我々はＪＡＬをデイリーで飛ばすくらい一生懸命送客をしたいと思います。その整備には10年20年くらいかかるかもしれません」

たくさんの海の幸が次々に出てきた。30センチはあろうかと思われるロブスター、大きな皿には山のようなオイスター。

「君たち若いんだからたくさん食べてくれ。ただカキにはカラマンシーをかけてたべるといい」

関根君と僕は大好物な海の幸を大いに堪能した。

食事が終るとこのホテルの社長のお嬢さんがディスコに案内してくれた。南国の夜を心行くまで楽しんで、部屋に帰りベッドに就いたのは1時を廻っていただろうか。

突然電話のベルが鳴った。関根君からだ。苦しそうな声で「死にそうだ」という。驚いて駆けつけると、バスルームの入り口で倒れている。体は汗が噴き出ていたが、氷のように冷たくなっていた。ベッドに抱き上げて、フロントに電話した。

「僕の友達が苦しんでいる。すぐに医者を呼んでくれ」

「ノードクター。ノードクター。パラ、パラ、パラ……」

夜中はアルバイトの男の子しかいないのか、英語が通じない。仕方ないので板井社長を起こして頼み、３時すぎにやっと医者が駆けつけてくれた。医者は一目見るなり、関根君のお尻に太い注射を３本打った。そして僕に薬を手渡して「１時間毎に飲ませてくれ」と言って帰っていった。

動転していたので気がつかなかったが、保険だ。関根君に聞くとカバンを指差した。カバンをひっくり返してＡＩＵの保険を持って医者を追いかけた。暗い廊下を医者に追いすがり、「これで、これで」と保険証を手渡した。

翌朝、朝食の席で関根君のことを話したら、ホテルの社長が説明してくれた。

「それはカキに当ったんだ。ここでは毎年かなり死んでいるんだ。だからカラマンシーをかけるように言ったんだけど」

僕はスダチのような酸っぱいのは苦手なので、カラマンシーをかけなかった。関根君も同様だったようだ。ところがカラマンシーをかけるのは味付けだけではなく、大事な意味があったというのだ。島は猛烈に暑いので、ちょっとした隙にカキは腐ってしまう。カラマンシーをかけると生きているカキはぎゅっと身を縮める。死んでいるカキはデレッとして反応しない。それは食べちゃいけないということなのだ。それでも長くシンガポールに駐在していた屈強な関根君だから命は助かったけど、それをぼくが食べていたら間違いなく参っていたにちがいない。

関根君はその後まる2日間ホテルで静養することになった。

僕は1日、船での奇岩めぐりをした。007のロケもあったこの島の海岸は、碧い海と美しい奇岩にかこまれていた。船は2人席が12列の小さなハシケであった。その日の乗員は、ぼくの他には11人のイギリス人グループであった。一番後ろの僕のとなりにはイギリス人の若い女性が座ることになった。

船着き場を出てほんの10分程度しか経っていない。あんなに晴れていた空が一転真っ黒な雲に覆われ、ものすごい雨が降ってきた。船のキャップテンはすぐに乗員全員の頭の上に船全体を覆うゴムのシートをかけた。もう外は何も見えない。隣の人と身を寄せ合いながら必死にシートの端を掴む。船はローリングを始めるし、シートの下は息苦しいような暑さで蒸れてきた。すると、隣の若い女性がブツブツと文句を言いだした。

「せっかく来たのに何も見えないじゃない。シャツも濡れてきて気持ち悪い。なんでこんな目に遭わなきゃいけないの」

グループのリーダーに聞こえるように声を荒げていつまでも愚痴を言っている。体をくっつけている僕は思わず彼女に言った。

「旅をしていればいろんなことがあるよ。いろんなアクシデントを楽しむことも旅のいいところだよ。暗いシートの下もいいもんじゃないか。If we are lovers.」

すると彼女は真っ暗な中で僕の方に顔を向けて黙ってじっと僕を見つめた。つぶらな瞳はすぐ近くにあった。叱られるかなと思ったが、それからの彼女は愚痴も言わずに、何か歌を口ずさんでいるようだった。僕は自分の英語が良く伝わったのか、彼女が気を悪くしなかったのか気にかかっていた。

しかし、船着き場に帰ってグループのリーダーと彼女がぼくのところにきて言ってくれたことを聞いてホッとした。

「ありがとう。あなたは私たちに素晴らしいことを教えてくれました。おかげで旅が楽しくなりました」

13章 シコゴン・ツアーの飛行機事故

京王観光のツアー客飛行機がパナイ島に墜落

1983年（昭和58年）2月9日、夜9時頃だったろうか。共同通信から自宅に電話が入った。フィリピン・パナイ島で京王観光のツアー客が乗っていたDC3型機が遭難したという。共同通信では京王帝都電鉄の関連会社ということで電鉄の警備室に電話を入れた。警備室から関連事業部のぼくの自宅を知らされたのである。テレビをつけても、まだ報道されていなかった。早速車で西新宿の住友ビルにある京王観光本社に駆けつけた。本社に着くと、次第に社員や報道記者たちが集まってきた。京王観光の社員に話をして記者用の部屋を用意して、すぐ前の京王プラザホテルから、コーヒーやサンドイッチなどを取り寄せた。

朝になると、テレビは前日のホテル・ニュージャパンの火災事故の報道で持ちきりで、京王観光の事故はテロップで流れていた。そして死者が出ていないことが確認されてホッとしていると、間もなく日航機の羽田沖墜落という大きな事故が起こり、京王観光の事故は大きく取り上げられることはなかった。ツアーは八王子の杉本美容室の女子美容師たちの社員旅行で京王観光が受けていた。小さなＤＣ３型機２機に分かれてマニラを飛び立ち目的地のシコゴン島に向かう途中であった。１機は先に無事シコゴン島に着いたが後続機は濃い霧と雨の中、途中のパナイ島の山の中腹に墜落してしまった。幸い、機体が軽かったことと、密集したブッシュに助けられ、機体に大きな亀裂が入ったものの大破、爆発はまぬがれた。

奇跡的な救出劇

それはほとんど奇跡としか言いようのない出来事だった。飛行機の墜落を知ったカピス州知事はダウンタウンのロハスから直ちに墜落現場の麓の村に向かい、村人たちを集めた。そして彼らを二手に分けてそれぞれに救出の指示をした。まず若者たちのグループに山を登って乗客を救出すること、そしてもう一方のグループには、搬送用のトラック、食料、水、毛布等を用意して、さらにダウンタウンの病院までの道を応急整備するよう指示をしたのだ。島で唯一の病院があるダウンタウンまでの50キロの道は大雨で川のようになって、ところどころに大きな穴があいていたという。

墜落現場マウントオパオまでの山道は大雨のためさらに困難を極めたが、現場に到着した村人たちは、飛行機の中を見てびっくりしたという。あれだけ激しく山腹に激突したのにどうやら乗客は無事のようだ。ただ、衝突の衝撃で座席は全て前にずれて乗客は座席に挟まれて身動きのできない状態であった。村人たちは必死の思いで乗客を一人ずつ助け出し、背負って雨中の泥道を下山し始めた。そして、乗客を全員救い出した後間もなく、機は突然爆発、炎上したという。全く残念なことに、パイロットと添乗していたシコゴンのホテルの副支配人を助け出すことはできなかったのだ。乗客たちはロハスのプロビンシャル病院で応急処置を受け、翌日の夜には全員マニラの病院に収容されたのだ。

その事故と救出劇は本当に「もしも」の連続であった。もしも飛行機が海や山の岸壁に墜落していたら。もしも8キロも離れた村の人たちによる発見と救出が、ほんのちょっとでも遅れていたら。もしもダウンタウンの病院までの車の搬送ができなかったら、そして、もしもパナイ島が病院もない島だったら。

感謝と親善の訪問

神に対する感謝とともに、救助活動に参加した多くの人たちに心からお礼をするため、京王観光の安田課長が中心となって幅広いドネーション活動が展開された。グループ各社の社員はもちろんのこと、マスコミを通して幅広く声をかけた。ロータリークラブやたくさんの団体からの申し出もあった。杉本美容室からはジープが1台提供され、日用品、文具、スポーツ用品など、全部で6000点もの品が用意された。

これらの品を船便で輸出し、その目録と一番大事な45枚の感謝状を持って、パナイ島へ感謝と親善の旅に出たのは、事故から丁度半年後のことであった。団長は京王観光の加藤社長、ほかに安田課長、金色係長、事故時の古川添乗員、そして電鉄からはぼくが同行した。

感謝状とお礼の品物の贈呈式は、にわか作りの会場となった町のディスコで行われた。村長夫人の指揮によるフィリピン国歌の斉唱で始められたそのセレモニーは、善意と善意の通い合う、それは感動的なものであった。

敬虔なカソリックの村人たちはちょっぴり緊張した面持ちで、加藤社長から感謝状を受けとった。杉本美容室の杉本専務は負傷者全員からの謝辞を涙ながらに伝えた。市長夫人は、人として行った当然の行為がこういうかたちで報われたことを神に感謝した。ぼくはスピーチの中でグループ社員の皆さんからの感謝の意を伝えるとともに、事故のあった1月9日をカピス州と京王グループの友好記念日にすることを提案した。

贈呈式の後、島の報道関係者との記者会見が宿舎の小さなホテルの中庭で行われた。島のインテリであろう若い女性記者たちは、さかんに京王グループによる島への観光開発投資を期待し、鋭い質問を投げかけてきた。

記者会見のあと、青い空と椰子の木の茂る美しいバイバイビーチに立ってつくづくと考えさせられた。この素朴で美しい島を観光開発することが本当に島の人たちの幸せにつながるのだろうか。

マニラに帰った我々一行は病院の医師、日本大使館の領事など、お世話になった関係者にお礼するとともに、フィリピン政府の観光大臣を訪問した。村人たちをはじめとするフィリピン国民の善意が私たち日本国民を感動させたことを伝えると、大臣はこれを機会に両国の親善と交流がますます深まることを期待すると述べた。

ビラリアール州知事夫妻招待と感激の再会

事故から1年が経った。事故のことを振り返ると、パナイ島の人々から受けた恩の大きさがますます強く思われるようになった。そこで、大変お世話になったビラリアール州知事夫妻を京王グループとして改めて日本にお招きすることにした。

電鉄では京王プラザホテルの４００１号室のスイートルームを用意して、電鉄の箕輪社長をはじめ関係者で州知事夫妻を出迎えた。部屋に入ってきた真白いジャケットに身をつつんだ州知事は精悍な顔に穏やかな笑みをたたえていた。あれからずっと尊敬してきた州知事に再会したぼくは感動で胸を詰まらせながら州知事の手を堅く握った。

その日の午後にはもっと大きな感動が待っていた。ホテルの宴会場に再会の場が用意され、フジＴＶのワイドショーのカメラが入っていた。すっかり傷も癒えた杉本美容室の美容師さんたちと、救助の指揮を執った州知事の再会である。彼女たちの拍手に囲まれて会場に州知事が入ってくると、拍手の渦の中に逸見政孝アナウンサーの甲高い声が響いた。

「感激の再会です！感激の再会です！」

【忘れられぬ人たち―フィリピン・ロハス州ビラリアール知事】

世の中にこんなに偉い人がいるものかとつくづく感動した。あんなに静かで美しい自然の中にいて、突然の危機に際して、これだけ迅速で適切な判断と行動ができるなんて、全く信じられない。ビラリアール知事には心からの感謝と敬意を表した。

【実践経営学　＊危機に対する対応】

事故や災害は何時おこるか判らない。大事なことは、当事者としての姿勢と責任感である。どんな立場や状況にあっても、ビラリアール知事のような判断と行動が出来るように自らの精神を鍛えておかなければならない。

14章
関連事業の定性的分析

経営指標分析と他社比較

会社の究極の目的は必要な利益を確保することにある。
利益の総元は売上高である。売上高から売上原価を差し引いた売上総利益、売上総利益から販売費・一般管理費を除いた残りが営業利益となる。その他直接営業に関係のない収支を差し引いた残りが経常利益となる。

売上高、売上総利益率、営業利益率、経常利益率は企業共通の指標として使われている。共通の指標ということは比較検討することが出来るということである。大企業のように公開されている決算書で個別に比較できるし、中小企業のデータブックなどでは、規模別に分類されているので、自社と同規模の平均値をみることができる。

比較対象は、業界のトップ会社、業界の平均値、同じマーケットの競合会社など分析の目的に合わせてデータを選別する。

売上高については営業内容によって一律に比較できないが、業界のシェア、地域マーケットのシェア、坪当たり、一人当たりでデータを比較する。

営業利益率の元になる人件費の分析は、営業人件費と一般管理費はよく中味を吟味しなければならない。

利益は必要な利益が含まれているかチェックする必要がある。必要な利益とは、会社が存続成長していくために必要な利益である。会社が存続成長していくためには、改良投資、新規投資などの積立金が必要である。それらを含んだ利益の確保が必要である。

自社の強み、弱みの発見

経営指標で他社との比較分析をすると会社の強み、弱み、問題点がよく見えてくる。

百貨店の売上高分析を試みた。新宿、渋谷、池袋、それぞれの地区の百貨店全体の売上高とそれぞれのターミナルに流入してくる私鉄の沿線人口を比較すると新宿地区で９００億円売上高が低いことがわかった。新宿地区百貨店の売場面積当たりの売上高を比較すると京王百貨店が低いことが分かった。

経費の面では横浜ジョイナスの高島屋に比べて賃料負担が低く、コマーシャル・ベースからかけ離れていることも判明した。64年開業の頃は一般的な賃料が設定されていたが、５年経っても大きく累積欠損が残っていたので、政策上賃料を半分に落とした。それでもそれから15年経過しても十分な利益を出すことが出来ない状態である。賃料が軽い分、人件費の負担が増大している。

京王プラザホテルは、ご三家（帝国、オークラ、ニューオータニ）と比較してみた。超高層ホテルのイメージから人気が高く客室稼働率では1番だが、総利益では3位、営業利益では4位、経常利益では5位である。グループ他社の傾向もほぼ同様である。鉄道駅の立地に恵まれ、賃料負担も低いため、成り立っているが、多店化していく競争力は低いことが明らかである。

ホテルの原価率の面では特にニューオータニが低く、大きな利益をあげている。ホテルは仕入れ取引をしている大手の「ホテル・サプライアーズ」が決まっていて、個々の食材の仕入れは担当調理師に任されている。そこでは大きな原価率の改善は難しい。ニューオータニでは子会社の大谷商事が一括して仕入れ、チェーン店各社の担当者は大谷商事に発注する。チェーン店全体の仕入れ量が多いのでかなりの成果をあげている。

京王プラザホテルと比較して4ポイントもの原価率差があった。役員会でこのことを指摘したら、ある役員から指摘があった。

「堀井君、ホテルだからまずいものを出したってしょうがないよ」

鉄道の場合、資材の仕入れ原価が高くても運賃に転嫁できる。商売の本質が判っていない。ホテルの食材の仕入れ戦略はFBコントローラーの仕事でなく、トップマターの仕事である。

要員・人件費の効率化も同様である。地元財界肝いりで出来た盛岡グランドホテルはリクルートの傘下に入り、江副社長の指示で全権を託された高塚総支配人の手腕で短期間に黒字転換した。話を聞いてみると実に人使いがうまいのである。トップが高い目標を設定して責任者に全権を委任する、そういう組織体制が必要なのである。

さらに生産性の面で、過去5年間の1人当たりの売上高伸び率を見てみると、大企業が、12％、中小企業が9％伸ばしているのに対し、京王グループでは7％しか伸びていない。

そして、生産性の面で大きなウエイトをもっているのは間接部門である。京王グループの間接部門は、総人員に対し10％、1000人と120億円の経費を抱えている。

連結時代を迎えて、グループの営業力、コスト競争力をいかに高めるか、テーマが絞られてきた。

【実践経営学　＊経営指標比較で自社の強み・弱みを分析する】
目標とする他社との経営指標の比較により自社の強み・弱みを発見し、弱みについては徹底的に分析する。

戦いは大将の時代

競争力強化で最大のテーマは人材の問題である。以前は企業間の競争は社員の数であった。一万人の社員と千人の社員の戦いであった。しかし情報化、ITの時代に入って、戦いは戦略の戦いとなり、兵と兵との戦いから大将と大将の戦いになってきている。トップの戦略を支える参謀とその戦略を全軍に伝える下士官がキーマンとなる。これからは強力なリーダーシップを持った社長が率いる中小株式会社が急激に伸びていくに違いない。

そういう意味では伝統的な組織の会社でも際立って優秀なトップが求められるに違いない。トップを支える参謀、下士官にも人材が求められる。このトップ層の人材をどう確保するか、どう育てるか、あるいは、スカウト、企業提携により、競争力をいかに取り込むか、最重要課題である。

グループをとりまく経営環境についての定性的分析

１９８１年度の時点でグループの経営環境について分析を試みた。そしていくつかの問題点が明らかになった。

まず、77年あたりから都内の消費支出の伸びが鈍化しており、特に「もの」に対する支出の鈍化が著しく、百貨店やストアの売上高が低迷している。量から質の時代に入って、マーチャンダイジングの企業格差が鮮明になってきたことが判る。

つぎの問題点は、競争が増々激しくなってきているということである。百貨店の売上高伸びをタイプ別にみると、日本橋の都心型は比較的順調に伸びて、玉川高島屋など郊外型の伸びが著しい。今まで順調に伸びてきたターミナル型の百貨店は伸びは鈍化している。今後どんどん百貨店も郊外に進出してくることが予想される。

百貨店だけでなく京王エリアにおける競合は厳しくなってきている。店舗数のシェアで見ると、ストア業では、30％が25％と落ちてきた。旅行案内所ではＪＴＢの進出が著しいが、京王観光も出店を増やし25％のシェアを維持している。不動産営業所では三井リハウスや東急不動産等の進出が、激しく、店舗シェアは50％から20％に急減している。

沿線における今後の競合は沿線人口が伸びて消費力が高まるとともにますます激しくなっていくものと思われる。

営業面での競争だけでなく、マネージメントの上での問題点はもっと深刻である。各業界の進出企業はそれぞれの業界の専門企業であり、いわばプロの商売人である。先ず売上原価率を他社と比較してみると、百貨店では3・0ポイント、ストアでは0・9ポイント、ホテルでは3・0ポイント高い。全ての面で仕入れ力の弱さが露呈している。これは最早個々の関連会社の努力にだけ頼るのではなく、グループの総力を挙げて取り組むべき課題となっている。

ドミナントエリアにおける営業立地の確保

ドミナントエリアの人口は順調に増大し、マーケットが拡充していく中で他社の進出が活発となり、競争はますます激化している。グループが存続成長していくためにはグループの競争力を強化していかなければならない。と同時にマーケットとして価値の高い沿線の土地、とりわけ駅周辺の商業立地は何としても確保しておかなければならない。

東急から来て、戦後京王帝都電鉄の初代となった三宮社長はよく言っていた。

「私鉄経営で重要なのは土地と人だ。路面電車からスタートしたわが社は土地を持っていない。貧乏会社でお金も無いから、二束三文で買える沿線の沼地という沼地を確保しろ」と言って土地を確保していった。土地代が著しく高騰してしまった現在、これから大規模な土地を確保するには鉄道全線の複々線化を地下化で進めて地上の土地を活用するのがいいと考え、企画に異動してから詳細な検討を加えて、提案した。（巻末提案資料『万里の長城プラン』）

当面大事な戦略としては、商業価値の高いターミナルおよび駅周辺の土地を確保することにある。

車掌時代国領の駅前に西友ストアが新しく出店するのを見て悔しい思いをした。今度は中間駅最大の乗降客数の調布駅前にパルコが出るという。知り合いの都会議員を介して調布市の収入役に会った。

「収入役、調布はわが社の沿線最大の表玄関ですよ。その前で西武のパルコでは困りますよ。市のみなさんはどう思っているんですか」

「我々市の者は京王さんにやってもらいたいと思っているんですよ。でも西武の堤さんは3回挨拶に来たけど、京王さんからは特にあいさつもありません」

「それは失礼しました」

もっともっと早い時期に地主さんや市と話をしておかなければいけないとつくづく思った。

井の頭線渋谷駅の再開発では、東急、営団地下鉄、京王の3社委員会が出来て商業ビルの部分は東急に任せることになってしまった。

府中の再開発では地権者でもあるので、自社で押さえたいと思ったが、伊勢丹に進出を許すことになった。

伊勢丹が出ることについて、「他社が出てもいいじゃないか」が、トップボードの意向であった。聖蹟桜ヶ丘に京王百貨店2号店の出店が計画されているので、府中の出店などできるわけがないということであったが、伊勢丹が出店すればそれだけ新宿も聖蹟桜ヶ丘も喰われることになる。それならば当社で押さえて専門店ビルでも経営すればいいと思った。

新規出店は別として駅の立地は絶対に確保しておかなければならない。駅の規模に応じて既存の店舗は取り込む。周辺を買い足して十分なスペースを確保したい。他社がテナントとして出店希望があった場合は、フランチャイズとして類似営業をしている関連会社の出店として、自社の営業権は確保しなければいけないと思った。

【実践経営学　＊自社の土地・ビル内の営業権は自社内に確保する】

自社の土地・ビル内は第三者に賃貸するのでなくフランチャイズ方式により営業権はグループ内で確保することが必要である。

15章
グループ競争力の強化

コマーシャル・ベースの取引ルール

関連会社を経営する目的を明確に認識しなければならない。要員の効率化のためでもないし、利益の留保のためでもない。関連会社が健全に存続、発展することである。そのためには、同業他社の競争力に負けない経営指標を持つことである。甘えや援助の関係でなく親会社と関連会社間の取引はコマーシャル・ベースにすることである。コマーシャル・ベースで成り立たないということであれば、関連会社のどこかに経営上の欠陥があるということである。早急に改善しなければならない。

人件費の差額負担

会社が人を雇用する場合はその人の能力と可能性を加味しながら仕事の内容と職責を決定する。電鉄の場合は年齢と経験を加味して賃金が上昇する。中堅社員の場合、プロパーと電鉄からの出向社員では30％もの格差がある。関連会社で同じ仕事をしていてそういう格差があるということは、不公平であるし、グループ間の人材交流を阻害する。格差を是正する方法を用意しなければならない。

出向者の場合は、関連会社の給与体系に当てはめる。出向者は電鉄でのもともとの給与を受ける。その差額は電鉄が負担するようにすればいい。電鉄は出向者が昇進、昇格して電鉄での待遇よりも高い待遇を受けられるようになることを期待する。

よく関連会社のトップから1億円ほど利益が足りないのだけれどと、相談がある時、ぼくは提案する。

「忍法復職の術でいきますか。1千万円級の出向者がたくさん居るので。10人も復職すればいい」

賃料倍増計画

関連会社が事業を始めるときは電鉄の土地に出店してきた。もともと電鉄所有の土地の原価は低いので関連会社育成のために比較的安く賃貸してきた経緯がある。関連会社の方では高い人件費の出向者を引き受けているということで賃料が安いのが当たり前という甘えの構造がある。

京王百貨店では開業当初は平均的な賃料が設定されていたが、5年経っても利益が出ないので賃料を半額に引き下げた。しかし、その後15年の経過を見ると引き下げた分の利益が出てこない。その分、人件費が増えているのである。賃料を低くしても関連会社のためになっていない。開業当初はまだ事業は未成熟で、子供から部屋代をとるわけにいかない。しかし5年を経過した事業は大人なのだ。コマーシャル・ベースで賃料を支払えるような営業力がなければ新しいマーケットに進出できない。親会社は収受した賃料を無駄に使うのでなく、2号店、3号店の投資のために留保していく。

この賃料の実態は百貨店だけでなくグループ全体に共通のことで、およそコマーシャル・ベースの半額の実態である。関連会社の競争力強化と出店拡大の投資資金確保のために賃料倍増計画を策定した。5年間でコマーシャル・ベースに近づける計画である。これでいくとグループ関連会社からの賃料は100億円ベースに増加できることになる。

井上社長はよく理解してくれて、関連会社社長会で檄をとばした。

「これからはグループ全体の競争力を強化するために賃料については苛斂誅求を極める」

京王プラザホテル札幌の人事・PR

京王プラザホテル札幌は、大林組が場所を紹介してきたプラザホテルの実質二番目のホテルである。進出については、社内では慎重論が多く検討に時間を要した。地域一番店のホテルにすると、井上社長は積極的だった。当社で初めての沿線外の大事業ということで、関連事業部としては支援策をいろいろ検討した。ホテルは、5年で一気に体制を作ればあとはレールに乗る。そこで「これが京王グループのホテルだ」というものをグループの人材を結集して作り上げる。京王プラザホテル新宿をはじめ電鉄、百貨店、観光から精鋭をリストアップした人事案を策定した。

さらに京王沿線300万人にインパクトのある広告で徹底的に訴求する。開業の朝から3日間、駅、車内等の全ポスターを札幌一色に埋める。ポスターの制作はゼネコンはじめ、ホテルの食材等の取引先に依頼し、広告枠は現在掲出ポスターのクライアントに3日間だけずらしてもらう。ポスターの張り替えは社員を動員して終電後行なう。この広告作戦はタダで行おうというものだ。

この企画は面白いと思ったが経理部から待ったがかかった。

「ポスターの広告を無料で提供することは京王プラザホテル札幌に対して贈与になる。課税されるようなことはできません」

「たとえ課税されてもやるべきじゃないですか。でも課税されることはないですよ。なぜならホテルは電鉄の持ち物です。自分のビルの宣伝をするのに贈与になんかなりませんよ」

しかしこの広告計画は大がかりということで実現できなかった。

派遣人材のリストが出来たので徳山部長と桑山副社長のところへ提案に行った。

「グループの人材の総力を挙げてホテルの体制を作ったらよいと考えます」

「なに、プラザホテル札幌に人材なんていらん。あの会社はグループで最悪の会社だ」

しかしその後札幌には経営トップ層に次々と優秀な人材が派遣され、遠隔地のマーケットでよく、健闘した。また、派遣された社員には貴重な経験となった。

【実践経営学 ＊新規事業・新会社を始めるときは最初の5年間が重要】

新規事業や新会社を立ち上げるときは、マーケティング、営業サービス、仕入れ、競合会社との差別化など、経営全般について強固な体制を確立しなければならない。そして5年間かけて競争力のある経営指標を創り上げることが必要だ。

16章 戦略的グループ経営の枠組

関連会社の運営ならびに管理の基準

① グループの経営戦略を確立するためにグループの経営ビジョンを設定し、その方向に合わせた戦略ＰＰＭを策定する。（ＰＰＭ・Product Portfolio Management）

② グループ経営のガイドラインを設定する。
*新会社設立のガイドライン
*多角化のガイドライン
*投資のガイドライン

③ グループ人事のガイドラインを設定する。
*グループレベルでの人事戦略を策定する。
*戦略的人材の採用・研修はグループレベルで行う。
*営業面での中核的人材は非常勤役員を含めて業界から専門家をスカウトする。

④
*関連会社のトップについては業績評価、定年の基準を設定する。

出向に関するガイドラインを設定する。

*グループ内人材の流動性とモラールの維持を図る。

*電鉄新入社員は全員、関連会社へ2年間の教育出向を行う。

*出向者に対してはグループ経営戦略に基づいて具体的ミッション（役割期待）を明示する。

*出向者のモラールを向上させるために公平で明確な業績評価基準を設定する。

*出向者に職位、待遇ついては出向基準合わせ、出向元との差額は出向元で負担する。

*関連会社の経理・総務部門の責任者は電鉄の出向者とし、グループ内経理システムの統一と経理情報の正確な把握を期する。

⑤
関連会社間取引のルールを設定する。

*コマーシャル・ベースを前提に適正かつ公平を期する。

*コマーシャル・ベースを離れた取引は真に関連会社の育成のためにならない。

*関連会社間では知恵は貸すが金は貸さない。チャンスは提供するが、コマーシャル・ベース以下では貸さない。

30歳代のS・スペシャリティの時代のまとめ

関連会社のマネージメント、グループ経営のあり方について、さまざまな角度から検討をすすめてきた。経営学の理論的アプローチ、他社グループの分析評価、自社グループの実態と、若手の意見、自らの関連会社経験を踏まえ、「関連会社政策の新しい在り方について—戦略的グループ経営への方途」と題した提言書を策定した。関連事業部に異動してから4年目の1982年5月のことであった。72年関連会社に出向してから10年間、丁度30歳代、夢中で子会社のマネージメント、グループ経営について考えてきた。

初めから30歳代はSpecialtyの時代と位置付けていた。誰にも負けないその分野の専門家になることが目標だった。その意味では関連会社マネージメントについてじっくり取り組むことが出来たことは幸いであった。「関連会社政策の新しい在り方について—戦略的グループ経営への方途」のレポートは10年間取り組んできた僕の仕事の集大成である。

20歳代はVitalityの時代。与えられた仕事をがむしゃらにこなす。30歳代のSpecialtyの時代を経て、いよいよ40歳代はOriginalityの時代に入る。今までの経験を生かして何か独創的な仕事をして会社に貢献したいと思った。

第3部　Originalityの時代〔1982年～1988年〕

―グループ経営戦略「ニュー京王プロジェクト」の推進―

第3部　目次

4章 4C事業の基本構想

1章
新規事業についての提言

ホテル事業の展開構想（大阪・京都・シンガポール・ハワイ）

1982年（昭和57年）電鉄関連事業部から企画調整部課長へ、異動した。関連会社管理からグループ全体の課題に取り組むことになり、まず初めに京王プラザホテルについて検討を始めた。

1971年（昭和46年）に開業した京王プラザホテルはグループにとって画期的な事業であった。小さなローカル鉄道の京王電鉄はこの超高層ホテルによって一躍知名度を日本中に高めたのである。バスやストアの社員採用で北海道や沖縄など全国を廻った人事担当者はどこに行っても京王プラザホテルの知名度を再認識したという。

我々社内の若い世代は何としてもこの京王プラザホテルをしっかりと育てて大きく成長させていかなければならないと思った。この京王プラザホテルをどう展開したらよいか。これはずっとぼくのテーマとなっていた。

その後、京王プラザホテルは76年、銀行からの話があって高松のプレジデントホテルを買収して、京王プラザホテル高松を開業した。このホテルは設備面でも問題があり後に閉館することになる。この時、当社が進めるホテルは地域一番店でなければと、つくづく思い知らされた。その後80年に新宿のプラザホテルのアネックスとして南館を新設、81年には、京王プラザホテル札幌を開業した。この札幌は地域一番店として面目を保つものであった。このころから社内ではホテルの次の展開として八王子、多摩が検討されていくことになる。

71年京王プラザホテル開業直後、1ヶ月間、アメリカ視察旅行にでかけた。その時京王プラザホテルのモデルとなったというロスアンゼルス、センチュリー・シティのプラザホテルを訪れた。開業まだ間もないこのホテルのシックで重厚なロビーで、京王プラザホテルもこういうホテルチェーンになっていくのだと夢に描いたものだ。

そんな頃から漠然と京王プラザホテルの展開を自分なりに考えてきた。新宿の京王プラザホテルは圧倒的な注目を浴びてスタートした。スタッフは業界からスカウトされてきた経験豊かなマネージャー達であった。その頃丁度バスのワンマン化による効率化が進んでいた自動車部を中心に、電鉄からもたくさんの優秀な出向者が配置されていた。また、京王プラザホテルの知名度を受けて銀行その他からたくさんの新規物件のオファもきていた。

井上定雄社長が種をまいてくれた夢の事業、これからの展開を誤ってはならない。それにはチェーン展開の順序が重要だと思った。

先ず、2号店は日本の第2の都市、大阪。次に世界的な観光都市、京都。その後に列島メガロポリス。海外は先ず世界的な観光地、ハワイ。アジアの拠点で、京王観光がバス会社をやっているシンガポール。その後は海外の大手ホテルチェーンと提携して進めていくべきだと考えた。いずれにしても当社のような体質の企業が直営店を展開する場合はメジャーマーケットに地域一番店として展開していくのが鉄則だと考えた。

幻の京王プラザホテル大阪

大阪のホテル構想を考えることは楽しかった。大阪は井上靖の小説や石川さゆりの歌に出てきて、古い地下鉄のある街や一途な女性に憧れを持っていた。そして何といっても大阪は第2の大都市である。国際的にもマーケットは大きい。そんな大阪には、まだ本格的な都市ホテルはロイヤルぐらいしか無かった。大阪万博や京都のプライベート旅行、私鉄他社見学や業界の集まりなどの機会には、必ず大阪の各地区を回って交通事情や商業施設、ホテルなどを見学した。そしておぼろげに京王プラザホテル大阪のイメージを固めた。

大阪は梅田一極集中である。その梅田駅前に新宿の京王プラザホテル本館と全く同じ規模、同じデザインの超高層ホテルを建てる。そう思い描いているうちにそれしかないと考えるようになった。

上司や社内に提案するにはもう少し具体化しなければならない。会社としては大阪には全く土地勘がない。それに大阪社会でビジネスをするには大阪に詳しいコネクションが必要であろう。話が具体的になればメインバンクの住友信託銀行に相談すればいい。

そんなことを関連事業部時代に作った異業種研究会のメンバー、神戸大学吉原教授に話をしたら、いい人を紹介してくれた。㈶都市調査会会長、㈱都市科学研究所の米田豊昭社長であった。米田社長は京大出身の元全学連の委員長で関西では特に大きな力を持っている人であるという。政府・自治体や企業のビッグプロジェクトの開発について調査、研究、設計などを請け負っていた。霞が関ビル11F、阪急グランドビル14F、四条烏丸住生京都ビル９Fにオフィスを構え、それぞれ１００人規模の一級建築士を抱えていた。その頃、新聞には関西空港推進役として米田社長のインタビュー記事が載っていた。

京王プラザホテルの展開について意見交換をする中で、梅田駅周辺については米田社長もルートがあり、少し検討してみるので待ってほしいということだった。

それから２ヶ月程して米田社長から連絡が入った。梅田駅の国鉄の貨物車庫の跡地をまとめることができそうだということだった。場所は梅田駅横国鉄貨物車庫跡地ということであった。もう少し確認が進んだ段階で上の人を連れて見に来てほしい。その時また連絡を入れてくれる約束をした。

実はぼくは米田社長の連絡を不安な気持ちで待っていた。土地の目途がそんなに早く固まるとは思っていなかったが、米田社長は地上げまで責任をもって進めてくれると、非常に積極的だった。もしそんな話が速く進んでしまったら、どうしよう。社内ではまだ、全く議論を進めていないし、また、今の体制では、そんな話を議論できるムードでもない。

米田社長にその辺の事情を説明しなければと電話を入れだが繋がらない。米田社長の方からも全く連絡が取れなくなってしまった。数日後新聞に米田社長失踪の記事が出た。

こうして「難波のホテルも夢のまた夢」となってしまった。

その後、米田社長の進めていた関空も無事オープンし、高度成長に乗って日本列島のビッグプロジェクトは次々に実現していった。

そして、あれから20年ぐらいして梅田駅の当該場所にコンプレックスビルが出来た。ヨドバシカメラが出店することとなった。つぎつぎに新しいホテルが立ち並ぶ大阪地区を訪ねる度に何ともなつかしく思い出される。

【忘れられぬ人――㈱都市科学研究所　＊米田豊昭社長】

米田社長は、社長というよりも、実業家というほうが似合った人だった。人の話を聞くと、直ちに全体を見通して事業構造を組立てる。自治体に対しては都市調査会という財団法人の冠をつかう。事業の面では都市科学研究所という体裁をとる。米田社長と話をしていると実に痛快であった。残念でならない。

京王プラザホテル京都の誘い

レストラン京王にいたとき東武百貨店の笠井常務から声がかかり、飲食業を営む東武百貨店の子会社東武食品に講演に行ったことがある。それ以来笠井常務とは長いお付き合いになった。笠井常務は豪快な人で、よく赤坂の韓国レストランで関連会社経営について楽しく語り合ったものである。

笠井常務はその後専務として東武ホテルに移り、銀座、サッポロなどホテルの展開に辣腕をふるっていた。

そんな頃、ある日笠井専務から呼び出しがあった。

「堀井さん、京王さんで京都でホテルをやりませんか。実は私の友人からの話で京都のホテル用地を地上げしたんで、ウチにホテルをやらないかと言ってきたんだが、僕のところは銀座、札幌で目一杯で、京都まで手が届かない。以前、堀井さんは京都に興味がおありのようだったですね」

広島のゼネコン新井組が地上げをして、ホテルの図面まで出来ていた。場所は県庁と淀川に挟まれた申し分のない所である。

かねてから京都には三重の塔をイメージした和風の都市ホテルがいいと思っていたので、ワクワクした。以前台北の圓山大飯店を訪ねたとき、その落ち着いたたたずまいに感動したことを思い出した。もっともっと日本は伝統の良さをホテルにも取り込みたいものだと思っていた。

しかし丁度その頃電鉄は資金的に厳しい状況で、とても京都のホテルの話を持ち出す雰囲気ではなかった。

大阪にしても京都にしても実現はしなかったが、十分夢を見ることができた。大きな夢に向かっていろいろシミュレーションを重ねることは決して無駄ではない。必ず何かの役に立つと思う。特に若い世代が自由な発想でシミュレーションすることは会社全体の活性化につながる。

【忘れられぬ人 ＊東武ホテル　笠井専務】
初めて笠井さんにお会いしたのは笠井さんが東武百貨店常務のときであった。東武百貨店の子会社に飲食会社があるので、指導してほしいとのことからはじまったが、事業意欲の盛んなひとで、話をしていると、大いに刺激をうけた。百貨店からホテルに移られても何かと会う機会が多かった。豪快な人柄で、よく赤坂の韓国バーで語り合ったものだ。

聖蹟桜ヶ丘ショッピングセンターの開発と京王百貨店の出店

ある日、常務会が終わった後で井上社長が桑山副社長を呼び止めた。会議室に二人が残って議論が始まった。ぼくは会議体担当課長なのでなんとなくその場に残り二人の話を聞くことになった。

「桑山君、君は桜のSCについて一体いつまで反対してるんだ」

準備室長が5代目になっても聖蹟桜ヶ丘のショッピングセンター建設計画がなかなか進まないことに社長はかなりいらだっていた。

「私は反対です。桜のSCは成り立ちません。京王100年の計を誤ります」

「何を言っているんだ。ウチは世間から難しいといわれたこともそれなりにやってきたじゃないか。特急列車の運転にしても百貨店にしてもプラザホテルにしても、よくやってきたじゃないか」

「いや、私は反対です。川向こうに300億投資は墓標を建てるようなものです」

副社長の言葉はいつも迫力があった。そしてその場は物別れとなった。

昭和ヒトケタ生まれの副社長は物事の考え方が緻密で慎重であった。特に新規事業に対しては

あらゆる側面から安全性を追求した。副社長を安心させるような説得をしなければ桜のSCの実現は難しそうだ。

席に戻ってぼくは上司の了解をもらって社長室に入った。

「先ほど、川向こうに300億の投資は墓標を建てるようなものだ、という議論がありましたけれど、300億の投資はタダみたいなものだとぼくは思います」

「なに！タダとは何事だ」

目を瞑って椅子にもたれていた社長が突然目を見開いて僕を睨みつけた。

「百貨店の入るB館の投資は約200億。金利、償却などのネットの負担は約10億です。今のところ百貨店は聖蹟桜ヶ丘に出店する場合、新会社を作って200人の新規採用を計画しています。現在、百貨店は新宿店1店で社員は2000人います。ほとんど労務倒産寸前です。新会社としての新規採用を止めさせて、桜ケ丘店は京王線オンラインの増床と考えるべきです。2000人の上から下まで1割、200人を桜にもっていけば新宿店側は人件費10億浮きます。その10億を新宿店の家賃に上乗せして取れれば、桜のB館はタダみたいなものです」

井上社長は一瞬驚いたような顔をしたが、すぐに立ち上がって秘書に指示をした。

「おい、森君を呼べ、百貨店社長の森君だ」

「それでA館はどうするんだ」

「A館は投資約100億です。同様にネットの投資負担は約5億になります。メインテナントに予定されている京王ストアは、桑山社長の経費節減の効果で経常利益は10億ベースとなり、このところ毎年5億の税金を払っています。A館を京王ストアに建ててもらえばタダになります」

「そうか」

出過ぎた意見具申であったが、その後、京王百貨店の森社長が来られて井上社長の意向を受けて進めることを了解した。

「支店でやることは了解しました。ただし、10億の負担は勘弁してください。4億円にしてください」

ということで井上社長も了解されたとの報告が入った。

それから2週間ぐらいして井上社長からすぐ来るようにとの連絡が入った。

「京王ストアはどうなった」

「いくらなんでも桑山社長に私が直接話をするわけにいきませんよ」

「何を言っているんだ。お前が言い出したことだろう」

仕方なく、京王ストア社長である桑山副社長にお会いした。

「桜のショッピングセンターの件ですが」

「何！SCなんかやれないよ」

「いいえ、もしやった場合、ストアの賃料をタダにしたらどうですか」

「何を言っているんだ。ウチの賃料は売上の3％と決っているんだ」

「A館を京王ストアで建てられたらどうでしょう」

社長は驚いたような顔をしてしばらくしてから否定された。

「電鉄の土地に子会社がビルを建てるなんて必要はない」

井上社長に報告すると、それでもいいだろう、と桜のSC建設をきっぱり決断された様子であった。

初期投資の負担は軽減されても、桑山副社長が心配されているように桜が丘SCの営業収支については確信の持てる状態ではない。大手のコンサルタントにマーケットリサーチを依頼していたが、売上高予測一つとっても、コンサルタントの予測は商業統計や家計調査のような、マクロデータに基づいた客観的推定にしかすぎない。高島屋が出店すれば推定通りに売れるかもしれないが、京王百貨店ではどうなるか分らない。今までの営業体制を超えた戦略が組み立てられなくてはならない。いずれにしても、出店を強く推した自分としても全力を挙げてバックアップ体制をとることを心に誓った。沿線における「広域エリアマーケティング」は、今までずっと考えてきた中心テーマであるし、新しい時代に合わせてグループのマーケティング体制を再構築する絶好のチャンスでもあると考えた。

2章
高度情報化社会

ICカードの実用実験

世の中、高度情報化時代の到来を告げる動きが高まってきた。コンピュータを中心とした大量情報の伝達、処理システムが飛躍的に高度化していく。コンピュータや光ファイバーなど様々な道具立てが現われてくるのだ。考えただけでワクワクする。そんな中で最初に注目したのはＩＣチップである。

個人が所有するカードにＩＣチップを埋め込むことが出来れば、カードの有用性は飛躍的に高くなる。百貨店やスーパーでプリペイドカードとして使うこともできる。鉄道の乗車券に活用すれば、長く考えてきたキセルの解消ができるかもしれない。電鉄の先輩で京王プラザホテルの淡野部長の従兄弟の方がＩＣカードの研究をされていると聞いた。

早速、茅ヶ崎の有村技術研究所を訪問した。有村所長はＩＣカードを中心としたサイバネティクスの実用化を検討していた。鉄道の模擬改札ラッチが用意されていた。上着の内ポケットの中にある財布の中にICカードを入れてラッチを通ると見事にICチップがカウントされた。電波の強度やリーダーの設置など、様々なシミュレーションを繰り返しているという。確かにラッチが何台も並び、たくさんの乗降客が速いスピードで交錯するラッチで複雑な情報処理を正確に行うことは極めて難しいことに違いない。やはり以前から考えているように均一料金にすればこの問題は一気に解決されることになるのにと思った。

ともあれ、自動改札が実現すれば、鉄道にとって多くのメリットが生まれる。切符の自動販売機のスペースが売店等に活用できる。改札が自動化されれば、改札員の省力化ができる。駅員はより付加価値の高い仕事に従事できるのだ。そして何と言っても「乗った駅と降りた駅」をチェック出来れば今までキセルとして捕捉出来なかった収入を確保できる。ぼくの試算ではキセルによるロスは収入の10％ほどもある。

さらにこのカードを個人のIDとセットすることにより、鉄道以外のグループ流通店舗の販促に結びつけることもできる。

ICカードの導入は鉄道にとって革命的な改革になるのだ。このカードを全国の鉄道、バスに普及させるように運輸省に働きかけなければならない。

光ファイバーの登場

娘が高校2年の時、アメリカの中西部インディアナ州に転校した。ホームステイ先に電話をかけると、声にウエーブがかかって、3分で4千円ぐらいかかり、満足に話などとてもできなかった。初めのころは授業の先生の言うことが全く判らなくて、毎日のように涙の滲んだ手紙が届いたものだ。当時は京王プラザホテルや京王観光でも、海外との通信はテレックスによっていた。電話はとてもコストがかかって使われなかったのである。それから2年ほどしてからだったろうか、電話の声はまるで日本国内と全く変わらなく鮮明になり、電話代もどんどん安くなっていった。それから20年ほどで、大量通信が可能になり、インターネットが普及し、今では無料でアメリカとのテレビ電話が可能になるのだから、全く驚いてしまう。

ニューメディアを検討していた1982年（昭和57年）のこの頃は、光ファイバーはすでに実用化の段階に達していたのだ。この光ファイバーはビジネスの世界や社会全体に大変革をもたらすに違いないと思った。

鉄道沿線光映像情報システムの実用実験

社会が進化するとともにコミュニケーションの需要はますます増大する。そのコミュニケーションの需要に応えるように、通信技術とコンピュータの技術がどんどん進化し、普及し始めてきた。まさに高度情報化社会の到来である。電話やコンピュータが個人で利用できて、近いうちに携帯で通話ができるようになると、通信量は爆発的に増加するに違いない。そしてその通信情報は企業のマーケティングに活用されることになる。

その通信の大量伝送を可能にするのが「光ファイバー」である。鉄道で取引のある住友電工の横井常務にお会いして光ファイバーの技術と今後について話を聞いた。光ファイバーは従来のメタルに比べて1千倍ものデータを高速で伝送できる。複線にすれば膨大な容量となる。静止画、動画の画像も容易に送ることができる。まさにコミュニケーションニーズだけでなく、マーケティングのツールとしても画期的な変化がもたらされる。

まずは光ファイバーの実用実験をしてみたいと思った。横井常務によると、光ファイバー関連のメーカーの団体に「光産業技術振興協会」があり、今後毎年2件の実用実験を実施して普及のためのデータを取っていくという。実験の希望が多く、取り上げられるかどうかわからないが、応援を約束してくれた。

普及のための実験フィールドとして、一般の人が見て、触れて、確認できる鉄道の駅が有効ではないかと考え、「鉄道駅における光ファイバーの実用実験」を提案した。新宿～明大前間に光ファイバーを敷設して「電子伝言板」や百貨店と結んで「ステーション・ショッピンク」を体験してもらおうという提案が採用された。協会から早稲田大学の富永栄蔵教授、東大の羽鳥光俊助教授を含む4名の専門委員が派遣され、メーカーの技術者とともにプロジェクト実施について何度も詳細な打ち合わせが持たれた。技術的な知識に疎いぼくもこれから開かれる壮大な高度情報化社会に胸が躍るような思いであった。

光ファイバーの用途は鉄道本体のニーズとともに、今構想しているCATVや4C事業にも不可欠である。ぼくは協会側に無理を言って、光ファイバーを12芯にしてもらい、百貨店など外部との接続やコンピュータの容量アップなど、そのまま将来の実用化を想定した装備にしてもらった。特に古川電気工業および富士通には多大な協力をいただいた。

光ファイバーは新宿・明大前間5・2キロに12芯の光ファイバーが敷設され、両端駅には様々な端末が接続された。各種鉄道・沿線案内、電子伝言版、グループ各社の営業案内、駅でのCATV放送、各種予約・発券サービスなど多彩な情報サービスを展開した。

明大の学生が、新宿駅で「〇〇教授休講」の電子伝言板を見て大学まで行かずに済むといったこともできる。事故状況や忘れ物情報なども映像で確認できる。

さらに郵政省、運輸省の協力を得て、新宿駅から京王百貨店のお買い物相談所を結び、明大前駅でビデオテックスを通して映像で商品を確認出来るステーション・ショッピングのモニター実験を行なった。これはその当時光ファイバーを通して公開の場で行われた初めてのテレビショッピングであった。若い人たちが躊躇なく各種端末にアプローチする様子を見て、その世代がマジョリティになる時代にはステーション・ショッピング、ホーム・ショッピングが普通に行われるようになるに違いないと思った。

この実験を通して光ファイバーの膨大な伝送容量を確認するとともに、来るべき高度情報化社会の大きな可能性を確認できたのである。

【忘れられぬ人――早稲田大学理工学部　＊富永英義教授】

富永先生は電子工学では最先端の情報を持ち、実に丁寧にいろいろ指導をいただいた。ある日、お誘いを受けて大学の研究室を訪ねたことがあった。先生は、これからの情報化社会の姿を見通しながら、ある一つの大きなヒントを提示してくれた。それは携帯電話である。間もなく通信電波が解放されて、携帯電話事業が認可される。おそらく3～5社になるだろう。絶対に逃すべきではないと思った。

電電公社ＩＮＳ実験システムへの参加

電電公社は、来るべき高度情報化社会を想定したモデルシステムの実験をすることとなった。三鷹地区と丸の内のオフィスを結んだ広範なＩＮＳ実験である。当時「ＩＮＳ」とは「いったいなにをするのか」といわれ、一般の人々には全く判ってもらえないものだった。電電公社の式場室長からは以前から高度情報化社会がどのようなものになるのか、いろいろ教えていただいていたので、当社としても実用実験をしたいと考えていたところであった。

丁度三鷹の実験エリアに井の頭線の「吉祥寺駅」がある。そこで一般の人々に参加してもらえるような場を作ろうと考えた。この構想を発表するとすぐに住友信託銀行、凸版印刷、綜合警備保障など様々な機能を持った会社が実験への参加と協力を申し出てくれた。また、運輸省の運輸政策局からは実験への後援をいただけることになった。

１９８４年（昭和59年）井の頭線吉祥寺駅の改札口前に15坪の「京王ＩＮＳステーション」を開設し、キャプテン等の新しい実験端末を用意して次のような様々な公開実験を開始した。

① 公開モニター
井の頭線15万人、国鉄20万人の駅乗降客を中心とした一般の方々にＩＮＳ端末を公開し、各種実験に参加していただく。

② 情報提供

キャプテン、VRSを通じて各種交通情報、沿線案内、旅行情報の提供

③ステーション・ショッピング（ホーム・ショッピング）

キャプテン、VRSを通して京王百貨店を始めグループ各社の商品情報を提供し、その場で購入、代金決済を行なう。商品のお届けは吉祥寺駅または自宅を選択できる。この端末は実験エリアの丸の内にある住友信託銀行でも利用できるようにした。ホーム・ショッピング、ホームバンキングの実験である。ビデオテックスの画面制作は新規事業開拓に熱心な凸版印刷が担当してくれた。

④テレビ電話相談

京王不動産、住友信託銀行が提供する不動産物件について、住友信託銀行本社の不動産専門家と、テレビ電話やファクシミリを利用して各種相談に応じる。また、野村証券と結んでテレビ電話による証券投資相談も実施した。

⑤在宅勤務（サテライト・オフィス）

京王INSステーションの一角をサテライト・オフィスとして、ファクシミリ、データ端末、テレビ電話などを利用した在宅勤務の実験を行なった。

⑥オフィス・ショッピング

INSで結ばれた住友信託銀行丸の内本社や凸版印刷八重洲本社の昼休みなどに、ビデオテックスを通して京王グループの商品を注文して、帰宅時に吉祥寺の駅で受け取るオフィス・ショッピングの実験を行なった。

⑦　セキュリティシステム

京王ＩＮＳステーションと総合警備保障のセンターを公社回線で結び、同ステーションの照明、出入り口の扉の開扉、電源等のコントロール及び火災、侵入等の遠隔監視警備システムを実施した。

⑧　自然画用ビデオテックスの公開

電電公社が開発した、カラー写真（自然画）を音声の説明つきで表示できる世界初のビデオテックスを公開し、商用化に向けて共同実験を進めることとなった。

こうして京王、国鉄会わせて35万人の乗降客のある吉祥寺駅前で、月間３千人の実験参加者があり、高度情報化社会における近未来の社会システムについて広範な実験をすることができた。技術レベルの高度化のスピードがどのように速くなろうとも、人間の心や生活習慣はそう簡単には変わらない。ニューメディアとか、ビデオテックスといった直接個人の利用者に係る部分については、利用者の生活習慣に合わせて時間をかけて適応していく忍耐も必要であると思った。しかしキーボードを使い慣れた若い層がマジョリティとなると、案外我々が想像するより早く高度情報化社会はやってくるに違いない、と思った。

ただ、この種の大きな実験に参加することのメリットは当社にとって大きなものがあった。ニューメディアに関心を持ち、また技術を持ったたくさんの企業と近づくことができた。そして監督官庁の運輸省からも関心をよせていただいた。実験参加の構想を公にしたら、早速運輸省運輸政策局から実験への後援の申し出でをいただいた。そして何よりも我々担当スタッフにとって嬉しかったことは、電電公社、運輸省をはじめ、実験に協力いただいた各社の優秀な担当者と懇意になることができたことである。そして、彼らとはその後長く交流を続け、いろいろな場面でどんなに力をいただいたか知れない。

【忘れられぬ人 ＊日本電信電話公社営業局市場開発室長 式場英室長】

高度情報化社会に向けて社会はどう変わるのか、企業はどう対応すべきか、一番的確な指針を提示してくれたのは式場室長であった。同じ研究会で意見を伺ったこともあるし、式場室長の著作物や講演は努めて逃さないようにし、当社への提案も直接いただいた。時代を拓く室長の明快な論旨を聴いていると胸が躍るような気持ちであった。

【忘れられぬ人 ＊凸版印刷株式会社 木下伸二専務】

凸版印刷の木下専務は実に幅広い視野と暖かい人間性を持っていた。ニューメディアの時代が来ると、印刷の需要が減少する。それに代わってビデオテックスの画面制作を手掛けるべきと、社を挙げて熱心に対応してくれた。そしてぼくたちを大いに勇気づけてくれた。後に広告会社に異動した時も印刷の面で協力をいただいた。当時、専務の部下だった河野さんは後に副社長になり、音楽のメセナの面でもいろいろな支援をいただくことになった。凸版印刷は積極的な事業姿勢と、自社の音楽ホールを持つなど文化的な社風をも合わせ持っていた。

3章
ニュー京王プロジェクトの推進

グループ戦略検討チーム金曜会・異業種交流会

グループのそれぞれの事業で他社の進出が激しくなり、沿線マーケットにおける競争はますます激しくなってきた。一方、コンピュータや情報通信面でのテクノロジーの進化は急激に進んでいる。この新しい大きな変化の時代に対応して新しいグループレベルの経営戦略を構築しなければならない。

先ずグループレベルでの若い人たちの意見交換の場として「金曜会」を設定した。週末の夜、社内各部、各社の若い企画担当者に集まってもらい、それぞれ抱えている問題や要望を出し合って議論した。その中でグループの進むべき方向を探り、お互いの意識の共有化をすすめることができた。

また、自社の事業の幅が狭いところでは積極的に他社との交流を広げて、さまざまな知識を広げるとともに、他社との提携、アライアンスを組むことにより、自らの仕事の幅を広げることが必要であると考えた。「異業種交流会」、「私鉄と運輸省を結ぶ会」、「ニュービジネス研究会」、「21世紀クラブ」など次々に他社、異業種、行政との交流会をすすめた。これら交流会での知識や情報がその後の仕事を進めていく上でどれだけ役に立ったか知れない。またこれらのメンバーはお互いに仕事の枠を超えて交流をするようになった。

地域開発におけるニューメディア戦略（基本構想の策定・社内外の広報）

京王沿線地域は３００平方キロに１００万世帯、３００万人が生活している。そしてこの地域の最終消費支出は7兆円に達する。交通事業を中心に不動産・流通・レジャーなど生活関連事業を展開する私鉄グループが考え続けているテーマは、沿線地域生活者に対して、どうしたら真に豊かで便利な生活の場を提供できるかということである。都市生活者のマジョリテが志向するニューライフスタイルが求める情報ニーズはどんどん変化している。

①　よりビジュアルで感覚的な情報
②　より多様で大量な情報
③　より生活に密着した情報
④　質的に高度化した情報

こういった都市生活者のライフスタイルや情報ニーズの変化に対応して、経営サイドのマーケティング戦略も新しく構築しなければならない。

①　マスマーケティングからエリアマーケティングへの転換

② 個客情報の迅速な把握と分析・活用

つまり、「情報化社会におけるエリアマーケティング戦略」の構築である。そしてその戦略をすすめるためには４つのインフラストラクチャー（４Ｃ）を用意しなければならない。

それは、

① ＣＡＲＤ（カード）

個客と企業グループを結ぶ情報と決済のパイプ

② ＣＯＵＮＴＥＲ（カウンター）

情報端末を装備したビデオテックス・カウンターによる駅・店舗の情報化

③ ＣＡＴＶ

各家庭をネットワークする情報提供システム

④ Ｃ＆Ｃ（コンピュータ・アンド・コミュニケーション）

通信とコンピュータのネットワーク

４Ｃ新規事業と効率化を合わせ技で推進

カード（ＣＡＲＤ）、カウンター（ＣＯＵＮＴＥＲ）ＣＡＴＶ、コミュニケーション・ネットワーク（Ｃ＆Ｃ）、この４つのＣを構築するには、当面２００億円と２００人の要員が必要になる。そしてその効果を確認できるまでには、時間がかかる。そこでかねてから考えていた一般管理部門の効率化をすすめて、資金と要員をあらかじめ用意しようと考えた。コンピュータの普及と管理体制の充実で、1700人のグループ一般管理部門は700人の効率化が可能と思われる。その内200人は4Cの新規事業に割り当て、残りの500人は要員の純減をして200億円の資金を生みだす。効率化と新規事業を合わせ技でやろうというわけである。

この構想をすすめるには経営のトップから各部門、グループ全社を巻き込んだ運動を展開しなければならない。そして、そのためのキャッチフレーズを作らなければならない。コンピュータ化、情報化、マーケティングの競争激化という新しい時代に対応した新しい京王をつくる必要がある。この新しい経営戦略を「ニュー京王プロジェクト」と名付けて進めることにした。「エヌケー」がキャッチフレーズとなった。

日本経済新聞の突然の掲載――「京王帝都大規模CATV計画を推進」

1983年（昭和58年）4月2日朝、日経産業新聞一面を見ると、4段抜きの大見出しが、目に飛び込んできた。

「京王帝都大規模CATV計画を推進」

曰く、

「京王帝都電鉄グループは沿線住民への生活情報サービスなどを目的に多角的なCATV（有線テレビ）計画をすすめることになった。具体的には①聖蹟桜ヶ丘など沿線主要10駅の駅前再開発計画にCATVを導入する。②京王・井の頭線全駅に構内CATVを設け、各種映像情報サービスを実施する。③京王線平山地区（日野市）で双方向ＣＡＴＶの模擬実験を実施する――など。このため昭和59年度を目途に京王・井の頭両線に光ファイバーケーブルを敷設して通信幹線の整備に着手する。私鉄各社は沿線住民に対する新しいサービスとしてニューメディアのＣＡＴＶ事業に一斉に乗り出そうとしているが、京王グループのような総合的なＣＡＴＶ構想を打ち出したのは初めて」

さらに記事を書いた記者の次の解説があった。

「京王帝都電鉄グループが計画の最終年次を５年後としたのは、それまでに関連機器の価格が現在の２分の１に下がり、さらにソフト面の開発も促進されて現在よりはるかに低料金で質の高いサービスを提供できると予想しているため。生活密着型産業の性格を強める私鉄グループにとってＣＡＴＶは将来、沿線というコンパクトなエリアをカバーする最適のメディアとの判断が働いているほか、放置しておけば独立系ＣＡＴＶ業者や他私鉄グループに沿線を侵食されかねないという守りの側面も出ている。このため各社一斉に構想の具体化を急いでいる」

日経の記者とは以前から懇意であったのでかねてからニューメディアやＣＡＴＶについて情報交換を行なっていた。そのとき、

「当社の将来構想について記事にするのは、社内で固めてからにしてほしい。そのときは連絡するから」

と言ったはずだったが、そんなことは、新聞記者には通用しないのだ。後で聞いてみると、

「ＣＡＴＶの事業については多くの企業で積極的に進めようとしているが、その中で京王さんの

構想が一番面白いと思った。そしてこれを記事にするのは速いほどいいと思った」

ということだった。

ぼくの方は驚いた。記事をみて一瞬、首になるかなと思った。何しろ社内でまだ、CATVのシの字も説明していないのだ。役員の皆さんもきっと驚いているに違いない。そしてその日ぼくはたまたま他社の人とゴルフに行くことになっていた。

ぼくは、あわてて企画調整部の白井部長の家に電話を入れた。

「申し訳ありません。私が役員の皆さんにお詫びに参りますから」

白井部長はいつもの穏やかな様子で、

「いいよ、いいよ。ゴルフに行ってらっしゃい。役員にはぼくの方から話をしておくから」

その日、白井部長は箕輪社長から順番に役員の皆さん全員に経過を説明して回った。CATVとは何かについて、まだ何も知らされていない時に、いきなり自分の会社がCATV事業に進出するという記事なので、白井部長は説明に苦慮されたに違いない。

そうこうしているうちに日経の夕刊が届いた。株式欄をみると、「京王急伸」というタイトルで京王の株の動きが取りあげられた。

「電鉄株の中での循環物色の流れは途切れていない。この日、東急にかわって目についたのが京王。前場に買いもの殺到で値がつかず一時半過ぎになっていきなり四十七円高、二百七十五円でようやく商いが成立した。大規模CATV計画を推進と伝えられたのがきっかけ。この株の今年に入っての安値から高値までの上昇率は前日までの段階で一〇%弱。東急、東武などにくらべて出遅れていることから、目先筋が買いついたようだ」

不用意なマスコミ対応で会社からの叱責を覚悟していたが、白井部長のお陰で何のお咎めもなかった。それにしても情報化の流れが産業界にこれほどのインパクトを与えるものかと改めて痛感した。

【実践経営学 *マスコミ対応は慎重に】

マスコミの記者は世の中や産業の動向に合わせて常にアンテナを張っている。マスコミに対する情報提供は細心の注意が必要である。社内トップの事前了解とタイミングである。懐の深い上司に恵まれ、その時の新聞記事掲載のぼくの不注意はカバーしていただいた。

【実践経営学 *マスコミは大いに活用すべし】

マスコミの記者は世の中や産業の動向に常にアンテナを張っている。タイミングを計ったマスコミに対する情報提供は大きな効果を上げることができる。

一、社員の意識を変えてモラールが高まる。
二、社内各部のコンセンサスが得られ意思統一される。
三、取引先および管轄官庁の理解と協力が得られる。
四、あらゆる方面からの情報が寄せられる。
五、会社の積極的な姿勢が評価され、人材が集まる。

【忘れられぬ人 *経営企画部　白井研介部長】

企業の中で仕事をしていくとき最も大切な人は直接の上司である。白井部長は物事の判断が適切かつ大胆であった。部下の考えを包み込み、部下のミスは自ら責任を取るという懐の深い部長は、現業でも本社でも頼られ、尊敬を受けていた。

NKプロジェクト推進のシナリオ

新聞にいち早く掲載されてしまった以上、早急に事業計画を固めて社内のコンセンサスを得なければならない。そこで先ず、ニュー京王プロジェクトのコンセプト作りから着手した。

提案書や企画書を作る前にぼくはいつもシナリオを作ることにしていた。シナリオとは、1枚の「コンセプト・ツリー」である。思い浮かぶことばを次々に小さなカード（単語カード）に書きつける。出尽したところで、次にデスク一杯に広げた大きな模造紙の上に置いていく。カードをあっちにやったり、こっちに置いたり、足りない言葉を新しいカードに書いて追加したり、コンセプト・ツリーを組み立てていくのは楽しい時間である。

不思議とキーワードになる言葉は次々に出てくるものである。それは、普段仕事をしている中で考えたり、本を読んだり、人の話を聞いているときに、情報カードや座右の銘に記録しているからに違いない。どういう情報をキャッチして記憶にとどめておくかは、常に問題意識をもってアンテナを立てていることが必要だ。そういう用意があればコンセプト・ツリーも企画書も1日でできてしまう。

こうして、結時代を迎えて京王グループ全体の将来を考え、新しい時代に向けた新しい京王グループを考えた。

まず、グループを取り巻く経営環境を見てみると、消費の低迷、新規出店の制約、競争の激化というトリレンマの経営環境の時代に入っていた。とりわけ京王沿線はさまざまな業種の店舗が急速に出店を進めて、京王グループのシェアは急激に低下してきていた。

一方、本体の不動産、バス事業は低調で、事業拡大の困難な鉄道だけでは縮こまってしまう。

こういう状態で、坐して死を待つのか。そうはいかない。

競争に打ち勝っていくために、企業体質の強化をすすめなければならない。

その方法は、グループ・マーケティングの強化とコスト競争力の強化である。

グループの営業エリアは、100万世帯、300万人、300平方キロの京王・井の頭線沿線だ。鉄道の持っている駅、定期券、幹線のケーブルなどのアドバンテージを生かして、この京王経済圏に大防衛網を張り巡らさなければならない。

そのベースはコンピュータの情報システム（C・Computer）

そのツールはグループ統一カード（C・Card）

情報提供、サービスの拠点はオープンカウンター（C・Counter）

その情報提供の拠点は将来、各家庭に行く。それがCATV（C・CATV）

この4Cが広域エリアマーケティングを強化する4C戦略の道具である。

この4C戦略の新規事業を進めるためには200人の要員と200億円の資金が新たに必要と

なる。今までいろいろな角度から検討をすすめてきたとおり、グループのコスト競争力強化の最大のターゲットは管理・間接部門の効率化である。

グループの管理間接部門1700人のうち700人を10年間で削減する。200人は新規事業に振り向け、500人を純減させて新規事業の資金に充てる。

ただ、人が多いということではない。問題は仕事が分散、重複していることと、新しい仕事が十分進められていないことである。

こうして新しい4C戦略の新規事業を新たな資金を使わずに進める。

これが新しい時代に、新しい競争時代に合わせた新しい京王を実現する「ニュー京王プロジェクト推進のシナリオ」である。

すべてはこのシナリオからはじまった。

【実践経営学 ＊企画書づくりはシナリオからはじまる】

新しいプロジェクトを推進するためには経営のトップから全社社員全員の意思統一が必要である。そのためにはプロジェクト推進の趣旨が美しいストーリーになっていなければならない。それで初めて誰もが納得して、協力態勢をとることができるのである。

4C新規事業推進のセオリー

新規事業を進めるためにはセオリーがある。

① まず、その事業を進めることが、現在の既存事業の経営に相乗効果をもたらすものでなければ

ばならない。現在、京王グループは東京の西部地域で鉄道を中心に生活関連事業を営んでいる。営業エリアは300平方キロメートル、顧客の対象はこの地域の生活者100万世帯、300万人である。この300万人顧客の最終消費支出は7兆円に上る。この7兆円のマーケットのシェアを現在の5％・4千億円からどれだけ上げられるかである。少なくとも15％・1兆円には持っていかなくてはならない。そのためには、顧客の囲い込みと大量情報を活用したマーケティング戦略の構築である。正にそれを可能にするのが4C新規事業なのである。当社グループにとって4C事業は新規事業というだけでなく、既存事業強化拡大のための戦略なのだ。

② 新しい高度情報化社会を迎えてマーケティング情報の伝達、収集、処理は飛躍的に高度化した。この技術的能力は社内にはない。社内にない競争力は外部から導入しなければならない。

③ 外部から競争力を導入したり、業務提携する場合、その導入先はその業界のトップ企業でなければならない。特にマネジメント能力の低い鉄道グループの当社のような場合は技術やノウハウを的確に評価することはむずかしい。従ってコスト面で譲っても一流企業と提携すべきである。鉄道企業グループは地域に根を張った息の長い事業なのである。

以上の3点を踏まえて4C事業の骨格作りを進めることにした。

【実践経営学 ＊新規事業推進のセオリー】

① 新規事業推進のシナリオの確立

②トップの理解・賛同と社内の協調体制（人・金の確保）
③社内外の広報を怠らない
④専任担当・専任部署の設置
⑤戦力の整備・他社とのアライアンスはトップ企業を対象とする。
⑥自社の本業とのシナジー効果を考慮する
⑦不足の競争力は外から導入あるいは業務提携をする
⑧業務提携先はその業界のトップ企業と提携する

4C戦略の社内説得──興銀・日本経営システムのコンサルティング

事業性の不確定な新規事業をトップに理解してもらうことは難しい。たとえその新規事業が時代の趨勢に合致していたとしても、まず心配するのは、まだどこもやっていないような新規事業を当社の若い者に任せて、やれるのだろうか。世間の親と同じように自分の息子のいうことはなかなか信用できないのだ。

情報化社会に向けて個人の生活も企業の仕事の仕方もこれからどんどん変わっていく。特に顧客との関係を密にしたマーケティングの展開をすすめるためのインフラ作りは一刻も早く進めなければならない。社内の効率化で生み出す要員と資金を4C戦略の展開につぎ込むというシナリオに基づいて外部のコンサルタントに検証してもらうことにした。委託先は部長の提案で、日本興業銀行の調査機関である日本経営システムである。

日本経営システムは、井原社長以下香取チーフを中心に5名のスタッフが精力的に調査、検討をすすめてくれた。それは、社内各部門の社員のヒヤリングから始まって高度情報化社会の方向と、企業の対応について広い視野からさまざまな調査、検討がなされた。そして社長以下全役員に対し興銀はこの調査資料に基づいて当社グループとして先ず「グループカード事業」および「CATV事業」への進出が必要であるとの提言をまとめた。

事業の意義、可能性については十分な裏付けを持って確認されたが、結論の締めくくりとして貴重なアドバイスが添えられていた。

「新しい事業を進める場合、重要なことは、先ず、『事業を生かす』という姿勢であり、初めからこの事業は未知の部分が多すぎて難しいとする姿勢からは前向きな考えは生まれ難い」

全役員に対して日本経営システムの調査報告がなされ、今後の進め方については企画調整部に一任されることになった。

香取コンサルタントを初め、興銀のこのチームのメンバーとはその後長く交流をすすめることができた。

【忘れられぬ人　＊日本経営システム　香取チーフコンサルタント】

香取さんは人を見てコンサルティングをする人であった。情報機器の機能、マーケティング上のデータについての調査、検証は十分進めるが、それらの情報を活用して実際に事業を行なうのはクライアントの会社である。会社は組織で動くが、直接力となるのは担当者である。そのことをよく理解していた香取チーフは、最初から我々担当者の話をよく聞いてくれた。そして全く新しい事業の進出についてトップの理解をとりつけてくれたのである。

4C戦略講演――日経記者と野村証券から呼ばれる

日経新聞にCATV事業進出の記事が掲載されて以来、当社の4C戦略が新聞、雑誌によく取り上げられるようになった。

それから、あちらこちらから講演の依頼が入ってきた。まずはじめは、証券会館で日経記者が集まった。また、すぐに野村証券から呼ばれて本社講堂で営業担当者を対象に話してほしいとのことだった。

いずれも、「なぜ私鉄が4C戦略なのか」ということであった。

今までの人を運ぶ事業から情報を運ぶ事業に脱皮していく。さらに沿線の顧客と企業を結び、鉄道だけでなく、流通、ホテル、旅行の情報、予約、決済の機能を担っていく構想を披露した。

その後、この考え方は急速に広がり直接事業を担当しているさまざまなところから招かれることになった。百貨店協会、各地の商工会議所などで話をしていると、関心の高さに驚かされた。

さらに「コンピュートピア」はじめ各種雑誌、単行本に取り上げられ、鉄道事業を中心に総合的な地域開発をすすめる私鉄に大きな関心が寄せられることとなった。

それとともにずっと200円ほどで低迷していた私鉄の株価も1000円の大台に届くまでに急激に上昇することになるのである。

これからは、通信とコンピュータを中心とした情報ビジネスが産業やマーケットを牽引することになる。私鉄グループとしてこの高度情報化社会に向けて「新しい時代・新しい京王」をスローガンに「ニュー京王プロジェクト推進のシナリオ」を実現していかなければならないと思った。

運輸省のバックアップ

ある日運輸省運輸政策局の大塚審議官にお会いした。鉄道会社としてニューメディア事業を進めていくことについて説明し、是非とも理解とバックアップをいただきたいと思ったからである。連結決算時代に入り私鉄としては電車、バス、タクシーの輸送事業だけでなく百貨店、スーパー等の流通事業に加えホテル、レジャー、旅行事業、不動産など、沿線住民に対する様々な生活関連事業をベースに総合的な沿線開発事業の強化が必要である。沿線住民に対する、より高いサービスと、企業サイドのマーケティングを強化する4C戦略のインフラ作りを進めるためには運輸省サイドの理解とバックアップが不可欠である。

相談に行った時に応対してくれた大塚審議官とのやり取りは実に痛快なものであった。

「鉄道本体の効率化にはICカードが必要です。キップをICカードに変えて乗った駅と降りた駅をチェックするようにすれば大きな効果が出ます。さらにそのカードは個人のIDとリンクした企業グループのクレジットカードにすべきです」

「それはいい。交通カードだ」

「各駅に光ファイバーで結ばれた情報端末、ビデオテックスを装備して乗客に対してタイムリーで多彩な情報サービスを展開する必要があります」

「それは、メディア・ターミナルと呼ぼう」

「さらに駅の情報提供の拠点を各家庭に広げて、広域のＣＡＴＶ網を構築していったらどうでしょう」

「そうだ、情報新幹線だ」

従来の許認可官庁から政策官庁に移行しようと運輸省は大きく変わってきた。大塚審議官を始め運輸政策局の若いメンバーはみな驚くべき理解力を持って対応してくれた。そして、その後当社が進めるニューメディアに関する様々な実験についてサポートをしてくれた。

交通カードについては、審議官は間もなく営団を含めた関東大手私鉄の運輸部長を集めて開発を訴えた。

当社は企画調整部のぼくの方に出席の要請があった。

ぼくは私鉄として交通カードを進める場合、鉄道だけでなく百貨店やホテルでも使えるグループのクレジットカードで対応してグループの販促につなげるべきだと提案した。すると、ある社の運輸部長から次のような反論が出た。

「運賃収入が後払いとなるクレジットカードは無理です。鉄道は運送約款で運賃は前払いと決められています」

すると審議官が迫力のある言葉を発した。

「ぼくも長い間鉄道行政に当たってきたが、運送約款にそんな規定があるとはついぞ知らなかった。もし、そんな古い規定があるならば、直ちに変えなければならない」

そんなやりとりがあり、審議官はどこか実験的に進める会社を募って、交通カードを速やかに実現していきたい意向を示した。

しかしコンピュータシステムの開発コストや乗り換え等の問題もあり、私鉄カード協議会を組織して検討を進めることになった。その後交通カードはJRのスイカと関東私鉄のパスモとして実現していくことになる。

【忘れられぬ人 ＊運輸省運輸政策局 大塚審議官】

大塚審議官は卓越した理解力と迫力のある説得の仕方で我々実務担当者の信頼を得ていた。新しい時代を迎えて事業を進めていこうとした時、行政の規制は大きな制約となる。時代の流れと生活者のニーズを的確に掴んで積極的な行政指導を進める審議官の姿勢は、次に続く運輸政策局の若い行政官に大きな影響を与えるに違いないと思った。その後運輸省のたくさんの優秀な行政官たちと交流し、大いに刺激を受けた。

銀行の応援（住友信託銀行・三菱銀行）

メインバンクの反応は速かった。住友信託銀行は早崎専務、京王担当営業部長の下に4C戦略対応の6名のチームを組んでくれた。そしてその後の各種ニューメディアの実験では様々な支援をいただいた。住友信託銀行では資産を持った個人顧客との関係をより深めるために当社のカード事業には特に関心を持って早崎専務の指示の下、様々な支援体制を組んでくれた。特にＶＩＳ

Aとの提携については住信カードを通して密接な連携をとることができた。

三菱銀行でも多数の専門家チームを結成して対応をしてくれた。三菱銀行は従来から特に個人顧客の組織化には強い関心を持っていた。クレジット・カード業務については関連会社のディーシーカードの井原社長のところで当社社員の研修を引き受けてくれることになった。お陰で電鉄出身の社員が異業種のクレジットカードに関わる複雑な業務を短期間で習得することができた。

4章
4C事業の基本構想

グループ統一カード事業の基本構想

沿線300万人のお客様を組織化して、さらに深耕していくためにはカードが有効である。顧客一人ひとりと企業を結ぶ情報と決済のパイプがカードである。たった一枚のプラスチックカードが、不特定多数の顧客を特定し、一人ひとりの特定情報を通して顧客と企業を結びつける。こんな素晴らしい道具が他にあるだろうか。

カードはクレジットカードのように単なる代金決済の手段であったり、クラブの会員証だけではなく、大量顧客管理という地域開発における情報戦略の重要な武器なのである。

これほど便利なカードも従来は大量顧客を組織化する道具とはなりえなかった。なぜなら、カードとコンピュータを直接結ぶシステムができていなかったからである。それが、エンボスから磁気テープになり、さらにIC組み込みのカードが実用化されてきた。駅の切符もカードに変わることになる。そうすれば、従来から気にかかっていたキセルを無くすることができる。乗った駅と降りた駅をチェックできるからである。

大量顧客の大量情報をコンピュータで処理することにより、さまざまなマーチャンダイジング、マーケティングにおいて的確な政策を組み立てることができる。お買い上げをいただいたお客様にはお買い上げに応じた様々な優待を提供して次のお買い上げの勧誘ができる。どういうお客様が何をどれだけお買い上げいただいたかによって、次の販売促進策を企画することができる。そしてそのデータは商品の仕入れ政策にも反映できる。

一人ひとりのお客様の懐を押さえておけば間違いない。しかも300万人という大量会員の懐を押さえられるのだ。

その膨大な情報を瞬時に伝送し、コンピュータで処理できるテクノロジーが用意されてきたのだ。

さらに今後普及する、ビデオテックスやCATVなど、ニューメディアとカードが結合すると、ステーション・ショッピング、ホーム・ショッピングが可能になる。ID機能を持ったカードは経済社会において欠かせないものになるに違いない。このことは情報戦略として、自社のカードの普及が最重要課題であることを意味している。

カードがエリアマーケティングにおける重要な機能である以上、そのカードを地域開発の目標エリア内において圧倒的多数に所持してもらわなければ意味がない。つまりエリア・ナンバーワンのカードでなければならない。

現在カード業界はクレジットカードを中心に、銀行系カードが大量会員を獲得している。いずれもナショナルカードとして「日本中、世界中どこでも使えます」ということを謳い文句にしている。しかし、考えてみるとそれらのカードの日常における利便性はほとんどない。このスキ間を埋めるところにエリアカードとしての生き方がある。

いずれにしてもエリアのマジョリティのデータベースを利用するところに情報戦略としてのカードの意味がある。そのために次の方向でカード戦略を考えなければならない。
① いつも持ってもらえるカード（利便性）
② いつも使ってもらえるカード（優待）

カウンター事業の基本構想

カウンターは地域の情報戦略における拠点である。カウンターのネットワークの重要な条件は地域社会においてお客様が大量に集まる鉄道の駅、バスの案内所、大型スーパーやショッピングセンター、ガソリンスタンドやレストランが有効である。

ロケーションとしては、３００平方キロに１００ヶ所ほど組織できれば理想的ある。そうすれば半径１キロの範囲で顧客とのきめの細かいコミュニケーションがとれることになる。

ＩＮＳの端末やＣＡＴＶが各家庭に普及するまでにはかなりの時間がかかる。それまでの間、駅や街のカウンターであらゆる生活情報を提供したり、簡便にショッピングができれば、便利であろう。

キャップテンの端末や、より細かな地域情報をネットしたビデオテックス端末が用意されて、地域の催し物案内、ショッピング情報、旅行やレジャー情報などの提供、各種予約、発券などのサービスが期待される。さらに双方向機能やテレビ電話を使って、自治体や証券会社と結んだ、各種コンサルティングなどのサービスも有効であろう。

これらのサービスがカードと連携できれば、ホーム・ショッピング、ホーム・バンキングの前にカウンターショッピング、カウンターバンキングが可能となる。

情報ニーズの多様化のスピードは遅々としても、時間節約ニーズは高い。外でいつでもあらゆる情報、サービスが得られれば実に便利ということになる。ということはそのような機能に情報を納入しようとする企業も多くなり、情報のセブンイレブンが事業として十分成り立つと思われる。

そして300平方キロにメッシュ状に配備されたカウンターは、情報の拠点であるとともに、ローカルデポとして地域のサービス拠点でもある。商品やDMの配送、メンテナンスや修理のサービス、地域の顧客の情報収集、訪問販売の拠点としてカードやCATVと連携した重要な機能を持つことになる。

CATV事業の基本構想

都市生活者のライフスタイルの変化、情報ニーズの拡大を見ると、一定の商圏地域において密度の濃い情報戦略を組み立てることが今後のマーケティングにおける重要課題である。その意味から商圏地域の個々の家庭へ新しい「自社の情報伝達回路ケーブルテレビ・システム＝CATV」

を敷設することは極めて有効である。

それは、丁度その30年前に登場したテレビと同じように人間の日々の生活に大きな影響を与えるメディアである。膨大な伝送容量を持つ有線であるために、多チャンネル、双方向、ブロードバンドなど、様々な機能サービスが考えられる。

それにしても、ドミナントエリアの各家庭に自社のメディアケーブルを配線することの意義は大きい。

有線放送の免許は各自治体毎に1社独占で許可されることになっているので、まず沿線100万世帯をカバーする自治体を押さえなければならない。各自治体内では地元企業をはじめ、商工会議所やJCなどが、すでに動き始めている。地域の映像メディアの意義と可能性を期待しているのだ。

コミュニケーション・ネットワーク構築の基本構想

4Cプロジェクトを推進する上で最も重要なファクターはコンピュータである。当社はかなり早い段階でコンピュータを導入しているが、それは未だ計算道具としての利用で武器として戦略的に活用されていない。また、主要関連会社の使用するコンピュータは各社まちまちで接続することも困難な状態であった。本体の電鉄はIBM、京王百貨店は富士通、ストアと観光は日立、自動車はNEC、といった具合である。連結時代に入って営業や経理等あらゆる面でグループの一体経営が進み、さらに、店頭レジから、連結決算書まで、バーチカルな統合をしなければならない。効率経営の面でも、セキュリティの面でも早期の統合が必要である。

そこでまず、電鉄を中心とした管理系はＩＢＭ、百貨店を中心とした営業系は富士通に統合して、グループ全体は電鉄のＩＢＭに垂直統合するよう提案した。そして幡が谷にコンピュータビルを建設、ＩＢＭと富士通を入れて統合の準備を始めることとした。

グループ効率化の基本構想

グループ全体のマーケティング強化のための４Ｃ事業（カード・カウンター・ＣＡＴＶ・コミュニケーション）は、いわばグループ・マーケティングのインフラづくりである。４Ｃの新規事業を始めてもすぐに効果が出るものではない。さらに４Ｃ事業を立ち上げるためにはＣＡＴＶ、カードなど、多額の投資を必要とする。そしてそれぞれ単体の事業の採算をとるまでには時間がかかる。

従ってＮＫプロジェクトのもう一つの側面である効率化が重要になってくる。関連事業部時代に検討を重ねたグループトータル経営の効率化である。

グループ全体の売上高は４千億円、20社で経営して、一般管理部門にはグループ全体で１７００人配置されている。効率化を進めれば１０００人で十分である。５００人純減すれば、４Ｃ事業に２００人と毎年１億円投入できる。４Ｃ事業と効率化を合わせ技で進めれば強固なグループ経営体制ができる。

管理部門の効率化はトップの強いリーダーシップが不可欠である。

NKプロジェクト推進の提案

1983年（昭和58年）6月企画調整部・人事部共同提案で「企業体質強化プロジェクト推進について」を常務会付議した。

新しい競争時代に対応した新しい京王をつくるために、企業体質強化のプロジェクトを推進したい。

NKプロジェクト推進チームの目標は、

① 間接部門を中心とした業務の効率化

グループ社員1700名の内700名を効率化して、200名は新規事業に振り向け、500名は純減して各年15億円の新規投資に充てる。

② グループの連携強化による新規事業の推進と営業力の強化

新しい業務の展開による人材の活用は、

① グループ統一カード事業

② CATV事業

③ 仕入れ事業

仕入れ事業はかねてからの持論をここで実現したいとの思いがあった。新規仕入れ業務に100名投入し、グループの総仕入れ額1300億円を統合・集中することにより250億円の効果を期待したいと提案した。しかしこのことについて直ぐに反論をいただいた。京王ストア社長として大きな実績を挙げてこられた桑山専務である。

「僕は京王ストアでたくさんのバイヤーを使っていろいろやってきた。仕入れの改革はそんなに生易しいものじゃない。君らのような素人にできるものではない。絶対にできない」

ぼくは具体的な反論を避けて仕入れ業務を外して議案の採決をいただいた。

常務会の提案を終えて席に戻ると、直ぐに加覧室長より呼び出しがかかった。

「今の議案については桑山専務の根回しはしたのか」

「常務会付議は何時決めたのか」

「4C戦略とは誰の提案か」などと、厳しい口調で立て続けに聞いてきた。

「提案は昨日決めました。そのときカード、CATV、カウンター、コンピュータの4つの事業の頭がたまたまCなので4C戦略と書き加えました。従って企画調整部担当の多比良専務、部長の了解はいただきましたが、他の役員には今日が初めての提案です」

「こういう大きな議案をかけるときには2ヶ月か3ヶ月前に固めて大事な役員にはきちんと根回しをしてさらに何度もリハーサルをするもんだ。いくら会議体担当の職権でも、前日に議案書を固めるとは何ごとだ」

【忘れられぬ人 ＊せいせきSC総合開発室 加覧室長】

会議体担当課長のぼくは会議で加覧室長の議案説明を何度か聞いていた。実に歯切れよく、明快な説明には説得力があった。今回の加覧室長の指摘をいただき大いに反省をした。以前から加覧室長の大胆な発想には憧れをもっていたが、その裏で加覧室長には先輩役員に対するきめの細かい配慮と周到な準備があったのだ。

企画調整部の会議体担当課長の立場を利用して常務会に安易に提案してしまったことを強く反省した。

【実践経営学 ＊ものごとを進めるには根回しが肝要である】

その頃ぼくは社内で仕事をスピディに進めるためには、余計な議論や根回しを避けて、会議にかけて一気に決める方がいいと考えていた。しかし、案件の規模が大きければ大きいほど施策を実行していくには多くの部署の協調が必要になってくる。部門長の心からの賛同がないと事はうまく運ばない。通り一遍の会議での説明では不十分である。特に影響力の大きいキーマンに対する丁寧な根回しは欠かせない。加覧室長はそのことをぼくに教えてくれたのである。

NKプロジェクトチーム発足

1983年（昭和58年）7月、常務会の決定を受けて企画調整部内にNKプロジェクトチームが発足、効率化と4C新規事業の準備を開始した。新規プロジェクトの成否はそれを構成するスタッフの能力とチームワークにかかっている。多比良専務と柿沢部長はトップや人事部と調整して直ちにメンバー編成を進めた。このプロジェクトの核となる施策はグループ全体の効率化と資金の確保である。長く資金を担当してきた加藤次長は最適であった。また4C新規事業の要はコンピュータである。電鉄・京王プラザホテルのコンピュータを長く手掛けてきた是澤次長がグループ・コンピュータの統合と新規事業のシステム構築を担当することとなった。企画調整部よりぼくと江藤課長補佐らが加わり体制が整った。

コンピュータの専門誌「コンピュートピア」は「84年をトレンドする情報新ビジネス企業群」という特集の中でこのチームを次のように書いた。

「それぞれの〝C〟戦略がどう成熟拡大し、さらにどのような相乗効果を生みながら、競合他社を引き離していくか……。OA化などによる徹底的な社内効率化を一方で推進しながら新事業にかけようとする京王グループの作戦。その参謀・実践部隊の『ニュー京王プロジェクトチーム』は、引越したばかりのパソコン・フル装備の陣地で、着々とこの『4C戦略』の大プロジェクトに挑んでいるのである」

グループを巻き込んだ大きなプロジェクトを推進するにはまず、トップの指導力が肝心である。箕輪社長、多比良専務にはプロジェクトの趣旨をよく理解していただき、チームの先頭に立って積極的にリードしてくれた。広報は社内報において多くのスペースを割いてトップのインタビューや各部門代表者との座談会などを掲載してくれた。

「NK運動とは――多比良専務にきく」とタイトルした社内報全面記事では「時代に合った企業体質づくり」を掲げ、会社を取りまく内外の経営環境の変化、当社グループの強みを易しく解き明かし、まず、現在の仕事の見直しをすすめ、グループの総合力を発揮して新しい事業を進めていく必要性を訴えた。

この専務の考え方は瞬く間にグループ中に浸透し、日常の会話の中に「NK」という言葉が飛び交うようになった。

「NKプロジェクト推進チーム」は先ず、次長2名、課長4名、担当20名でスタートした。かねてから温めていたシナリオを実施する段階に入ったのである。加覧室長から指摘を受けたお陰でその後の社内手続きは慎重に行うよう心がけった。社内をうまくまとめるうえでは、力のある二人の次長に負うところが大きかった。

5章
CATV事業・通信事業への進出

ゆうせん放送の体験

その頃ゆうせん放送サービスが普及していた。もともとユウセン放送は駅前商店のBGMサービスをやっていたが、440チャンネルを謳い文句にサービス範囲を広げ、加入者を増やして相当儲けているようだった。ビートルズチャンネルをはじめクラシックのチャンネルも多く、なかなか魅力的なので自宅に入れてみた。そしてゆうせん放送の儲けの秘密を知った。

駅前の商店街から離れた個人の家まで長い専用同軸ケーブルを東電の電柱共架で持ってきた。家の外壁にあるTVアンテナ用ケーブルを分岐してゆうせん放送用ケーブルを繋ぎ込んだ。そして家の中でTVケーブルを分岐してゆうせん放送用のブースターに繋ぐ。工事はものの10分とかからなかった。

440チャンネル放送のスタジオセンターを訪ねて驚いた。棚にソニーのオープンデッキが100台並んでいるだけだった。人はいない。これが儲けの秘密だった。440チャンネルと言ってもステレオなので実質220局、多くは世界中のラジオの再送信で、自主放送は100局、オープンテープをエンドレスで流しているだけだ。どのチャンネルも6時間の繰り返し。それでもあらゆるジャンルの音楽があり、ほかに落語、漫才など豊富なプログラムになっている。さらに「羊が一匹、羊が二匹……」のお休みチャンネルや「パチンコ屋の騒音」の「アリバイチャンネル」など内容は豊富だ。「ビートルズチャンネル」などあるが、「モーツアルトチャンネル」がないので本部に申し入れてみたが反応は鈍かった。

440チャンネルのインパクトは大きい。しかしその料金は高い。音楽放送だけで月6千円で年間にすると七万二千円である。さらにその当時は電柱の共架料もジャスラックもどれほど払っていたのか分からないが、儲かるわけである。ぼくは、めぼしいチャンネルをテープにダビングしてそれから2年ほどで解約した。

CATV事業構想——ネットワークと採算性

そのころまだ、新しい多チャンネルのケーブルテレビについてはハードについての検討や理論は盛んであったが、その事業についての採算性の検討はほとんど手付かずであった。何しろソフトについては全く未知数であったからである。そこで、ぼくは講演や雑誌などでCATVの採算性の基本的な考え方を提起した。先ず郵政省の有線放送課長より行政の基本方針を確認した。自由化といっても地域の占有は確保できる。さらにそのケーブルの利用方についての制約はない。鉄道ニーズに対応した利用価値も高い。

TVについては難視聴地域も増えているので原因者側の負担も受けられる。自主放送については将来通信販売が確実に普及すれば地域メディアとして活用価値は高い。

投資額はその頃、ケーブル、センター、端末設備を含めて端子当たり20万円ほどである。一方現在ソフトの見通しが確認できないので、収入の見通しはたたない。１００万世帯加入すると投資は２千億円、収入はゼロである。

しかし、ＣＡＴＶが普及し、機器の標準化や量産体制が進めば10年後には端子当たり10万円ほどになる。

そして収入については、一般的に新しいメディアが誕生すると月４千円ほどの支出が誘発される。さらに鉄道ニーズ、データ通信回線としての利用、ケーブルリースなど多面的な利用が可能となり、端子当たり年間５万円の収入は確保できると予測される。ゆうせんでは音楽だけでも年間７万２千円の収入がある。

10年後のトレンド予測としては投資10万円、収入５万円である。設備投資型のレジャー事業では投資回転率が０・５となればペイすると思われる。ホテルでいえば投資額２００億円なら、収入が１００億円あればいい。このＣＡＴＶの事業収支に関するトレンド見通しについてはその後、業界でかなり受け入れられることになった。

当社では各家庭と企業をつなぐケーブルのインフラが大切だと考えた。ケーブルの上に流れるソフトはどんどん変わる。そこで、ケーブルテレビ事業についての誤解を避けるために当社は新しい会社名を「京王ケーブルシステム」とした。わが社として大事なのはテレビやゲームのソフト事業でなく、あくまでケーブルのインフラを担うことである。沿線の各家庭と企業グループを自社のケーブルで結ぶことが大切なのである。高速道路を作ればそれを利用する人はいくらでも増えてくるのである。少なくとも沿線地域だけは絶対に抑えておかなければならないと考えた。

第二電電企画株式会社に対する資本参加

通信の自由化に伴う民間の通信事業への進出構想が活発になってきた。鉄道、高速道路などのインフラを持った事業者に並んで稲盛和夫社長率いる京セラが、マイクロウェーブを幹線とした第二電電を計画していた。

通信の自由化を控え、民間の通信事業進出の構想が進む中で京セラを中核とした第二電電企画が設備資金を調達するために増資することになった。翌年4月の通信の自由化を前に事業実現が確定していない段階で増資を募集するケースはめずらしい。将来、地域通信事業（VAN、CATVなど）を予定している当社としては資本参加をしたいと考えた。第二電電企画の計画している事業の将来性に対する投資、ナショナルネットワークと当社の計画しているローカルネットワークの連携などに関する情報収集のためという趣旨で出資の提案をした。

トップの判断は慎重であった。

「電電公社の向こうを張るような事業が成り立つ訳がない」

第二電電企画株式会社に対するトラフの貸与

第二電電（ＤＤＩ）は大阪～名古屋～東京とマイクロエェーブで持ってきてＮＴＴ局に繋ぎこむ計画だった。東京の中継基地は相模原線の多摩センター近くに設置の予定で、そこから大久保にあるＮＴＴの都内局と立川にあるＮＴＴ三多摩局に繋ぐ。ただ、都内は高いビルが多く、マイクロウェーブだけでは難しい。第二電電の技術責任者は電電公社からスカウトされてきた千本専務である。以前からニューメディア研究会で知り合いだった千本専務がぼくのところに訪ねてきた。

「堀井さん、多摩センターから新宿まで光ファイバーを貸してくれませんか。当方で敷いてもいいです。都内はどうしてもバックアップが必要なんです」

「わかりました。早速敷設費用とトラフの賃貸費用について検討してご返事します」

実にラッキーな話が飛び込んできたと思った。いずれ当社でもＣＡＴＶ幹線を敷設する必要がある。トラフ内ケーブルの容積を地価換算すると年間６千万円になる。ＣＡＴＶのセンターの費用が賄える。

千本専務とは何度も詳細な打ち合せをして合意に達したが、最終的には「公共的な通信幹線を当社のトラフ内に敷設することは安全上の責任が取れない」ということでお断りすることになってしまった。ケーブルは小田急で協力することになった。

【忘れられぬ人 ＊第二電電企画株式会社　千本倖生専務】

ＩＮＳ構想を進めた電電公社の北原総裁の懐刀と言われた通信技術の第一人者である千本専務

をスカウトした京セラの稲盛社長の新規事業の進め方については大いに教えられた。科学者らしい論理と明確な意思をもった千本専務はこれから通信業界をリードしていくと思われた。個人的にも親しくさせていただき多くの示唆を得ることができた。

鉄道ネットワーク構想

第二電電の光ファイバー回線敷設のためにトラフを貸与する条件を提示したところ、翌日近鉄の電気部長がやってきた。近鉄がやっている白金の都ホテルで会った。

「第二電電の千本専務からの情報では京王さんの賃貸料が随分高いそうですが」

「ウチはトラフ内の余裕もないので」

第二電電の大阪の中継基地は生駒で、生駒から公社の局に繋ぎこむバックアップ用の光回線を通すために近鉄のトラフ内を借りたいということだった。近鉄は公共用の通信回線なので随分と安い料金を提示しているようだ。

第二電電の計画、近鉄のCATV計画などを聞いているうちにある構想が思い浮んだ。将来第二電電のマイクロウエーブと私鉄のローカル回線をつなぐと全国ネットの通信回線ができる。当社の沿線の各家庭から光ファイバーで府中のCATVセンターに行く、センターから多摩センターの第二電電の中継センターへ。そこから第二電電のマイクロウエーブを通して大阪生駒に行き、生駒から近鉄のCATVネットを通して近鉄沿線の各家庭まで届く。他の各私鉄のCATVネットと結べば、電電公社抜きの全国通信回線ネットワークができる。そのためには、当社自身が第一種電気通信事業者の免許を取得することと、沿線広域のＣＡＴＶ網をつくりあげなければならない。

ＣＡＴＶ会社設立で始末書

私鉄各社のＣＡＴＶ事業進出計画も進んできた。また京王沿線各地域でも免許取得に向けて動きもでてきていた。当社も早く会社を作って体制を整えなければと、考えていた。社名は「京王ケーブルシステム」。電鉄、百貨店、ホテル３社出資による資本金１億円。先ずは沿線地域の免許取得のために旗をあげなければならない。沿線では商工会議所、流通会社などが既に手を挙げている。

ある朝、日経新聞に新会社設立の記事が出た。５段抜きの大見出しである。

『ＣＡＴＶ事業私鉄大手出そろう京王・小田急も進出』

「小田急・京王」でないのでホッとして出社した。すると柿沢部長から大叱責を受けた。

「会社設立の情報は君が出したのか。君は会社のルールを何と心得ているのか。会社設立はまだ取締役会に掛けてないじゃないか。始末書！始末書！」

ぼくはすぐにエレベーターを降りて筋向いの文房具屋に飛び込み、用紙を買って始末書を書き、部長のところに届けた。

「そんなに直ぐに始末書を持ってくるヤツがいるか」

始末書を提出したことでさらに部長からお叱りを受けることになってしまった。

【実践経営学　＊社外への発表は社内手続きのルールを守ること】

社外への情報開示については事前に責任者の了解をとっておくこと。車内のルールを尊重する部長からお叱りを受けるのは当然で大いに反省した。

【忘れられぬ人　＊情報事業プロジェクトチーム　是澤輝昭次長】

是澤次長はプロジェクトチームを引っ張っていく独特の力をもっていた。グループ全体の理解が得られない段階ではチームを「梁山泊」と称してチーム内の結束を図った。プロジェクトの推進については、ＣＡＴＶおよびコンピュータのシステム開発を担当して豊富なポンチ絵を入れた判り易い企画書で内外の説得を図った。

6章 カウンター事業の推進

鉄道駅の情報化―KIND の開発と6店の出店

以前から沿線生活者の大部分の人々が集まる駅の効用について考えてきた。はじめは各駅に「ベターライフコーナー」を設置して生活に役立つセレクト商品を展示販売することを考えて提案した。その後高度情報化時代に入り、光ファイバー通信とコンピュータの融合がすすみ、情報提供とサービス機能が飛躍的に進んできた。テレビ電話等の双方向通信回線による各種情報提供、コンサルサービスの提供である。また百貨店や旅行会社と結んだビデオテックスによりステーション・ショッピングが可能になり、決済もカードで処理出来る。このようなシステムの実用実験は「新宿～明大前間の光情報システム実験」と「吉祥寺駅INSステーション」において多面的に行われ、その実用性も実証された。

こういったシステムを導入して駅の情報化と京王グループのトータルマーケティングの拠点づくりを進めることにした。店名は「カインド」KEIO INFORMATION NETWORK on

DEMAND（呼べば応える京王情報サービスＫＩＮＤ）。しかもそのサービスを親切に行おうということである。

第一号店はつつじヶ丘駅に開業した。続いて新宿、明大前、吉祥寺と情報システムの実験店をそのまま活用した。はじめは新しいサービス拠点として評判を呼び、大勢の利用者が来店した。このようなサービス拠点は拠点数とサービスの内容が肝心である。当面、店舗は鉄道駅66駅、グループ各社店舗・案内所30ヶ所の計96ヶ所を目標にした。サービスは各種情報提供、グループ商品・サービスの販売、各種チケットの予約・発券、通販の受付・取次、各種相談などが用意された。

基本的にはグループ効率化で生まれた人材を配置したが、やわらかい親切なサービスを実行するため若い女性のアルバイト社員も配置した。

駅はグループ・マーケティングの重要拠点である。狭いスペースでお客様に対して最も効果的にサービスを提供するため、情報化が必要なのである。そしてその拠点数が増えなければ効果はあがらない。

しかし、会社は常に目先の収支を求める。５店のＫＩＮＤが出来た段階で正確な収支が計算された。まだ手数料収入しかない段階で採算が問われることになった。人件費は店舗の管理者、サービス要員は鉄道の効率化で生み出された要員のため高い。それは元の職場で負担していた人件費であることは考慮されない。収入についてもマーケティングのネットワークと情報化の将来性については考慮されない。

収支が合わないということでＫＩＮＤは5店で終わってしまった。残念でならない。

【実践経営学 ＊新規事業の事業構想の徹底】

効率化と新規事業を合わせ技ですすめるというＮＫプロジェクトの趣旨は最初に徹底しておかなければならない。新しい事業を展開する場合、最初の前提が大切である。そしてこの前提は事業を進める間は常にトップに確認されなければならない。

7章
グループ統一カードの開発

オールマイティ・カード──PASSPORT・VISAの実現

カードがマーケティングにおける重要な機能を持つ道具である以上、地域開発の目標エリアにおいて圧倒的多数の顧客に所持して、使ってもらわなければ意味がない。つまり地域ナンバーワン・カードでなければならない。

それまで、グループ各社もそれぞれ自社カードを発行、特典を付与して顧客の組織化と固定化をすすめてきた。京王百貨店では20年でKCカードを3万人、京王プラザホテルでは13年でExecutive Card会員2万人をそれぞれ獲得している。ただ、それは、既存のお客様にカードを発行して特典を付与して繋ぎ止めているだけにすぎない。そしてそのカードはいつも携行してもらえるわけではない。財布の中にいつも入れてもらえるクレジットカードは3枚が限度だからである。

いつも持ってもらって、いつも使ってもらえるカードにするにはカードとして「ベスト3」に入らなければならない。京王百貨店だけで使えるカードではだめなのである。

そこで現在、世界ナンバーワン・カードと京王カードを合体して一枚のカードにすればいい、と考えた。世界ナンバーワン・カードは何だ。「ＶＩＳＡ」だ。ＶＩＳＡと一緒にしてふさわしい名前は何だ。「ＰＡＳＳＰＯＲＴ」だ。「ＶＩＳＡ」と「ＰＡＳＳＰＯＲＴ」が合体すれば世界中オールマイティだ。

都市生活者の日常の行動範囲は60キロ圏である。沿線３００平方キロでは、京王グループはじめ「ＰＡＳＳＰＯＲＴ」加盟店では特典を厚くする。通常の行動範囲を超えるエリア、日本中、世界中では「ＶＩＳＡ」を使う。こうすればいつも持ってもらえる、いつも使ってもらえる「一枚のカード」が実現する。

早速「ＶＩＳＡ」の管理元である住友クレジットサービスの鎌田常務を訪ねた。住友信託銀行の紹介でもあるので鎌田常務は丁寧に応対してくれた。

「ご希望に沿いたいのですが、システム的に不可能です。ＶＩＳＡは銀行系のカードでマンスリークリアの決済です。御社の「ＰＡＳＳＰＯＲＴ」は流通系のカードで割賦やリボもやらなければならない。一枚にするのは無理です」

「是非一枚にしたいのです。ＶＩＳＡと合体したいためにぼくはＰＡＳＳＰＯＲＴという名前をつけたのです」

「ご希望はわかりますが、今までそういうダブルカードは無いんです」

「システム的に無理だということは分かりました。それではこういう方法はどうでしょうか。ウチはＰＡＳＳＰＯＲＴの会員を３００万人しか考えていません。「ＶＩＳＡ」の全番号体系から３００万枚をブロックしてウチに譲ってください。ＶＩＳＡの加盟店での利用はＶＩＳＡに合わせます。ウチの加盟店での利用については当社のクレジットシステムで処理します。請求書は双方を合算して送ります」

「そういう方法なら出来るかもしれませんね。双方でよく詰めてみましょう」

こうして世の中で初めてのカードが実現した。電車・バスの定期券も買える、タクシーも乗れる。百貨店やストアでも使える。ＰＡＳＳＰＯＲＴの加盟店では優待を受けられる。ＰＡＳＳＰＯＲＴの加盟店以外の日本中、世界中のＶＩＳＡ加盟店で使える。

コンピュータシステムの開発

クレジットシステムを中心としたカードシステムは電鉄で開発、京王パスポートクラブはソフト開発費用を含めて計算業務委託料を電鉄に支払うことにした。是澤次長の下にＩＢＭのチームと鐘紡のスタッフとで開発チームを組んで勢力的に取り組んだ結果、短期間で、しかも安くシステムを開発することができた。ソフトのベースはＳＹＳＴＥＭ38、後のＡＳ４００である。開発したソフトは入会審査、与信、決済等のカード周りのシステムは無論のこと、会員顧客情報を販促に活用できるようにＲＤＢシステムが組み込まれた。これはとても使い易いシステムで、グループの販促活動に大いに役立てることができる。

名鉄勝田副社長より呼ばれる

当社がカード会社を設立して事業に進出することが内外で話題になった頃、名鉄の勝田副社長から来てほしいとの連絡が入った。勝田副社長とは関連会社管理のセミナーでお会いしてから手紙の交換をさせていただいている。伺うと、グループカード事業はどういう趣旨ですすめているのか、という問いであった。連結時代に入って鉄道以外の事業を強化しなければならない。そのためには沿線の顧客の組織化とグループ総力を挙げた販促の必要性を説明した。

副社長はすぐに関連事業部長を呼んで、その場でグループカード事業の推進を指示した。100社を超える関連会社を統括する副社長の判断の速さと行動に感動した。その後、尊敬する業界の先輩土川元社長の遺訓を偲ぶために明治村を訪ねた。産業と文化の調和ある発展をめざす名鉄の企業姿勢を改めて心に刻んだ。

その後半年ぐらい経って再び勝田副社長から招かれた。グループカードの経過を報告したいとのことであった。副社長室で待っていても会議中の副社長はなかなか戻られなかった。すると、かなり経ってから副社長が大分高揚して入ってこられた。

「すまない、すまない。今グループ社長会をやっていたんだが、時間がかかってしまって。いや、このところ毎月の社長会で各社に名鉄メディア・カードを何人獲得したか報告させているんだ。先月の社長会で金沢のタクシー会社の社長が、ウチはカードを使うお客様はいないので集めませんでした、と言うから、そんなことを言わないで是非会員を集めてくれと言っておいたんだ。ところがさっきの会議で今月もウチの会社ではカードは使わないので一人も集めませんでした、と言う。私はとうとう怒って言ったんだ。今までも言ってきたように、メディア・カードはお前のところのカードではないんだ。オール名鉄のカードなんだ。オール名鉄に協力できないような社長は、いらん、と、今クビにしてきたところだよ」

勝田副社長のグループを統率しようとするその迫力に圧倒された。

夕方副社長はお茶をご馳走してくれると犬山城の下の庭園にある茶室に案内してくれた。

茶室の説明を聞いてびっくりした。あの有楽斎の茶室国宝如庵という。入社して5年目くらいの時、ほんの興味で、友人の妹さんが習っていた裏千家の先生のところにいったことがある。その先生は厳しい人でぼくの立ち居振る舞いを一目見て、お茶に向いていないと言われてしまった。でも3回通ううちに基本的なお点前を教えてもらった。国宝の茶室に案内されてその時3回先生に教えてもらったことに感謝した。

【忘れられぬ人 ＊名古屋鉄道　勝田秀男副社長】

関連事業部に異動して間もなく講演会で初めて副社長の話を聴いた。関連会社管理について論理的かつ情熱的に語る副社長の凛とした姿にすっかり魅了された。以来、副社長とは親しくお付き合いをして、いろいろ教えていただいた。

カード業務体制の整備・業務研修

クレジット業務は電鉄としては初めての取り組みなので、三菱銀行の好意で十分な研修を積むことができた。肝心のコンピュータシステムは使い勝手の良いＩＢＭのＳＹＳＴＥ38が整い、カード事業は順調にスタートした。

新しいカード業務がスムーズに動くまで多少の時間がかかることを覚悟していたが、幸い会員の入会ペースは鈍く、その間提携カードの開発、既存カードの整備、特典のあり方など各加盟店との調整に没頭した。

グループ各社はそれぞれ自社のカードを発行しているが会員数は少なく顧客の固定化にはなっているが、販促の効果は大きいものではない。それにカードの入会審査をはじめ、業務の経費は大きな負担となっている。一番会員数の多いKCカード（京王カード）は日立クレジットに業務委託されてきた。先ず初めにこのKCカードを「京王パスポートカード」に移管しようとしたら大きな抵抗に会った。カードの個人情報は日立クレジットに所属しているので、移管することはできないという。KCカード会員は京王の会員なので移管してもらうということで無理やりテープを持ってきて移管した。その他の関連各社の自社カードはそれぞれのネーミングにロイヤリティと愛着があるので、それぞれの会社のトップからの指示がない限り、移管は難しい作業であった。統合すればどれだけ業務の効率化と販促が進められるか判らないが、関連会社と争うことは京王パスポートクラブの本意でないのでそのままにした。

手数料率の設定

手数料率はそれぞれの業界の通例に合わせた。通常のクレジット会社ではクレジット業務を行うだけだが、パスポートクラブでは会員情報の分析から販促の企画まで提供する。自社処理の大きなメリットである。グループ全体の会員数、取扱高が増えてパスポートクラブの経営が安定すれば、グループ各社の手数料は半分くらいまで引き下げられる。

鉄道定期券の取り扱いについては運輸部と大きな議論があった。定期券はクレジットカードで取り扱ったからといって売上高が上がるわけではない。現金で販売しているものをクレジットにすれば現金が入るのは後になる。それなのにクレジットの手数料を支払うのは理に合わない。しかし定期券の取り扱いをすることによってパスポートカードの利便性は大いに高まる。さらに取り扱い手数料はパスポートクラブを支えてくれることになる。

鉄道事業本部の白井本部長に対し、グループ販促支援の意味から若干の手数料をいただきたいと相談した。NKプロジェクト立案時の担当部長だった白井本部長は部門内をまとめてくれて手数料の支払いについて了解してくれた。

バス部門についても同様の主旨でお願いした。三枝部長はクレジットの取り扱いをしたら相当な負担になるとの懸念を示して導入に難色を示した。

「鉄道には了解いただきましたのでバスの方もご理解ください」

「鉄道は負担できても、バスは赤字だからだめだ」

「クレジットカードの取り扱いをしてもバス部門の手数料負担はせいぜい2百万円程度ですよ」

「金額の問題ではない。無いソデは振れない」

「それではバス部門から今回の効率化で引き受けた要員15人はお返ししますけどいいですか」

今回の効率化で15人をパスポートクラブが引き受けて、バス部門は営業段階で黒字になっている。

「いやいや、要員はそのままでいいよ。手数料は支払うよ」

カード特典はキャッシュ・バック方式でスタート

カードの特典については初めから考え方ははっきりしていた。割引はしない。1000円の商品は1000円で売る。カードを使っていただいたお客様にはお礼としてパスポートクラブの利用券を差し上げる。その利用券は加盟店内でまた使っていただける。販促の呼び水となる。

しかしこの方式は公正取引委員会で否定された。百貨店では商品券の特典は制限されているのだ。その当時は小売りの業界で百貨店は特別に力があり、宣伝、販促の上で大きな制約を受けていた。パスポートカードは百貨店のカードでなく、あらゆる機能を持った地域加盟店の共通カードであることを委員会のトップに訴えたが、パスポートカードの実態は百貨店のカードとの判断は覆らなかった。やむを得ず、キャッシュ・バック方式でスタートすることにした。年に2回かなりの現金の戻しがあって、盆、暮のセールには大きな効果があった。

特典の率は各社の自主性にまかせた。大きな特典を提供すれば、それだけ販促効果があるし、特典率が低いところはそれだけ割引負担が少ないことになる。

ある大手私鉄のグループカードではグループ加盟店全体の取り扱い高で特典率を設定した。年間30万円以上お買い上げの会員には3%、50万円以上お買い上げのお客様には5%のキャッシュ・バックをカード会社が直接支給する方式をとった。ところが2年後消費税3%が導入された。すると、そのグループのスーパーの売り上げが急激に伸びた。カード会員になり、スーパーで購入すれば簡単に50万円になる。そして5％のキャッシュ・バックが受けられる。カード会社の負担額が膨大になったため、スーパーに負担を求めたところスーパーでは利幅が小さいので5％の負担はできない、ということで間もなく特典率を変更せざるを得なくなった。

【実践経営学 ＊新規事業のお客様に対する制度は慎重に検討して設定する】

社内、取引先との取り決めは実際に業務を進める中で実態に合わせて変更することは往々にしてある。しかしお客様との約束はできるだけ変更したくない。そのためには事前にあらゆる角度からよく吟味しなければならない。

京王パスポートクラブの設立

事業計画を具体的に進めるため、新会社の構想と収支計画を固めた。カードは道具で、将来ケイタイなど別の道具に変わるかもしれない。クレジットは単なる支払いの一方法でしかない。カード事業の目的は自社グループの顧客を大量に組織化し、マーケティングの強化をはかることにある。そこで社名は「京王パスポートクラブ」としたクラブ組織で会員に対してトータルな生活情報サービスを行なうことにしたい。

カード事業の収支については10年で会員数40万人、取扱高1000億円、を予定した。要員は会員数とともに増やし、6年度以降は50名に設定、人件費については十分な予算を計上した。クレジットシステムの開発については電鉄で行い、計算業務委託手数料を支払うことにした。カード会社全体の収支は4年で単年度黒転、8年で累積欠損消去とした。その当時グループ各社が外部クレジット会社に支払っている手数料が33千万円あるし、グループ各社が行っているカード業務にかかわる人件費・経費を新会社に移管すれば相当な効率化となる。さらに新・カード会社で顧客情報を分析して販促に使うメリットは大きい。

新会社設立と事業計画について役員会に提案した。

「社名は京王パスポートクラブ、ナイトクラブみたいで調子悪いのですが」

はじめは和やかな雰囲気でスタートしたが、最後の収支計画の説明が終わったとたんに大向こうから厳しい指摘があった。桑山副社長である。

「この収支計画で腹を切る覚悟か。いまは江戸時代ではない。物理的に腹を切れということではない。辞めてもらうことだ」

議場は一瞬凍りついた。ぼくは担当課長として立って説明しているだけだ。ぼくに言っているとは思えなかった。直接上司の部長、担当役員からの発言がなかった。立案者のぼくの責任だ。

「この『PASSPORT・VISAカード』は世の中で初めてのカードです。どれだけの会員を集められるか判りません。しかし新会社として最終の損益については計画より悪くなることはありません。その意味で腹を切る覚悟です」

「何を言ってるんだ。会員数、売上高が未知数で、なんで損益が押さえられるんだ」

「カード会社の経費は会員数比例でコントロールできますから」

「そんなら、やってみろ」

1985年（昭和60年）8月、京王パスポートクラブは設立された。出資を受けた電鉄、百貨店、プラザホテル、京王観光よりそれぞれ力のある人材が集められた。百貨店からは営業担当宮澤専務が兼務で社長となり、銀行とのパイプの太い池井専務が入った。営業の中心は京王百貨店営業企画部より吉濱部長、京王観光より野口部長、収納・債権管理はホテルより永澤部長、債権回収業務には電鉄からベテラン社員に来てもらい、30人ほどで体制を組んだ。

【忘れられぬ人　＊京王パスポートクラブ　江藤昌次次長】
企画調整部時代からペアを組んでかずかずの業務、プロジェクトに力を発揮してくれた。抜群の記憶力でどれだけ助けられたか知れない。

グループ各社の説得

ＰＡＳＳＰＯＲＴはグループの統一カードである。グループ全社・全店で参加しなければならない。多数の会員に対して特典を提供することにより、会員を固定化し、グループ全体のマーケティングを強化するのが目的である。中核4社の社長を集めて説明したが、各社の反応は鈍かった。百貨店は開業以来ＫＣカードを発行して4万人の会員がいる。グループの統一カードなど必要ない。ホテルはインターナショナルとプレステージを大切にしているので京王のローカルカードはイメージに合わない。京王観光は利が薄いので特典は出せない。しかし最後に京王プラザホテルの鈴木専務の一言で全社了解した。

「ＰＡＳＳＰＯＲＴ・ＶＩＳＡカードは京王のカードだね。ということは、ＶＩＳＡが付いているから京王のカードで、世界中で使えるんだね。それ、いいね」

京王ストア社長でもある桑山専務には何度か説明をした。そもそも専務はカードが嫌いだという。

「カードは借金で借金は罪悪だ。従ってカードは嫌いだ」

「カードは支払いの手段で顧客の購買情報を分析して販促に役立てるものです」

「そもそも京王百貨店が20年かけて4万人しか集まってないのに10年で40万人とはどういうことだ」

「利便性、汎用性、特典が全然違います。必ず集められると思います」

「そんな難しい事業を効率化で出た電鉄の人間に出来ると思っているのか」

「コンピュータさえきちんと出来ていれば電鉄の人間でも充分できます」

「そうか、じゃあ、使えなくなったような者が出たら、俺のところにもってこい。声さえ出ればストアの店頭で使ってやる」

しかし、京王ストアはパスポートクラブへの出資、加盟店として参加することについては最後まで受け入れてはくれなかった。

統一カード事業スタートに当たってグループ全社の営業・企画担当トップを集めて発足パーティを開いた。自社で会員を集めても他社で利用されてしまう。自社で提供した特典が他社に流れてしまう。そういう心配が中心だった。それに対してぼくはこう説明した。

「カードは魚の鮭みたいなものです。自社で生まれた新しい会員はグループ中を回遊して特典を集めて必ず生まれたところに戻ってきます。会員を増やしてグループの顧客の組織化とグループ全体の売り上げ拡大にグループの力を結集しましょう。スローガンは Buy Keio By Passport です」

【その時の音楽 ＊中島みゆき「地上の星」】

新しいプロジェクトの発足パーティには必ずこの音楽をかけた。その頃よく見ていたＮＨＫの「プロジェクトＸ」のテーマ曲が気に入っていた。中島みゆきの力強い歌声と詞は心に訴えるものがあった。

会員向け各種サービスの展開

パスポートクラブは単なるクレジットカードの会社ではなく、沿線の顧客を組織化して京王グループのマーケティングに貢献しようという会員クラブである。そのために会員の豊かな消費生活をお手伝いする様々なサービスを展開することを考えていた。フラワーギフト事業、お手伝いさん代行業、ベビーシッター派遣業などである。

そもそも京王グループの目的は「沿線生活者に対して日本中、世界中からいい商品、サービスを集めてデリバリーする」ことにある。沿線に展開できる店舗には限りがあるので

ビデオテックスその他のメディアを通して通信販売をする。そのために駅に会員ロッカーを設置して宅配の便宜をはかる計画をたてた。すると、以前からやっていた「異業種交流会」のメンバーから様々な協力提案が出てきた。

野村證券からは府中支店の一角に20坪のロッカールームを設置する提案があった。綜合警備保障は吉祥寺の「ＩＮＳステーション」と同じように遠隔警備システムを導入できるという。さらに宇部興産では将来マンションに導入する宅配ロッカーにつながるので、ロッカー３００個を提供してもよいという。

ロッカールームの出入りはパスポートカードで行い、あらかじめ受けた宅配の連絡に従い、指定のロッカーから品物を取り出す。ロッカーの出し入れと清算はパスポートカードで行う。ロッカーの一部はチルド、フリーズ用を用意する。クリーニングや書籍などいろいろな利用が考えられる。

この事業はかなり準備が進んだが、スタート直前で関連事業部より中止の指示が出てしまった。すでに支店内の仕切り工事に取り掛かっていた野村證券、ロッカーの製作に取り掛かっていた宇部興産には多大な迷惑をかけてしまった。

野村証券営業所については京王百貨店の清家常務に相談して解決した。パスポートクラブ用に空けた場所には京王百貨店の外商案内所を開設して、京王百貨店８階に野村証券デスクを設置して、家賃は相殺で了解してもらった。双方とも案内所の出店を希望していたのでうまくいった。しかし各方面に多大の迷惑をかける結果になった。

【忘れられぬ人 ＊京王百貨店 清家幹夫常務】

清家常務は営業のトップとして部下の気持ちをよく理解し包み込んでくれた。部下は自然に常務のために力を発揮しようという気持ちになった。野村證券の件でも常務の決断で窮地を脱することができた。

【忘れられぬ人　＊宇部興産　縄田悟部長】

ニュービジネス研究会で親しくしていた縄田部長は新しい事業について実に積極的であった。ロッカーサービスについても即断で制作を申し出てくれた。当社の計画が中断しても直ぐに、将来マンションで活用できると切り替えて対処してくれた。どんなに助けられたか知れない。

【実践経営学　＊会社間の連携業務は慎重にすすめる】

会社間の業務のやり取りについては、金額と提携内容について中止をした場合の対応を含めて予め周到な話し合いをすすめておかなければならない。

8章
カード会社に激震

関連事業部長による京王パスポートクラブの分析

それは京王パスポートクラブが事業を開始していまだ初年度の決算もしていない時であった。突然、関連事業部伊藤部長が「京王パスポートクラブの現状と問題について」という議案を役員会に提出した。当社側では事前に何も連絡を受けていないし、当日役員会に出席していないまま、その議案がかけられた。

議案の骨子は次の通りであった。

「京王パスポートクラブは独力で大量会員を集められるという錯覚に基づいて、人、物、金の経営資源の配分を誤り、拙速かつ安易に事業進出をした。このまま推移すると5年後には8億9千3百万円の累積欠損になる」

というものであった。その報告を受けた桑山社長の反応は、

「なに！そんな会社は直ちに潰せ」

「社長、パスポートクラブは潰せません。メインバンクの住信と組んで「VISAPASSPORT」、三菱と組んで「DCPASSPORT」、野村證券と組んで「NOMURA PASSPORT」を出しています」

「それならパスポートクラブを百貨店につけるように。しかし堀井からはそんな赤字になるとは聞いてないぞ。いまのところ赤字は計画の範囲内と聞いているぞ」

「パスポートクラブはどうも粉飾をしているようです」

「なに！粉飾?直ちに監査しろ」

翌日から一斉に監査室の監査が入った。

役員会の当日夜、関連事業部長に呼ばれた。名古屋部長は以前上司で尊敬している部長だった。今回レポートを作成した伊藤部長は名古屋部長の下の部付部長だ。

「君は一体何をやっているんだ。パスポートはとんでもない会社のようじゃないか」

「とんでもないとはどういうことですか。会員数は確かに今のところ予定より少ないんです。これには是非関連事業部にも力を貸していただきたいのですが」

「会員数ではないよ。赤字が問題だよ。莫大な赤字になるというじゃないか」

「赤字ですか。赤字が問題ならすぐ黒字にしますよ。経費を絞り込めばすぐに黒字になりますから」

間もなく監査室の監査報告が上げられた。これもパスポートクラブには全く話がなく、報告もなかった。後ほど監査報告の内容を聞くと、

「粉飾と思われる会計処理は行われていない。ただ、会社が未だ安定していないのに会員向けのいろいろな事業を計画したり、クレジット事業の実態調査のために社員をアメリカに派遣したり、経費の無駄遣いが見受けられる。また、営業担当と総務管理担当の責任者が重複しているなど、組織内のチェック体制が不完全である」

パスポートクラブは、最大の累積欠損は3億1千7百万円、4年で単年度黒転、6年で累欠消去の計画でスタートした。その時トップからカード会員が未知数の中でも最終損益は計画より悪くならないということで了承された。それは、すべての経費を会員数比例でコントロールできるという前提であった。だから5年後に累積欠損が8億9千3百万円になるという予測は、まったく理解できなかった。

事業の軌道修正・3千5百万円の黒字に転換

パスポートクラブの事業は軌道修正を余儀なくされ、電鉄からの出向者は全員電鉄に戻るよう指示された。ぼくは不慣れな新規事業をここまでやり遂げてくれた同僚たちのことが気がかりだった。パスポートクラブでのキャリアが無駄にならないように全力を挙げて電鉄を始め各社の人事と話し合った。ただ電鉄に戻すのではなく、できるだけ各人の希望に沿った異動先を模索した。

パスポートクラブに関わった全ての人たちが、パスポートクラブで仕事をしてよかったと思ってくれることが一番だった。そのためにはこの事業が間違っていなかったことを確認することが一番である。このままいけばずっと赤字が続き、５年後に累積欠損が８億９千３百万円になるという批判をくつがえさなければならい。業務の百貨店への移管をする前に３年度目の８千万円の赤字計画を黒字にすることにした。会員募集や会員サービスなどの経費の縮小に努めた結果３千５百万円の黒字決算をすることができた。

ただ、パスポートカードのために開発したＩＢＭのコンピュータシステムは電鉄の負担として残った。しかし、このＡＳ４００というシステムは使い易い簡便なシステムでその後多岐にわたって活用された。

その後京王パスポートクラブは堅実経営により開業５年目の１８８９年（平成元年）には累積欠損を消去して業績は安定的に推移している。会員数は10年目には35万人となった。22年目の２００７年には会員数１００万人を超えて、取り扱い高も１２００億円までになってきている。カード会員１００万人は、沿線１００万世帯に、一家に１枚持ってもらうという当初構想が達成されたことになる。ただ、パスポートクラブの運営主体が京王百貨店ということもあり、加盟店の広がりについては慎重で、グループに限られてしまっている。沿線の最終消費支出は７兆円もあるので、流通、外食、ガソリンスタンドから病院まで、沿線地域ではどこで使っても特典がもらえるパスポートカードにしなければならない。まだ世界中の良い商品、サービスを会員に届けることが京王グループの役割だからグループの店舗にない商品は通販で提供するシステムをつくらなければならない。

第4部　Personalityの時代〔1989年〜2010年〕

—実践関連会社経営とグループ戦略の提言—

第4部　目次

1章　京王パスポートクラブの京王百貨店への移管

2章　書店経営の基盤整備

3章　啓文堂営業時間の延長と販売促進策の実施

1章 京王パスポートクラブの京王百貨店への移管

京王パスポートクラブ計画担当者の責任

1985年（昭和60年）10月、京王パスポートクラブカード事業は効率化で生み出された3名の要員と自社開発のカードシステムをもって、聖蹟桜ヶ丘のショッピングセンター開業に合わせて営業を開始した。当初はカード会員の獲得はなかなか思うように進まなかったが、新会社としての開業当初の赤字は計画の範囲に収まっていた。

しかし、営業開始から2年も経たない1987年（昭和62年）1月、突然、5年後には8億9千万円の累積欠損になると断定され、業務は京王百貨店に移管、電鉄からの出向者は全員復職することになった。ただし、計画担当責任者のぼくは、業務移管の準備と残務整理のために、翌年の決算まで京王パスポートクラブに留まるように指示された。

京王パスポートクラブは、事業の組み立てもカードの仕立ても、ほぼ当初構想通りに進められてきている。それがなぜ5年後に8億9千万円の累積欠損になるのか？その推定の根拠は定かではないが、会社の決定には従わざるを得ない。初めて左遷とか、挫折の思いを味わうことになった。しかし、一晩モーツァルトを聴いたらすっかり心さわやかになった。何よりも自分は精一杯やったという満足感があった。そして、机の上に誓いの言葉を掲げた。

『愚痴を言わない。右顧左眄しない』

ただ何よりも気がかりなのは一緒に仕事をしてきた仲間たちのことである。京王パスポートクラブでの経験がマイナスにならないようにこれから先、伸びていって欲しいと願った。

多比良社長にお詫びをする

新しい時代に向けて新しい会社を作ろうという「ＮＥＷ ＫＥＩＯプロジェクトチーム」から始まって「４Ｃ戦略」「カード事業」とグループぐるみの経営戦略は、当時トップの電鉄多比良副社長の強いリーダーシップの下で進めてきた。京王パスポートクラブがこのような結果になってしまったことについてお詫びをしなければと思った。今は京王プラザホテルの社長になっている多比良社長を訪ねた。

「多比良社長の下で進めてきた事業がこのような結果になって申し訳ありません」

すると社長はうっすらと目に涙を潤ませて思いもかけないことを言われた。

「いやいや、堀井君、謝らなければならないのはぼくの方だよ。２階に上げてハシゴを外したようなことになってすまなかった。でも堀井君、これだけは分かってくれよ。社長と副社長の差は副社長と平社員の差よりも大きいんだよ」

そのことばを聞いてぼくはさらに多比良社長に対して申しわけない気持ちをつのらせた。

その時、多比良社長が電鉄で社長になられなかった時にぼくが贈った詩を思い出した。

「**多**々語ることなし知る人ぞ知る**比**ぶべきもなし知徳の経営**良**く似たり大器安石の胸懐**勇**気を持って自忍の時を楽しめ」

さらに、何年か後のことだったが、ぼくが京王観光に異動したら監査室長は、当時パスポートクラブを監査した宇田川室長だった。ぼくが室長の席に挨拶に行ったら、席を立たれて目に涙を浮かべて、

「あの時は不本意な監査をしてすまなかった。許してくれ」

「なにを仰るんですか。室長にいろいろご指摘を受けたおかげでパスポートクラブは黒字決算が出来たんですから感謝しています」

「そう言ってくれると本当にほっとするよ」

さらにたくさんの先輩、同僚たちから励ましの言葉をかけられた。

「人はそれぞれ自分の立場でいろいろ言うものです。しかし君がやってきたことはみんながよく見ています」

「腐らずに元気にやってくれよ」

そういう言葉を聴くと本当にうれしかった。

【その時の音楽　＊モーツァルト・クラリネット協奏曲イ長調Ｋ６２２】

受験に失敗したとき、肉親が亡くなったとき、どんな時もいつも心を慰め、元気づけてくれた

のはモーツァルトだった。

【その時の音楽 *ナットキング・コール「Pretend」】

ちょっと気持ちがブルーの時は必ずこの歌を歌う。「Nothing's bad as it may seem.」のフレーズは大好きだ。

【忘れられぬ人 *総務部 臼井次長、たくさんの先輩、同僚の皆さん】

会社で挫折した時、左遷された時、励ましの言葉をかけてくれる人ほどありがたいものはない。見てくれている人は見てくれているんだと、心が温かくなった。

【実践経営学 *挫折・左遷のときの心得】

仕事上挫折したり、左遷を受けたりすることもある。そんなとき心を強く保つためには、日ごろ精一杯やったという自覚である。そして「愚痴を言わない・右顧左眄をしない」ことである。会社ではいろいろなことがあるからいつも「得意泰然・失意泰然」という平常心を失わないことが大切である。

特定新規事業チームに復職

1988年(昭和63年)7月、京王パスポートクラブの決算を黒字で終え、業務を京王百貨店に移管して電鉄に復職した。異動先は新規事業を検討する特定業務チーム。部長はパスポートクラブの分析を行った伊藤部長だった。異動するとすぐに部長から「君もよく読んでおくように」と、「観光バス事業の経営実態について」と題されたレポートを渡された。特定業務チームで観光バス事業の実態について分析、検討した結果、専業会社に比べて著しく乗務員の人件費が高いため、事業の継続を断念するよう提案したレポートであるという。渡された大部なレポートはとても読む気がしなかったが、結論の部分だけ確認してみた。

京王の場合、観光バス運転士とバスガイドの懐に直接入る給料は専業会社に比べて1割程度高い。その直接人件費の上に観光バス営業所の人件費が乗っている。さらに自動車事業部管理の分担分が乗ってくる。またその上に一般管理人件費の分担分が加わり、専業会社に比べて人件費は全体で6割も高くなっている。従って当社としては観光バス事業を継続すべきではないと分析されていた。

ぼくはレポートを返しながら、伊藤部長に聞いた。

「観光バス事業をやめれば一般管理の人件費は少なくなるんですか」

確かにバス部門全体では赤字である。しかしこれから高速バスは伸びる。また高齢化社会に向けて観光バスの需要は高まっていくと思われる。バスは他のキャリアーにない「教室になる」という優れた機能を備えている。旅行業としても観光バスを使った旅行を大いに開発しなければならない。

頭のいい人の分析はいつも問題の摘出に終始する。問題点を拾い出すことが仕事と勘違いしている。本当の仕事は、問題点をどう解決するか、どう克服するかという処方箋をつくることである。問題点なんか仕事を進めていけば自然に出てくる。出てきたらそれをひとつずつ潰していけばいいのだ。

部下に厳しくしても仕事の成果は上がらない

特定業務チームでは5つのチームに分かれ、部長がそれぞれのチームにテーマを設定していた。毎週月曜日チーム・リーダー会議があり、部長からいろいろ指摘があり、さらに新たな課題が与えられる。議論の中で部長は次第に言葉が激しくなり、ときに乱暴な言葉を投げかける。リーダーたちは委縮してどうすればいいのかわからなくなる。こらえきれなくなってぼくは部長に意見したこともあった。

「部長、厳しく議論するのはいいですが、乱暴な言い方は止めてください。われわれはみんな同じ紳士なんですから」

チーム全員が月曜日の朝は足が重くなって会社に行きたくないという。部下にストレスを与えて会社の業績が上がるだろうか。もう古典にもなっている経営学のY理論を勉強して欲しいと思った。

そういう中で「女性向けビジネスの開発」というチームでよいレポートが出てきた。このチームのリーダーは女性の福田リーダーで、社内の若い女性を集めてチームを編成し、新しい街の店舗を調査したり意見調査をしたり、キメの細かい検討を重ねて女性の目から見た新しい店舗のあり方を提案した。

半期の人事査定の時、一時査定として福田リーダーに上位 査定をつけて伊藤部長に提出した。

「君は前回の査定を見ているのか」

「見ていません。査定は今期の実績で見ましたから」

「こういう評価は前例がないんだよ」

「わかりました。でも、私の査定は変えるつもりはありません。部長が最終査定者ですからあとは部長にお任せします」

【実践経営学 ＊部下の人格を尊重する】

部下は平等な大人としてその人格を尊重し、本人の持てる能力を最大限発揮するよう指導しなければならない。

【忘れられぬ人 ＊女性チーム・リーダー福田淳子さん】

福田さんは以前観光バスガイドの教育係をやっていた。その時、自ら教養を高めるためにお茶とお花の免許を取り、旅行案内のレベルを上げるために、駒澤大学の桜井名誉教授について「旅学」を学んでいた。仕事のためにここまで自主的に努力した人をぼくは知らない。その後、福田さんは沿線の歴史や文化を訪ねる「京王文化探訪」を提案、長く主催して沿線の多くのお客様を魅了した。

2章
書店経営の基盤整備

京王エステートへ「良かったな」異動

特定業務チームに異動してきてから4ヶ月しか経っていないのに電鉄社長室に呼ばれた。社長室に入ると桑山社長はぼく一人の辞令を読み上げた。

「堀井章、人事部勤務を命ず。特に休職を命ず。株式会社京王エステート出向を命ず」

読み終わってぼくに辞令を渡すとき社長はかすかに笑みを浮かべ、僕の耳元で「よかったな」と言った。

辞令をもらうとき「良かったな」なんて言われたことはなかったので一瞬けげんに思った。社長は伊藤部長とのいきさつを思っていたのかもしれない。

1988年（昭和63年）11月、「よかったな異動」で京王エステートに出向となった。株式会社エステートの事業の内容を見てみると、中に書店4店の事業が興味を引いた。資産管理の業務はベテラン社員もたくさんいて順調のようなので、書店を担当させてほしいとトップに自己申告した。書店啓文堂は未だ赤字経営だが、文化事業として伸ばしてみたいと思った。ただ、書店はマーケットが限定されている上、同じ商品を同じ価格で売っている商売なので書店組合の縛りが強く、なかなか店舗の拡大は難しいようだ。

京王エステートは1975年（昭和50年）府中に啓文堂書店1号店を開業した。このころは書店組合の力も強く120坪という大型店の新設は極めて困難だったに違いない。この困難な新規出店を成し遂げたのは電鉄から出向した高田部長だった。書店組合は地域毎に組織されているが、大きな案件になると上部団体の東京書店組合が圧力をかけてくる。特に書店は個人の零細企業が多いので、大企業の新規出店には格別激しい抵抗があったに違いない。高田部長はそんな抵抗に粘り強く耐えて、第一号店大型店を出店し、事業の基を作った。

【忘れられぬ人 ＊京王エステート 高田勝利書店部長】
論理的で迫力のある語り口は周りの人の信頼を得て、困難な課題を解決してきた。啓文堂という文化事業は高田部長無くしては出来なかった事業である。

京王書籍販売の設立と社長交替

4ヶ月の検討を経て1989年（平成元年）3月、書店事業を伸ばすために新会社を設立した。社名は「京王書籍販売株式会社」、店名は「啓文堂」。店名は他の名前に変える案も出たが、「啓文堂」を残した。「啓文堂」は漢籍に詳しい電鉄の箕輪圓社長の命名で実にいい名前だと思った。

新会社の社長は京王エステート社長の北社長が任命され、ぼくは専務に入った。早速、聖蹟桜ヶ丘のアウラホールに書店部門総勢90名が集まり新会社の発足式が行われた。北社長は力強く新会社社長としての決意を述べた。

「私は先般京王映画を潰してきました。皆さん私を後ろ向きな人間という印象を持っているかも知れません。しかし、私は本来非常に積極的な男です。これから堀井君と一緒に啓文堂を大きく伸ばして、いい会社にしたいと思います。皆さんも大いに頑張ってください」

それから一週間もしないうちに北社長は交代してしまった。なんでも電鉄の桑山社長が新会社の人事を確認して交代を指示したようであった。

「会社のトップはペアが大事だ。北が社長で、専務が堀井、それはだめだ。そんな会社はどこに行ってしまうか判ったものじゃない」

新しく来られたのは田中寛社長であった。田中社長は本と音楽が好きで何かとてもウマが合うような気がした。

書店事業の本質と多店化の構想

書店事業は制約された枠の中で運営されている。先ず商品は新刊流通50万点、営業店では1坪、1000冊置くことが出来る。だから500坪あれば、何でも揃う書店ができる。一日に20冊も30冊も売れる本があるので、経験的に800坪の書店が最大ということになっている。書店はスーパー業界でいう、「ライリーの法則」がキレイに働くので、大型店ほど顧客の吸収率が高い。

京王沿線の書籍マーケットは600億円ほどあるが、そのうち沿線の書店の販売シェアは60%、360億円で、ほとんどは零細の生業店である。あとの4割は都心の大型店に流れている。沿線の書店を拡大するために、次のステップで店舗展開を進めていく計画を作った。最終の目標シェアは50%の300億円とした。

①　鉄道各駅の乗降客数の規模に応じて60坪から100坪の店舗を配置して先ずは売上高100億円規模にもっていく。

②　ターミナルに200～300坪規模の大型店を出店する。（西新宿・八王子・渋谷・吉祥寺・明大前・橋本）

③　駅売店、京王ストア他、グループ店舗内の書籍コーナーを展開する。

④　府中の基幹店舗を500坪規模の大型店とし沿線外への流出を防ぐ。

⑤　府中に取次の多摩デポを設置して、本格的な通信販売の体制を整える。

啓文堂書店のチェーン展開

書店として営業できる場所を徹底的に調査して具体的な出店の計画を立てた。

橋本では初めて郊外の独立店を開いた。多摩センターに続いて代田橋・中河原・八王子など電鉄の場所を賃借して出店した。中間駅では80坪を標準店舗として、ある程度の品揃えが出来るスペースを確保するよう心掛けた。明大前は京王線のホーム下に広大な倉庫があるのでそこを構内店舗として活用したいと思ったが、これは実現できなかった。

京王百貨店では新宿駅ホーム上のコンコースで書籍を販売していた。「ブック・プロムナード」という通路にオープンの販売コーナーになっていてかなりの売上をあげていた。「ブック・プロムナード」を啓文堂として営業すれば、7時閉店という百貨店の営業時間に縛られることもないし、仕入れの粗利益率も大きく上がる。百貨店に提案したら売り場面積を減らすことについては抵抗があったが、啓文堂として営業することにより増えた利益を賃料として還元することで移管に合意してくれた。これにより当社は一気に5億円の売上高を加えることとなった。

この「ブック・プロムナード」は、開口部が広いので万引きが多く、社内でいろいろと議論がなされた。監視カメラの設置、ガードマンの導入、書籍管理担当者の導入などの案が出たが、いずれにしてもコストパフォーマンスが悪く、抜本的な解決にはならない。ぼくは2つの提案をした。一つはモーツァルトのBGMを流すこと。もう一つは社員が目立つ腕章をつけて店内をこまめに回ること。店内を回ることは万引きの抑止もあるが、どんなお客様がどんな本を手にとり、買っていただいているか、よく観察することが大事だと思ったからだ。

新線新宿駅から都庁へ行く地下道が新設されたので早速、啓文堂の出店を申請した。ところが管理元の第三建設事務所は地下道における営業店舗の出店は防災上許可できないという。書店は火も使わないし安全だということで説得し、許可を得た。ところが初めの頃は他に店舗も無く人通りも少ないため、店の周りは浮浪者のたまり場になってしまった。浮浪者を除けるために店の前に大型のプラントボックスを並べた。そのうち通行者もだんだん増えて売り上げも上がっていった。

社員のモラール向上を考える

啓文堂の社員は、皆、中途採用で大人しい。新卒で商社や営業会社に入ったが、厳しい競争やノルマ営業の世界には合わず、もともと本が好きなので本屋で静かに仕事をしたいと転職してきた者が多い。真面目で大人しいが本来の能力は高い。これから書店経営を積極的に進めていくには、若い優秀な社員をたくさん採用しなければならないし、社員みんなに積極的に仕事をしてもらいたい。そのためのモチベーションを考える必要がある。そこでまず会社のモットーを掲げた。

「THINK BETTER DO BEST」

「どんな仕事を担当していても、その仕事についてどうしたらより良くできるか、よく考える。そして考えたより良い方法でベストを尽くそう」ということである。

そしてそういう姿勢で仕事に取り組んでもらうためには社員のモラールを上げるインセンティブを用意しなければならない。そして社員の給与水準を上げる必要があると考えた。当社啓文堂の社員は基準賃金ベースで比較すると、一般企業よりかなり低く、早急に引き上げなければならない。ただし、ベースアップの中で上げることはグループ他社への影響が大きいのでひと工夫する必要がある。田中社長と充分な意見交換をした。

啓文堂社員の給与をみると基準賃金の他にいろいろな手当てを支給している。家族手当、通勤手当、住宅手当、食事手当など、6種類の手当がある。その手当はそれぞれ一部の社員にしか出ていない。またそれらの手当は仕事とは関係のない属人的な手当である。そこでそれら手当を社員全員に付与し、資格給として括った。これで給与総額を一気に上げることができた。ただしその年のベースアップは低く抑えた。

社員のモラールを上げる最も効果的な方法は昇格である。そのためには早く店長などの責任ある役職に就けることである。めじろ台駅前の郊外店を出店した時、若い女性を店長にしたところ、今まで店長の枠が少なかったので男性社員から苦情が出た。そのためにも早く多店化を進めなければならないと思った。

その後多店化が順調に進んだため、新卒社員は2、3年で店長に昇格することができるようになった。

【実践経営学　*モットーを掲げる「THINK BETTER DO BEST」】
会社でモットーを掲げることは大事なことである。この会社で一番大事なことは一人ひとりが自主的に考えてそれぞれの目標をもって仕事をすることだと思った。

粗利益率の改善

書店の収益性は低く、経常利益率は1%も確保できていない。当面の新規出店にかかわる投資負担増を吸収してなおかつ目標とする経常利益率を3%とするためには粗利益率を現在より3ポイント改善しなければならない。

取次は日販と東販（現在のトーハン）の大手2社がシェアを分けあっている。当社は開業当初から日販の特販部扱いとして有利な料率を提供してもらっていた。その後東販との取引を始めたが東販は日販より1%原価率は高かった。東販の担当専務に取次の一本化の計画を話して当社の希望率を提示したら、東販の専務は乗り気だが、啓文堂に一気にそこまで高い率を提供することを社内的に合意をとるには時間がかかるということだった。

そこでまず初めに両社に対し基本的な料率の改善を提案した。取次の仕事は全出版物の配本仕分けを行うことである。しかし、これはＩＳＢＮコードが整備されればほとんど機械的な作業である。やはりコストのかかる最大の仕事は各書店への配送業務である。そこで当社の店舗に対する配送コストの分析を行った。

啓文堂書店は、ほとんど甲州街道沿いに配置されており、しかもその店舗は駅の前が中心で販売効率がよい。それを他店チェーンと比較して、１・２％の料率の改善を提案した。この件は両社とも理解をしていただいたが、根本的な料率の改善を進めなければならない。東販との話し合いの結論が出る前に日販との話し合いを進めたい。いずれにしても話が合意した場合はどちらか１社に絞りたいと考えた。

日販とは日ごろよく相談に乗ってもらっている高久部長を通して、五十嵐社長に直接お会いすることにした。そこでぼくは京王線・井の頭線沿線の大きな地図を用意した。啓文堂既存店を青シール、沿線の他社大型店を赤シール、啓文堂のこれから出店予定15店を白シールでドットした。日販の五十嵐社長は真摯に当社の提案に耳を傾けてくれた。

「五十嵐社長、いつも特販部でお世話になっています。当社では沿線の優良立地をいま15ヶ所用意して啓文堂の拡大を進めようと考えています。ついては東京の城南地区という文化水準の高い地域で御社との共同事業として進めさせていただけないでしょうか。急激な出店で赤字では続きません。新規出店の投資負担分は御社にお願いできないでしょうか」

「東販さんとはどのように進められますか」

「東販さんは非常に積極的に検討いただいています。ただ、この地図をご覧ください。当社沿線を取り囲む地域で積極的に大型店の出店を進めているこの赤シール店は島崎文教堂さんや熊沢さんなどで、みんな東販さん扱いです。ウチの白シールがみんな赤になったら、日本の文化レベルの一番高いこの地域の書店がみんな東販扱いになってしまいますよ」

「それはまずいですよ。是非ウチでやらせてください。しかしいきなり3ポイント下げるというのはちょっと無理があります」

「それでは啓文堂の売上高が10億円上がる毎に0・3ポイント下げていただくというのはどうでしょうか」

「それならば結構です。是非よろしくお願いします」

高久部長を入れて両社は堅い握手を交わした。

新規出店した場合、店舗が所定の利益を上げるまでにどうしても3年ほどかかる。しかし会社として赤字は認められない。この契約にすれば、償却分は吸収できるので、黒字のまま多店展開ができる。あとは、まずは早く100億円までもっていくことだ。

急速な業容拡大のために新卒社員を確保したい

書籍の受発注や在庫管理などの面でのシステム化や効率的な店舗運営のあり方、多店展開、通信販売の開発などこれから進める書店経営の業務は、多岐にわたっている。これからの書店経営で業容拡大を進めていくには若い優秀な人材が必要である。啓文堂では今までまだ新卒社員の採用はしていない。というよりなかなか応募者が来ない。そこで前島総務部長と相談して、新たに新卒者の採用を行って優秀な社員を獲得する作戦を考えた。

先ず書店というイメージで知的事業を展開する会社の案内パンフレットを新たに作成した。事業展開のエリアは日本で最も文化度の高い首都圏西部地域。そしてその地域には様々な京王グループのネットワークが張り巡らされている。

パンフレットは用意されたが優秀な学生を集めなければならない。そこで電鉄に応募の打診をしてきた学生に案内状を出した。

「京王電鉄株式会社ＯＢで現在京王書籍販売株式会社専務の堀井章が、先輩としてこれから就職しようとしている皆さんに対し、会社選びのアドバイスを行う」という懇談会の設定だ。

京王プラザホテルの４００１号室で４日間８回の懇談会を用意して応募の状況をみながら、人数をまとめてもらった。

応募は意外と多く3回で60名ほどが集まった。

ぼくは企業のライフサイクルと企業統計が始まった明治29年から20年毎の売上高上位10社のリストを表示した。

「皆さん会社を選ぶときは、きっと成長と安定を望むことでしょう。この図をみてお分かりの通り、創業間もない会社は小企業で成長度は高いけど不安定です。もしかしたら倒産するかもしれません。小企業もやがて中企業になり、そして大企業になります。大企業になると成長は鈍くなり安定はしますが、社内の競争は激しくなります。このように企業にはライフサイクルがあります。20年毎の売上高ベスト10のリストを見ると、ほとんど20年毎に入れ替わっています。これからは企業の栄枯盛衰のスピードはどんどん速くなっていきます。

成長と安定、両方を兼ね備えた会社はありません。そういう意味で皆さんは会社に成長と安定を望むのではなく、皆さんが会社の中に入って企業の成長と安定を作り上げていかなければなりません。

しかし世の中に成長と安定を兼ね備えた会社があります。それは大企業グループの戦略子会社です」

これで初めて優秀な新卒5人を確保することができた。多店展開の中で彼らは入社2〜3年で店長に抜擢されることになった。

3章　啓文堂営業時間の延長と販売促進策の実施

お客様に対する責任

売上を上げる手っ取り早い方策は営業時間の延長である。啓文堂は朝10時に開店して夜8時に閉店している。営業時間の延長は長年の懸案であった。ところが地域での営業は書店組合のしばりがあってなかなか実現できなかった。今回も正攻法で当ることにした。先ず書店組合に提案することにした。多摩地区の支部長は八王子の鐵生堂の寺島社長だ。

書店組合の会議に、ぼくは大きな模造紙を用意した。縦軸に駅の乗降客数、横軸に初電から終電までの一日の時間帯。乗降客数の波は朝のピークは8時で、10時前には終わる。夜の波は7時から始まってピークは9時から10時頃まで続く。

「啓文堂は駅の前にありますが朝は丁度ラッシュの終わった後に開店し、夜はラッシュが始まる前に閉店しています。乗降客のお客様さんがほとんどいない時に営業しているような状態です。これでは店として地域のお客様に対して商売の責任を果たしていない状態です。十分なサービスをするために夜11時まで営業したいと思います」

いきなりの提案で各書店のオーナーはびっくりしたようであった。書店組合の上部団体東京書店組合本部からオルグとして来ていた理事からは絶対認めるわけにはいかないという発言があり、話し合いは物別れとなった。もう一度改めて会合の日程を用意してもらうことで散会した。

その後、寺島支部長と話し合ったが、本部の方はかなり強硬だという。

「堀井さん、このまま時間延長を強硬に進めようとすれば不測の事態になりかねませんよ。第一、組合のみんなは京王さんが11時まで時間延長するなんて誰も本気にしてないですよ。本部の理事も、どうしてもというなら5分か10分くらい認めてやれば収まると言ってますよ。堀井さんはどう思っているんですか」

「ぼくは本気です。お客様のためですから。ただ同じ書店を経営する者としてお互い協力すべきことがあれば当社としてもできるだけのことはやりたいと思っています」

本気にされていないということでぼくは前島総務部長に頼んだ。

「前島部長、書店組合は当社の時間延長を全然本気にしていないようなので、次の会合予定の日の朝刊に折り込みを入れてください。啓文堂書店アルバイト募集、勤務時間朝10時から夜11時まで、でいいでしょう」

次の会合の日、会議の始まる前から大騒ぎとなった。

「京王さん、冗談じゃないですよ。組合を無視するんですか」

「いや、当社は商売人として少なくとも皆さんと同じ条件でやらせていただきたいと言っているだけです」

「大型店にそんなことをやられては、われわれは首を吊らなくちゃならない。大企業の横暴だ」

「啓文堂をやっている京王書籍販売は決して大会社じゃありません」

話は平行線なので今後の進め方については寺島支部長の一任ということになった。その後、寺島支部長から呼び出しがあり次のような提案があった。

「本部や支部の幹部ともよく話し合って、京王さんの意思が強いということで時間延長は認めるが、当面2店だけということにしてください」

「ありがとうございました。それで結構です」

「ところで2店はどこにしますか」

「多摩センターと平山にします」

すると寺島支部長はけげんな顔をしていたが、それで決着した。

多摩センター駅には特急が20分毎に入ってきて、たくさんのお客様がそのまま駅真ん前の店に入ってくる。そして20分でお客様は引いていく。するとすぐに次の特急が入ってくる。

平山城址公園駅前の店は小さな書店だが、当時の電鉄桑山社長は平山のお住まいであった。社長のご家族が遅く帰ってきて駅に降り立った時「ああ、啓文堂は遅くまで頑張っている」と思ってもらえるだけでいいと思った。

【忘れられぬ人　＊鉄生堂　寺島社長】

早稲田の学生時代から父の始めた書店を手伝ってきた根っからの書店マンである。誠実な性格で信頼も厚く地域の書店店主たちをよく取りまとめてきた。当社の考え方にもよく理解をしてくれて本当に支えてくれた。

【忘れられぬ人 *京王書籍販売 林雅之部長】

京王書籍販売の開業当初から電鉄より参加。書店組合の中に入りその誠実な人柄で地域の書店主たちから信頼を得て、啓文堂の運営上大きな成果を上げた。

啓文堂労働組合は営業時間の延長に反対である

書店組合との困難な交渉を終えてまずは一部店舗の営業時間延長を取り付けて会社に帰ってきたら、会社の労働組合の委員長と書記長がぼくのところにやってきた。

「専務、組合としては営業時間の延長に反対です。第一社員には女子もいます。11時までという深夜の労働はさせられません」

「これまで啓文堂はほとんど利益を出していないんだ。これからいい会社にしていくために協力してもらわなくては困るよ」

「なんとしても深夜勤務はできません。第一、9時以降なんて、そんなに売れませんよ」

「そんなことはないよ。9時まで営業したかったら10時まで空けておかなければだめだ。10時まで営業したかったら11時まで開けておかなければだめなんだよ」

「でも組合としては反対させていただきます」

「判った。それほど言うなら組合員は今まで通り8時までいい。8時以降は会社がやる。ただし、8時以降で上がった成果については組合員には還元しないからそのつもりで」

そして問題はもう一つあった。組合が反対している多摩センター店の店長の引き受け手がいないのだ。そういう中で、積極的に名乗り出てくれた店長が現われた。山之内誠店長である。

山之内店長は書籍の販売について特に熱心であった。書店の営業は売れる本をどう揃えるかにかかっている。山之内店長の仕事ぶりを見ていると出版社や本社仕入れ本部とひっきりなしに電話をしている。店長がもっと事務所から店内に出てお客様の購入の様子をみていたらもっといい書店営業ができると思った。丁度そんなころコードレス受話器の電話が発売された。早速導入したら店長の動きがもっとよくなった。店内で店長が電話をかけながら見回っていると万引きロスも大幅に減ってきた。

3ヶ月ぐらいしたら組合の委員長、書記長がそろってぼくのところにやってきて、時間延長の営業に是非協力をしたいとの申し出てきた。

多摩センター店の売上高を見ると朝10時から夜8時までと、夜8時から11時までの売上高がほぼ同じくらいになっていることが判った。

営業時間延長をしたもう一店の平山店はもともと赤字店なので二人勤務を一人勤務に変更した。これには組合から強い抗議がでた。

「一人勤務なんて無茶ですよ。第一、トイレにも行けないじゃないですか」

「店のすぐ裏に駅のトイレがある。レジに少しお待ちくださいという札を付けて行ってくればいい」

「そんなことをしたら万引きに合ってしまいますよ」

「トイレに何分かかるんだ。第一リュックサックをしょって万引きに来るわけじゃない。一冊持っていかれてもいいじゃないか」

店は駅の改札のすぐ前で、いつも改札員が監視してくれているようなものだ。一人勤務なら確実に利益がでる。いずれこの店も近くの京王ストアの中に吸収することにしようと思うが、今は少しの売上高でも欲しい。社内の説得はしたが、ちょっと無理なことを言ったかなと反省した。

【忘れられぬ人 ＊京王書籍販売 山之内誠店長】

書籍に詳しく出版社とのパイプが深い上、書店営業に詳しく、とにかく売ることに積極的な姿勢をもっていた。寡黙だが、実行力に富み、啓文堂の発展に大いに寄与した。

【実践経営学 ＊説得真っ当な考え方で誠心誠意当たれば必ず意は通じる】

新しい提案をして相手を説得しようとする場合、真っ当な考え方を持って誠心誠意あたることである。真っ当な考え方を粘り強く相手に訴えれば必ず道は開ける。

店頭にピラミッドをつくれ

毎月取次の方から主な新刊書の案内がくる。講談社の「日本語大辞典」を見て、これは売れると思った。オールカラー版で図も多く、百科事典のような内容である。一冊7千円、3千冊は売りたいと思った。ただこういう大型企画の場合、配本に制約があり、仕入れ担当者に聞いてもらったら、当社への配本は啓文堂全店で200冊という。200冊以上は無理だという。さあどうするか。一計を案じて講談社の上の方に頼み込んだ。

「この本はとてもいいので、電鉄では社員に対する記念品として考えている。買取りで3千冊入れてほしい」

翌々日、電鉄本社の正面玄関に「日本語大辞典」3千部を積んだトラックが来た。ぼくは受付の女性に話をするふりをしてトラックの運転手に言った。

「電鉄の倉庫には今スペースがないというので、とりあえず啓文堂の倉庫に運んでもらいたい」

社内の担当者は今の啓文堂ではとてもそんなには売れないと心配していた。ぼくは啓文堂の店頭に「日本語大辞典」をピラミッドみたいに積み上げて売るように提案した。すると各店のスタッフは張り切って販売に努め、その後間もなく無事売り切ることができた。

モーツァルトのCDコンサートを開く

1991年（平成3年）は、モーツァルトの没後200年に当り、様々なイベントが企画された心躍る年であった。その中で小学館から「全15巻モーツァルト全集」が発刊されることになった。CD178枚のコンプリート全集である。大学2年の時から日本モーツァルト協会の会員でモーツァルトのファンとしては何としてもたくさんの人にお届けしたいと思った。

そこで小学館の大原編集長と一緒に「モーツァルト全集」発売記念CDコンサートを企画した。

聖蹟桜ヶ丘ショッピングセンターのアウラホールには2百人のお客様が集まり二人が組んだモーツァルトの名曲プログラムを楽しんでくれた。編集長と2人でどの曲を選ぶかあれこれ話し合う時間はとても楽しいものだった。

全集は15巻のセット価格で38万円。全巻ご予約のお客様には「10%優待」と「幻の名盤ベームのフィガロ」と「ソニーのCDウォークマン」をプレゼントするという販促キャンペーンを行なった。

音楽好きな田中社長を始め社員の総力を挙げたキャンペーンは大成功でモーツァルト全集セットは全部で90セットほど販売することができた。全国の書店で第2位の成績を上げて小学館から感謝パーティに招待された。

【その時の音楽　＊モーツァルト・フルートとハープのための協奏曲ハ長調K299】

【その時の音楽　＊モーツァルト・ピアノ協奏曲第21番ハ長調K467】

CDコンサートに二人が選んだ曲のベスト2はこの曲であった。その後ぼくはプレゼントのCDウォークマンで通勤の往復にCD1枚ずつ聴いて1年かけて「モーツァルト全集」全曲を通しで聴くことが出来た。

【実践経営学　＊販売を成功させるのは高い目標と情熱である】

販売を成功させるのは知恵と情熱である。知恵と情熱は高い目標を掲げることによって生まれる。すべては高い目標から始まるのである。

高い目標を設定すると意識が変わる。意識が変われば、方法論が変わる。今迄と同じことをやったのでは目標は達成されない。方法論が変われば行動が変わる。行動が変われば周りの環境が変わる。そして、結果が変わってくるのである。

府中店の大型化と城南デポの提案

府中はもともと啓文堂の拠点である。チャンスがあれば府中店を何でもある大型書店にしたいと思っていた。そうすれば都心に流れている沿線の需要を地元で食い止めることができる。600坪、700坪は無理でも少なくても300坪は欲しい。そして500坪の倉庫を併設する。営業店舗は300坪だが倉庫には倍の在庫を置けるので何でもある書店ができる。お客様がどうしても倉庫を見たいと希望すればご覧いただけばいい。さらに沿線の啓文堂でお客様の注文があれば、その日の内に届ければいい。いま客注の配本は2週間もかかる。自社の啓文堂だけでなく沿線の他社の書店に配送してもいい。さらにお客様の要望があれば自宅まで配送することもできる。

この啓文堂府中店の倉庫はいわば取次の多摩デポといった役割である。その建設とメンテナンスの費用は日販に負担してもらう方向で日販のトップと話を進めていた。府中駅の高架化と駅周辺地区整備の中で提案していかなければならない。

1991年（平成3年）6月、その後の啓文堂の発展を若い人たちに託して、ぼくは京王エージェンシーに異動となった。その後、啓文堂は奥島社長の下で大いに発展し利益も十分出る大型チェーン店に成長した。

それから3年ほどしてぼくが京王エージェンシーにいるとき啓文堂の店長6人に呼び出された。啓文堂が順調なので彼らを労うつもりで行ったが、どうも主旨が違ったようだ。府中高架化と周辺の開発が進んでいよいよ府中店の移設が計画されている。ところが新しく出来た伊勢丹の中に大型書店が入り、競争も激しくなっているので啓文堂は現在の120坪以下の店舗でいいと電鉄の開発から言われているとのことだった。

「堀井専務、なんとかなりませんか。専務が啓文堂に居た時、府中は沿線一の300坪の店にすると言っていたじゃないですか」

その話を聞いてぼくは正直うれしかった。以前あんなに大人しかった店長連中がみんな揃って大型店にしてほしいと言ってきた。ぼくは直接の担当ではないので、桑山社長に手紙を書いた。

「今まで啓文堂は社員一丸となって努力し着実に実績を上げてきました。沿線の中心である府中に大型店を作ることは沿線マーケットの拡充と他店との競争上不可欠です。そして何よりも会社の中核である店長クラス全員が大型店を望んでいます」

その後、社長以下社員の努力で府中店は285坪を確保して、沿線随一の大型書店となった。また駅高架下に倉庫を確保して次の展開の準備を進めた。

【実践経営学　＊人を育てるのは同じ夢を語り合うことである】
京王書籍販売の発足当時営業時間延長にも消極的で、大人しかった店長クラスの社員が、啓文堂チェーン展開の構想について同じ夢を語り合ううちにこんなに積極的で意欲的になるものかと感動した。

4章
広告事業の展開

京王観光広告部から一般広告会社への脱皮

京王観光株式会社は鉄道発足当時から鉄道顧客に対して様々なサービス事業を展開してきた。駅での売店事業、観光旅行事業、鉄道の広告看板の販売などである。鉄道の近代化とともにグループも百貨店やホテルに進出、企業イメージアップ、マーケティング、広告、販促など新しい機能が求められる時代になってきた。

そんな時、京王観光広告部の馬淵課長は中堅の広告会社からチームごと5人の広告マンをスカウトしてきた。当時京王観光は柿本社長の下、桜菊観光を吸収して全国ネットの旅行会社体制を固めつつあった。スカウトで転属してきた広告業界のプロたちは、すぐに広告会社としての新しい仕掛けを京王グループ内で実施した。

まず、アメリカのウォーターランドと提携して鉄道のサインを一新、当社だけでなく、日本の鉄道のイメージを大きく変えた。従来外注していた「京王ニュース」などのグループ広報誌の編集、制作を次々にグループ内で手がけるなど多方面で広告事業を広げていった。また、グループで拡大を始めた不動産事業や聖蹟桜ヶ丘のショッピングセンター開発などにもマーケティングの面で大いに力を発揮した。

鉄道の看板改革から始まったＳＤ（スペースデザイン）事業はその後、奥島部長、渡辺課長がつぎつぎに業容を広げ、業界でも実績を買われるようになり、竹芝ふ頭開発、東京ビッグサイト、多摩モノレール、武蔵の森スタジアムなどの大きなプロジエクトに参加することにつながった。渡辺課長は業務の専門家チームを組織して実績を重ね、クライアントのゼネコンや設計会社のあつい信頼を得て、ＳＤ事業の拡大に貢献した。

【忘れられぬ人　＊京王観光広告部　馬淵課長】

【忘れられぬ人　＊京王観光広告部　中山年ディレクター・草野龍二ディレクター】

京王観光広告部の馬淵課長はそれまでの鉄道看板セールスしかやっていなかった広告部に業界から5人の専門家を招聘、一気に一般の広告会社らしい体制を創り上げ、次々に実績を上げていた。そのチームリーダーが中山ディレクターであり、関課長、桜井課長、橋本課長などプロの広告マンが揃い、どんな仕事もこなせる体制ができた。中でも草野ディレクターは類まれな広告センスと驚くべき豊富な人脈をもって多彩な広告戦術を組み立てた。この頃以降、いろいろな会社に移る度にぼくの構想、目標の実現にどれだけ力になってくれたかしれない。

新規メディアの開発とエリア・マーケティング

広告会社として一応の体制が整い、京王エイジェンシーとして広告事業をすすめていくにはマスメディアを確保しなければならない。当時まだ実績のない代理店は大手新聞の口座を開くことはできなかった。ぼくは京王グループの将来性をもって毎日新聞にアプローチした。当時担当の石井広告部長には、一番に口座を開いていただき、おかげで広告会社として業容拡大をすすめることができた。その後石井部長にはメディア・ミックスによるエリア・マーケティングの進め方など、たくさんの知恵をいただいた。

さらに自社媒体の交通広告をレベルアップし、その収益性を高めるとともにラジオ、地域情報誌などとの連携を強化した。

京王沿線地域は、人口300万人、最終消費支出5兆円という巨大なマーケットとなっている。この地域に当社グループは、交通広告を初め様々なメディア、電車、バス、タクシー、ホテル、百貨店・スーパーなどの流通店舗を持っている。さらにパスポートカード会員を初め、様々にセグメントされた顧客を組織化している。これらの様々な機能を総合的に組み合わせることによって新しいマーケティング・プロモーションを提案できると考えた。鉄道のハウスエージェンシーである京王エージェンシーの売りは広域エリア・マーケティングとなる。

交通広告の収益力向上

鉄道会社はもともと看板、ポスターなどを売って運賃収入の補完としてきたが、それら交通広告媒体を一括管理する主体が鉄道からハウスエージェンシーという専門の広告会社に移管されることになって一新した。広告媒体そのもののクオリティを上げたり、クライアントのニーズに合わせたセットメニューなどを用意した。

社内ポスターの主力は中づりで、注目率も高くそれだけ広告効果も高い媒体である。中づりはB3サイズポスター一枚、平日2日間掲出で5万円という価値のある媒体だ。その主力クライアントは週刊誌を出版している出版社である。従って出版社はその料金について敏感だ。

中づりポスターの料金は昔からランクがあり、首都圏で一番高いランクは東急、小田急、その次に京王、京急、東武などと格差がある。当社の中づり料金は東急、小田急に比べて約15%安くなっている。エリア・マーケティングを展開するため京王、東急、小田急、それぞれの沿線マーケットを比較研究してみたが、人口、所得水準でデフレートした沿線マーケットはそんなに格差はないことが分かった。

東急、小田急並みに中づり掲出料金を引き上げる案をもって、柳澤部長とともにクライアントの日本雑誌協会に何度も足を運んだ。データをもって詳細な説明を繰り返すうちに協会は理解を示してくれた。あとは交通広告を売っていただいている当社の指定代理店13社によく理解をもらうために年が開けたら説明に廻ることにした。

「京王はとんでもない会社だ、皆で不買同盟を……」

交通広告を扱う関係各社は300社を数える。媒体側の鉄道、バス各社、さらにクライアント側の新聞社、出版社、ナショナルクライアント各社は、年に一度賀詞交換会で集う。

その年は京王プラザホテルで７００人の新年会となった。まず初めに雑誌協会の会長、徳間書店の徳間社長から挨拶があった。

「明けましておめでとうございます。ところで京王はとんでもない会社だ。この不況の最中に中づり料金を16％も値上げするという。どうだ、ひとつみんなで不買同盟を組もうじゃないですか」

これにはびっくりした。いきなり名指しの非難である。本当に不買同盟を組まれたら厄介だ。早速、柳澤部長と当社の指定代理店13社を廻ることにした。はじめに当社指定代理店会の間宮会長に経過と当社の計画を説明した。間宮社長はよく理解されて協力を約束してくれた。

指定代理店を一社ずつ回り、各社社長と営業担当責任者を前に当社の計画を説明した。

「当社の沿線マーケットは東急、小田急に引けを取らないくらいに成熟してきました。さらにこの3社の路線図を見てください。確かに東急・小田急さんは、イメージはいいですよ。でも東急、小田急さんが走っているのはほとんど神奈川県です。ところが当社路線は全部東京都です。」

これで代理店側は積極的に当社媒体を売ろうという姿勢になってくれた。値上げした分はそっくり増収となった。

【忘れられぬ人　＊協立広告　間宮泰三社長】
交通広告の指定代理店の社長には個性的な人が多く、京王の媒体を昔から売って電鉄に協力してきたという自負を持っている。当社がハウスエージェンシーといって、新しく中に入って当社の思いのままに持っていこうとしてもそれは難しい。そういう中で間宮社長には代理店会の会長としてよくまとめていただいた。人格識見の高い間宮社長を会長として迎えた当社はどんなに助かったか知れない。

請負業務の代金回収と興行関連業務の見直し

その頃京王エージェンシーの本社は新宿副都心の住友ビルにあった。同じビル内に給食会社として成長しているシダックスがあり、当社は広告の仕事を受けていた。シダックスの子会社に小さなプロダクションがあり、ミュージカル「ゴールデン・ボーイ」の興業をてがけることになり、プログラムやポスターの制作などを当社で引き受けることになった。ところがそのプロダクションは全くの個人の会社で途中支払いについて不安定なところもあり、注意していたが、その社長が突然、バイクの交通事故で亡くなってしまった。だが、その会社には全く資産もなく、亡くなった社長にも弁済の余地は全くないことがわかった。

その会社と取引を始めたときには、シダックスの資本も入っているし、シダックスの志田社長も役員で入っているのを当社でも確認していた。ところがこのような事態になり、改めて登記書類を取ってみて驚いた。事故の翌日、志田社長は役員から外れ、資本も引き上げてあった。

早速、シダックスの志田社長に面会した。社長室の志田社長は真っすぐぼくの顔を見て丁寧に応対してくれた。

「沿線の優良企業の御社の子会社ということで信頼し、当社としても精一杯仕事をしてきました。

今回の不幸なできごとについて親会社としてもそれなりの責任を取っていただきたい」
「ビジネスマンの先輩として志田社長を尊敬してきました。私も京王エージェンシーの責任者として大きな負債を負うことになりました。何とかご配慮いただきたい」
「直接負担できないのであれば、今後御社の広告事業の仕事を当社に分けていただくよう配慮してください」

様々な点から話をし、提案をしてみたが、その間、約一時間、志田社長は瞬きもせず、じっとぼくの話を聞くだけで、一言も発することはなかった。そして社長室の外まで丁寧に送り出してくれた。

多額の貸し倒れが出たことで桑山社長に報告とお詫びにいった。社長はぼくをソファーに座らせてくれて、何時になく穏やかであった。
「そういうことはよくあることだ。だから、日ごろ取引先の支払いの状況をよく注意しておかなければだめだ。少しでもおかしいと思ったらすぐ対処することだ」

これは大変大きな勉強であった。志田社長の対応と桑山社長の指摘は、仕事上の取引についての心構えで大きな教訓となった。

【実践経営学 ＊代金の回収支払いの状況を常に注視する】
取引先からの代金の回収については、常に取引先の支払いの状況について注意を怠らないこと。少しでも異変があれば、素早く対処する。

代金の回収が出来なかったことで電鉄のトップから強く責められることになった。

「子会社で4千万円も貸し倒れが出るなんてこれは大変なことですよ」

あまり何度も指摘されるのでついぼくも言い過ぎてしまった。

「100億円も売上があれば3千万円、4千万円の貸し倒れぐらい出ますよ。そんなに貸し倒れのことを言うなら、電鉄は自社の貸し倒れをしっかり管理すべきじゃないですか」

「何を言っているんだ。鉄道は現金の先払いだから貸し倒れは無いんだよ」

「キセルが何十億もあるじゃないですか。キセルは貸し倒れですよ」

この一件があって以来、電鉄からは当社に対して興業関係の仕事は一切止めるべきとの指示があった。しかしオペラやバレエ、コンサートなどの仕事は魅力的だ。そこで受注の流れを整理し、大手の新聞、テレビからの受注のみにとどめ、興行側からの直接受注は止めることにした。そのため、テレビ東京などからの大きな仕事は継続できるようになった。

テレビ東京の大きな興業関係の仕事を長く続けて請け負うことが出来たのは担当の岡田課長を中心としたチーム力が大きかった。テレビ東京の長常務を初め担当の信頼を得て大きな仕事を任せてもらった。

【忘れられぬ人　＊テレビ東京　長裕常務取締役】

長常務はクラシックに造詣が深く、一人でヨーロッパやアメリカの劇場を丹念に廻り素晴らしいオペラやバレエを数多く招聘してきた。退任後は今まで集めた8000枚のDVDをゆっくり鑑賞するのだと言っていた。一度訪ねて見たいものだと思った。

勉強になったユザワヤの看板工事

井の頭線吉祥寺駅上の古いビルは住友銀行が買い取ってユザワヤをキイテナントとして活性化することになった。

ユザワヤは鎌田の本店で見るように、大きな広告看板に力を入れている。吉祥寺駅ビルでもあるので、早速セールスに行った。企画書と見積り書を提示すると、畑中社長は内容の説明を聞く前に、隣に座っている専務に確認するように言った。

「ほら専務、これだからオレは大企業が嫌いなんだよ。この金額は何だ。見てみろ、ウチの業者より4割も高いじゃないか。これじゃやだめだよ」

畑中社長は創業者のワンマン社長で気難しいと聞いていた。しかしここで引いてはいけないと思って、

「畑中社長、話を聞いてください」と提案企画について丁寧に説明をした。鎌田と吉祥寺ではマーケットが全く違うこと、デザインや素材のグレードアップが必要なこと、駅ビル内のサインの強化が必用なこと、さらに営業電車の上での工事なので仮設費用が多くかかることなどを説明した。

それまで説明をじっと聞いていた社長は説明が終わるといきなり立ち上がり、両手で握手を求めてきた。

「京王さんにお任せします。よろしく頼みます」

畑中社長の経営姿勢に学ぶ

ユザワヤの畑中社長からはいろいろ興味ある話を聞いた。以前、ある大手のゼネコンから、名古屋に手持ちの土地があることから、ユザワヤに出店の提案があったという。愛知県は畑中社長の故郷で、故郷に錦を飾る気持ちで直ぐに出店を決めて商工会議所の了解も得て、新聞発表もしたという。その後具体的な相談をするべくゼネコンの担当課長を呼んで次の週の土曜日の午後に打ち合せをしたいと話した。ところが担当課長から、翌日、

「部長に相談したところ土曜の午後は休みなので次の週の平日にしてほしいとのことでした」と、言ってきた。

この話を聞いて畑中社長は名古屋の出店を直ちに中止にしたという。

吉祥寺店の開発担当チームの中に個人の内装業者がいた。開業パーティの席でその社長にどうやって畑中社長から仕事を受けられるようになったのか聞いてみた。それはユニークな話で感心した。

その工務店の社長は、大手ゼネコンから紹介されて畑中社長に初めて挨拶に行ったとき、当時出たばかりの携帯電話の端末を2台持って行ったという。

「畑中社長にこの携帯を一台さしあげます。社長のことですからあの店のあの部分を改装したいとか、あの棚は変えたいとか、急にいろいろアイデアが浮かばれるでしょう。そんな時、夜中でも、トイレの中でも直ちにこの携帯のこのボタンを押してください。私の携帯にすぐに繋がりますから、私が何時でも直ちに伺います」

以後、畑中社長は全てこの工務店社長のところに相談したという。日常の営業でも畑中社長の鋭い商売感覚が徹底し、今日のユザワヤの人気の秘密がわかるような気がした。畑中社長から直接いろいろなエピソードを聴いて大いに啓発された。

「ある時、家庭雑貨売り場の責任者が僕のところにきて今度出たユニークな商品はたくさん売れると思います。扱ってもいいでしょうかと言うから、いいだろうと了解した。すると1ヶ月もしないうちにやってきて、社長、今回の商品は完売しました。また次に新しい商品を開発します、と自慢してきた。僕は、何を言ってるんだ。来月、同じものを求めて来たお客様にどう説明するんだ。そんな商売やってはだめだ、と叱ってやったんだ」

「またある時、玩具売場の責任者が来て鉄道模型を扱いたい、というので許可をした。ところが6ヶ月経って、さっぱり売れないので、取扱を中止します。申しわけありませんでした、と謝ってきた。そこで僕は叱ってやったんだ。鉄道模型がユザワヤにあることを知って、お客様が明日買いに来たらどうするんだ。そういう商売をしたらだめだ」

【忘れられぬ人 ＊ユザワヤ　畑中利元社長　商売はこうするんだ】

畑中社長は鎌田で毛糸屋を始めたとき、あらゆる色の毛糸を全部用意して、決して欠品の無いように心掛けたという。春、チョッキを編み出して秋になり、セーターにしようとデパートに行っても、もう同じ色合いはない。ユザワヤに行けばあると、広い商圏のお客様をファンにしてきたという。畑中社長からは「商いは厭きない」の本質を教えられた。

ホテルのプリント業務を一気通貫で

ホテルでは様々なプリントを必要としている。形状もプリントの点数も多種多様である。その多種多様なニーズに対応するプリントショップが電鉄本社近くにオープンした。店にはいろいろな素材に一点一葉の印刷をするサンプルがおかれていた。素材は紙だけでなく、ガラス、陶磁器、布、プラスチックなどさまざまである。驚いたのはプリントできないものは何もなく、水や空にもプリントしたいという夢をもっている。タイルやインターロッキングにもプリントして道路やテーマパークには売り込みをかけようとしていた。当社も広告媒体として関心を持った。マイプリントも大量のプリントに対応するため、多摩ニュータウンのビジネスセンターに大きな工場を建設し、クオリティの高いプリントを進めるためには制作環境のよい金沢に新しい工場をつくった。

ホテルのプリント関係の業務を効率化するためマイプリントと組んで「トータル・プロデュース・システム」を提案した。結婚式の日時と出席者のリストが提出されたら、招待状、席次表、名札、各種看板、礼状まで一連のプリントが自動的に制作されるシステムである。これをぼくは「一気通貫システム」と呼んでホテルのコンベンション受注に結びつけた。さらにマイプリントではプリントを入れたオリジナルの引き出物、記念品の受注に広げていった。

【忘れられぬ人 ＊マイプリント　品田良彦社長】

品田社長は実に発想の豊かな人だ。印刷は輪転機で大量印刷するという時代に一片一葉の印刷を発想。さらにどんな素材にも印刷したいというニーズがあると研究開発をすすめている。そのうち水や雲に名前が浮かび上がってくるかもしれない。

5章
「グリーン・オペレーション」プロジェクト

アースプライズ（グリーン・ノーベル賞）の創設

地球・環境・健康にかかわる活動をしているメテシステムデザインの森拓治社長からビッグな情報がもたらされた。

１９９１年、アメリカのクラウス・ノーベル博士によって新しくアース・プライズが創設された。この賞は地球環境保全に貢献した人々に与えられるいわばグリーン・ノーベル賞である。ノーベル・ファミリーの主査を務めるクラウス・ノーベル博士は、先祖の創設したノーベル賞はいわば地球破壊の賞で、これから大切なことは地球環境の保全と人間尊重の精神であるとして、地球環境保全の運動を起こした。そして地球環境保全のために貢献した世界各国の人々にグリーン・ノーベル賞が贈られることになった。１９９１年第1回はダライ・ラマ、テッド・ターナーら5人が受賞した。

そしてこの地球環境保全の精神は子供たちに引き継がれていかなければならないというクラウ

ス・ノーベル博士の強い意思に基づいて、子供一人にもアース・プライズが贈られ、子供たちを中心としたさまざまなキャンペーンが用意された。その一つは、1992年から走るアース・トレインである。レトロSLに200人子供たちを乗せてカリフォルニアを出発、途中各地でキャンプ・ファイアやコンサート、シンポジウムなどを重ねて地元の子供たちと交流をはかりながらワシントンまで走り、最後はホワイトハウスに入り大統領に謁見する。

この2つの事業、グリーン・ノーベル賞とアース・トレインは一体となって毎年全米の地球環境保全のキャンペーンを展開していく。また博士の構想は毎年新たにこの運動に参加する国を加えて、将来は世界中の運動に発展させるというものだ。

環境問題にはかねてから大きな関心を持っていたので、森社長を入れて、ぼくと、西野専務、草野ディレクターでまずプロジェクトチームを作って検討に入った。

まずはクラウス・ノーベル博士に直接会って話を聞かなければならない。そしてアース・プライズ表彰式をどのようにやるのか今年の式を見ておきたい。日本でやる場合は京王プラザホテルなので、京王プラザホテルの山田常務に同行してもらうことにした。アーストレインの方は西野専務にアテンドしてもらうことにした。

感動的なアース・プライズ表彰式

ワシントンに着いたその日クラウス・ノーベル博士に会って博士の構想について話を聞いた。第一回のグリーン・オペレーションにはコカコーラとアムウェイの大型スポンサーも確保して順調にスタートしたこと、表彰式は大成功でマスコミの関心も高かったことなど話があった。そしてこれから一国ずつグリーン・オペレーションの参加国が増えいくことを希望していると語った。

表彰式の前日ホワイトハウスの部屋で記者会見があるというので、出てみることにした。会見室に入ると記者が次々に入ってきた。しばらくすると一風変わった人物が入ってきた。皮のベストにジーンズ、カウボーイハットである。ぼくは一目見て彼ではないかと、驚いてつかつかと彼に近づいて行った。

〝You, John Denver!〟

〝You know me?〟

〝I met you more than 2hundred times〟

〝Where?〟

〝On your record-jacket〟

ジョン・デンバーは驚いた様子でぼくをその日の夕食に招いてくれた。レストランに行くとサイン入りのCD「Country Roads」をプレゼントしてくれた。彼は明日の表彰式でプレゼンテーターを務めるという。そのうちにバージニアに来てくれという。一緒にドライブして「Country Roads」を歌おうと言ってくれた。

翌日の表彰式セレモニーは感動的なものだった。ポトマック川河畔にある巨大なケネディセンターには大勢の人々が皆正装で集まっていた。クラウス・ノーベル博士はじめこの運動の推進者たちのスピーチの後、表彰式に移った。表彰状のプレセンテーターはジョン・デンバーとTV女優であった。一連の表彰式が終わると柔らかな音楽が流れ、会場は次第に暗くなっていった。すると会場の両サイドから子供たちが列をなして壇上にゆっくり上がっていく。子供たちは両手に何か抱えているようである。まだ真っ暗な会場の中、子供たちが正面のステージに並んだところで、こどもたちが抱えている大きなボールの中から光が出てホールが明るくなった。そのボールは地球であった。会場は次第に明るくなり、音楽に合わせて子供たちの合唱が会場に響いた。

式の後のパーティはとても華やかで、和やかなものであった。地球環境を守りたいという熱い気持ちを持ったたくさんの人たちと話をすることができた。

JR東日本とはアース・トレイン走行について原則協力する意向を確認した。運動を長い期間継続するための仕掛けとして全国民的な組織を作り上げることを考えなければならない。アメリカで協賛の実績のある、コカコーラ、アムウェイに対して日本でのグリーン・オペレーションの基本計画を提示して協賛を仰いだ。また多くの企業に参加してもらうために「グリーン・オペレーションステッカー」を用意してその商品を買っていただいた場合は一定の協賛金をいただく方式やクレジットカードと提携してカードでの購買に対してカード会社を通して一定の協賛金を提供していただくなど様々な方式を検討した。ノーベル博士の財団に対してはスポンサーの目途がついたら回答する旨伝えておいた。

ところが、1991年に入って日本経済はバブルが崩壊、平成不況に突入した。土地価格は急落し、銀行の不良債権は膨らみ、深刻な不景気に突入した。プロポーザルを用意し、企業を回ったが、事業の基本的な主旨については賛同を得たが、不景気に突入してどの企業も協賛のできる状態でないということであった。

1992年暮、ユナイテッド・アース財団のクラウス・ノーベル博士より次のグリーン・オペレーションの準備に入るため、3千万円のdepositを入れるように要請がきた。社内でよく協議したが、残念ながら本プロジェクトからは撤退することに決めた。しかしいつかこの運動はやらなければならないと思った。

【実践経営学　＊会社として意思決定する前にあいまいな意思表示をしない】

共同プロジェクトに参加する場合はきちんと参加の条件を明示すること。そしてその条件がクリアーするまでは、決してあいまいな意思表示をすべきでない。当事者だけでなく関連する企業に対してもそのことを明確にしておくことが必要である。

ケネディセンターのセレモニーからわずか5年後、小さな新聞記事で知った。ジョン・デンバーは自らセスナを操縦して事故を起こし天国に行ってしまったのだ。

【忘れられぬ人　＊ジョン・デンバー】

【その時の音楽　＊ジョンデンバー　カントリー・ロード】

以前、グレイハウンドバスでアメリカを一周した時、ワシントンからロスアンゼルスまでのアメリカの中西部の大自然を将来、自分のハンドルで走りたいと思った。その時はルート66をゆっくり走りながら、「カントリー・ロード」、「ルート66」などを歌いたいと思った。

6章
エリア・マーケティングの推進

日本臨床外科医学会

草野ディレクターが虎の門病院の秋山洋院長に挨拶に行こうという。秋山先生は1994年の「日本臨床外科医学会」の会長を務めることになったという。かねてから固めていた「京王によるトータル・コンベンション・システム」のプログラムを提示し、グループ挙げて対応したいと申し入れた。

お会いしてお話を聞くと秋山先生は中身のある大きな構想をもっていた。場所は京王プラザホテルでは足りない。秋山先生の故郷でもある舞浜の東京ベイヒルトン、および東京ベイホテル東急を3日間にわたって借り切ることにした。運営、学会プログラムの作成及び全体の運営は秋山先生を中心に、虎の門病院および京王エージェンシーのプロジエクトメンバーがあたった。会場、宿泊、送迎バス、観光ツアーなどの手配は京王観光、記念品、備品等の手配は京王百貨店、会場内の書籍展示販売は京王書籍販売が担当した。

学会の内容を充実させるために「機能水シンポジウム」の国際会議を併催して通産省の紹介を得て日本自転車振興会の助成を得ることができた。

結果的に参加者は学会４３００名、シンポジウム１４００名と例年より盛大な学会とすることができた。

【忘れられぬ人　＊虎の門病院　秋山洋先生】

外科医として国際的に高名な秋山先生は大きな構想から細部の段取りまでよく、目が行き届き、決して妥協を許さない先生だった。また、連日の長時間手術の合間、軽井沢の別荘までジープで駆けたり、時々ヴァイオリンを弾いたり、秋山先生は実に幅の広い先生であった。秋山先生の指導を受けながら、大きな学会の仕事が出来たことはどんなに勉強になったか知れない。先生に接した時間はそれほど長くはなかったけれど、それはとても充実した日々であった。

サントリー工場見学者倍増計画

サントリーの府中ビール工場の大久保事務長から相談が入った。工場見学者を増やしたいという。なんでも過去の見学者からアンケートを取ったところ、見学者の4割の人がブランドスイッチをしていることが判ったという。早速工場へ行って事務長から話をきいた。

「見学者を2、3割増、できたら5割増しにしたいのですが」

5割増しと聞いて俄然やる気がでてきた。

「事務長、見学者を倍増する目標を立てましょう」

今までお客様は工場見学の広告を見て府中の駅から路線バスを使って近くまで行って、さらに歩いて工場に行っていた。もっと行きやすい仕掛けを考えたい。

まず、京王線のマド上ポスターを常時掲出する。府中の駅から工場までのシャトルバスを運行する。そのシャトルバスはモルツをデザインした楽しい専用バスとする。シャトルバスそのものが動く広告塔になる。バスは東京特殊車体というところで製作、バスの運転手は京王自動車のタクシーOB運転手とする。見積もりを提出し、サントリー側の了解を得た。

ところがここで大きな問題がでた。電鉄の自動車部から無料のシャトルバスをだされたんでは、路線バスの乗客が減るので困る。シャトルバスの運行を自動車部に委託するならいい、ということだ。しかし、電鉄のバスをシャトルバスとして使用し、運転手は電鉄現役の運転手の2人乗務ということになると、費用は倍増、とても受け入れられない。当初計画のとおり、行いたい旨伝えると、

「それなら府中のバスターミナルは使わせない」という。

仕方なくバスを分倍河原駅から出すことにした。近くの工場を持つ各社のシャトルバスの共通バス停留所に入れてもらうことにした。ところが、サントリーの本社内では府中駅発着で了解を得ているので、分倍河原駅では承知できないということになった。ぼくは市場開発本部の田中市場開発部長に説明した。

「府中駅は確かに中核駅でわかり易いが分倍河原駅の方が営業的には有利です。分倍河原駅は国鉄の南武線が乗り入れているので南武線沿線のお客様も誘導できます。そして駅の乗降客は府中

よりも分倍河原の方が多くなっています」。田中部長には了解をいただいた。
社内ポスターとシャトルバスの連動で、見学者は倍増した。

神奈川国体受注

1998年（平成10年）「かながわ・ゆめ国体」が行われることになった。神奈川県を中心に47競技が開催され、3万人が参加する大きな国民体育大会である。当社としても何とか広告の仕事を受注したいと考えた。東急エージェンシーでも社内にチームを立ち上げて検討に入っているという。しかし国体という大きな大会は、従来電通などの大手の広告代理店に仕切られてきているので、中小で受注するのはなかなか難しい。そこで広域エリア・マーケティングを組立てることを考えた。神奈川県を走る私鉄5社のハウスエージェンシーの連合体ＴＯＫＫＳ（東急・小田急・京急・京王・相鉄）で国体全体を受注する。ＴＯＫＫＳの沿線人口は1800万人、電車、バス、タクシーの交通機関、百貨店、スーパーなどの店舗などの機能を総動員して効率的かつ有効なマーケティングを展開する。

早速、東急エージェンシーの渡辺惇常務に会い了解を得ると5社の責任者を集めて検討に入った。東急エージェンシーが中心になってＴＯＫＫＳのプロポーザルを県の大会準備室に提案した。結果、かながわ・ゆめ国体の仕事はＴＯＫＫＳを中心に受注することができた。

このＴＯＫＫＳの広域エリア・マーケティングの仕掛けはナショナルクライアントに対しても新しい有効な広告提案ができると思った。

7章
レストラン京王の再建

こんな始末書は見たことない

1998年（平成10年）6月、社長としてレストラン京王に異動した。赤字となった会社を再建するというミッションであった。レストラン京王は1977年以来21年ぶりの勤務である。

レストラン京王に初めて出社すると、早速、問題が待っていた。レストラン府中店の店長が2年間にわたって売上金を不正に処理していたことが判明、前任社長とともに始末書を持って電鉄の桑山社長のところに謝りに行くよう指示された。不正の内容を聞いて早速始末書を書いて桑山社長のもとへ向かった。

社長室に入ると、

「堀井君は就任早々始末書か」

お詫びを終わって社に帰り、デスクに着いたとたん桑山社長から電話が入った。

「俺も今まで始末書を何十通もらったか知らないが、今日のお前のような始末書は初めてだ」。

ガチャッと電話は切れた。どうも社長はえらく怒っているような様子だった。

ぼくは、素直な気持ちで次のように始末書を書いた。

『このたびレストラン府中店において店長によるこれこれの不正がありました。ハインリッヒの法則の通りこのような事故は他にもあるはずだし、これからも無くなりません。ただし、これからは不正があったら直ちに発見できるような仕組みにします』

不正は店長が売上金の一部を売掛に回してそのまま売掛金の請求をしないで長期間操作したものだった。

ぼくは直ちに椎名経理部長に全店の売掛金の実態をチェックするように指示した。すると同じような不正が他店でも発見された。関連事業部長に報告すると始末書のひな形を持ってきた。ひな形の通りに書いて今度は一人で桑山社長に持っていくように指示された。

『このたびは〇〇店においてこれこれの不正がありました。大変申し訳ありません。二度とこのようなことの無いようにいたします。ついては寛大なるご処置をお願いいたします』

どうしてもひな形通りに書く気になれず、

『売掛金は毎日日報で本社に報告、売掛金の請求は本社から送るようにします』と書いて持って行った。

始末書を持って社長室に行くと、ソファに座るように促された。社長は珍しく笑顔で言った。

「お前のこの前の始末書の意味が今分かった。それにしてもいろいろやってくれるものだね」

不正は頭のいい人間が必死に考えてやるものだ。通り一遍の管理では無くすることはできない。

不正のできないようなシステムを作ることだ。

　大きな事故が起こると大概習慣的な処罰がおこなわれる。本人の懲戒解雇、上司の管理不行き届き、社長の引責処罰は納得できるが、金銭に絡む事故の場合は経理部長にも及ぶという。ぼくは経理部長がいちいち現場の担当者を管理監督できるわけがない、処罰の対象から外すべきだと主張した。しかし本社は、グループ全体の方針ということで聞いてもらえなかった。仕方なく減給処置にしたが、次の査定の時、減給分をカバーする増額を行った。

　ただ今回不正を働いた副店長は、グループ他社で不正を行った者をレストラン京王の当時の社長がレストラン京王の社内に相談せずに転籍させ副店長に待遇したことが判明した。そこで、その当時の社長には相当な責任を取っていただくように処置をした。

【実践経営学　＊ハインリッヒの法則】

　1：29：300は労働災害発生の経験則である。これは失敗や不正行為などの発生にもあてはまる。小さな事故の発生から対策をたてて事故防止に努めなければはならない。

【実践経営学　＊人は信頼しても信用しない。不正のできないシステムを考える】

　鉄道ではキセルが一般化している。これはモラル破綻の原点だと思っていた。これもICカード導入でキセルはできなくなった。会社のあらゆる面で不正が出来ないシステムを考えるべきである。

【実践経営学 ＊処罰は実態に合わせて厳しく、かつ公正に】
不正に対する処罰は、社内やグループの慣行に合わせて形式的に行うのでなく、実態に合わせて公正に、かつ、厳しく行なわなければならない。

レストラン京王の再建に着手

レストラン京王はその4年前の1994年、京王八王子の駅ビル京王21に大型レストランを4店直営で出店した。以前のレストラン京王の経験で見たように直営で大型レストランを経営するのは難しく、大きな赤字を出して撤退することになった。前任の社長が店舗の撤収と赤字の処理をしてぼくの引き継ぎとなった。

20年ぶりにレストラン京王に来てみると、レストラン、喫茶、食堂などが残っているが稼ぎ手はC&C数店だけという実態で、社員のモラールはすっかり低下してしまっていた。何とか社員のモラールをあげるとともに、飲食店として最も大切な「サービス」「衛生管理」の2点の水準を徹底的に上げなければならないと思った。

クリンリネス課長を専任

事故は金銭に関する社員の不正ばかりではない。全店を巡回して気が付いたのは店の衛生管理について、ハインリッヒの法則でのハット、ヒヤットである。衛生面で事故を起こしたら、致命傷になる。その対策を徹底することにした。

まず全社の衛生責任者を設定した。クリンリネス課長である。とにかく朝から晩までクリンリネスについて考えている人がいることが大事だ。従来一年に一度保健所の指導をC＆C受けていたが、もっと日常の衛生対策に真剣に取り組んでいる企業の力を借りたい。その面で特に熱心な会社は給食会社である。ぼくはグリーンハウスの常務をよく知っていたので、グリーンハウスの社長に会って力を貸してくれるようにお願いした。

新しくクリーンリネス課長となった北崎課長は、グリーハウスの専門チームの力を借りて、全店の設備・運営を点検、衛生管理の徹底的な改善を図った。また、北崎課長は毎日全店舗の隅々まで目を配り、熱心に衛生管理に努めた。

サービスの本質を再確認

20年ぶりにレストラン京王に帰ってきて全店を廻って感じたことは、とにかくサービスの基本が崩れてしまっているということだった。およそお客様にお買い上げいただいて商売をしているところでは、「お客様にいかに満足していただけるか」ということが一番大切である。特に飲食店やホテルでは、メニュー（商品・価格）だけでなく、アトモスフィア（店舗のデザイン・清潔感）とサービス（接客サービス）が大切である。そしてこの三点が。よく調和していないとお客様に受け入れられないのだ。伝統的な組織の会社が飲食店をつくるとき、よくこの点が見落とされる。それは店舗の設計・建築とメニュー・調理人と店舗管理・接客サービスの担当セクションがそれぞれ別々になっているためになかなか三点の調和が取れないのだ。

そこへいくと、オーナー経営の店舗ではオーナーがすべての方針を自分で決めるため、対象顧客に対する三点のねらいがはっきり調和しているし、その方針も徹底している。

とにかくもう一度サービスの原点に立ち返って会社を作り直さなければならない。

幸い、八王子の大型店の整理、全社の赤字対策に奔走してきた田中茂生常務は若い社員たちからの信頼も厚いので、力を合わせてやればレストラン京王の再建はかなり早くできると確信した。

【実践経営学　＊商業界ゼミナールサービスの本質】

「誓い」

あなたの今日の仕事はたった一人でもよい

この店に来てよかったと満足してくださる

お客様をつくることです

あなたがいるおかげで一人のお客様が

人生は楽しいと知っていただくことです

イエロー・カード・システムを導入する

商いは飽きない、毎日の積み重ねである。お店のスタッフがお客様に対して毎日心のこもったサービスを怠らないことが大切である。お店に入るとすかさず「こんにちは!・いらっしゃいませ」と明るい声がかかる。笑顔の目が輝いている。ユニフォームも清潔だ。お店の床やカウンターは清掃が行き届いている。サービスもスピーディだ。カレーソースの温度もいい。ライスも美味しく炊き上がっている。福神漬けやラッキョウもきれいなケースの中にたっぷり入っている。よく冷えた水も用意されている。カレーライスが美味しいだけではお客様はリピートしない。清潔な店舗と気持ちの良いサービスがあるからこそ、また来ようと思うのだ。お店のスタッフの仕事はとにかくいかにお客様に満足していただくか、に尽きる。

C&C全店を回ってがく然とした。また来ようと思っていただけるような状態ではないのだ。根本的に改善しなければならない。しかも早く。田中常務と相談してイエローカード・システムを導入することにした。

ぼくはスポーツショプに行ってサッカーの公式イエローカードとレッドカードを買ってきた。同じサイズ・色のカードを紙で作った。日付・店名・担当者・サービス・店舗・衛生状態を、その時、その場でカードに書いて本人に渡すようにした。カードは店長経由で本社に上がる。イエローカード一枚でボーナス五万円カット。イエローカード二枚・レッドカード一枚で退場だ。社員は降格、アルバイトは解雇にした。1人のお客様を失うことは全従業員に対して損害を与えることになるからだ。

ペナルティカードだけでは何とも威勢が上がらないので、ポイントカードも用意した。格別によくやっている時は大いに褒めなければならない。ポイントカード一枚でボーナス五万円プラスになる。

イエローカードは初年度確か60枚ほど書いたと思う。しかし、翌年は10枚ぐらいに減った。うれしかった。改めて全従業員に「誓い」の言葉を徹底させた。

イエローカードで5万円は厳しすぎるとか、レッドカートで解雇しては困るとか、新しいルールに対してはいろいろな意見がでる。肝心なことは、ルールを作ったら妥協しないで徹底的に実行することである。

そしてこれは社員の業績評価や教育のためにやるのではない、あくまで、お客様のためにやるんだという信念でやらなければならない。そのためには公平に、そして絶対に妥協しないでやらなければならない。

レッドカードの処分は妥協しない――高尾店転換

ある日、郊外の駅前にあるC&Cカレーショップに行った。比較的新しい小さな店である。隣はやはり自社で営業を始めたばかりのコーヒーショップ「ドトール」である。

外から見ると、カレーショップの店内にはお客様が1人カウンターで食べている。スタッフは見当たらない。おかしいなと思いつつ、自動ドアのノブに触れると「チリンチリン」とベルが鳴った。すると、ベルの音で奥のカーテンで仕切られた控え室から男の子と女の子が飛び出してきた。うまくできているものだ。二人はわたしが自動券売機のメニューを押すのを見ただけで、素早く玉子カレーを盛り付け、トレーに載せてカウンターに置いて「ありがとうございました」というが早いか二人して奥に引っ込んでしまった。しかも丁寧なことに、男の子が手でカーテンを引き上げ、女の子を控え室に導いていったのだ。あまりの手際のよさに感心しながら玉子カレーを食べはじめたが、二人はそのまま出てこない。食べ終わったのでカーテンの隙間から中を覗いてみると、二人は並んでソファに腰掛け、足をテーブルの上に投げ出して漫画を見ていた。もちろんレッドカードだ。

ところが翌日ぼくの部屋にきたC&C事業部長と総括店長が「二人を辞めさせないでください」という。あんな小さな店にはなかなか次のアルバイトが集まらないというのだ。「それなら君たちで穴埋めすればいいじゃないか」と言ったが、それは難しいという。「本人たちによく言い聞かすので今回は許してほしい」というのだ。ぼくはそれ以上議論したくないので、話を打ち切った。そしてすぐ開発部長を呼んで指示した。

「すぐにC&C高尾店を閉鎖して隣のドトール高尾店を増床してくれ」

「イエローカード・システム」を導入してから最初の1年で、レッドカード4枚、イエローカードを60枚出した。翌年はレッドカードはなく、イエローカード6枚となった。やはり仕事はいつも緊張感をもってやらなければならない。そしてこれは社員の業績評価や教育のためにやるのではない、あくまで、お客様のためにやるんだという信念でやらなければならない。そのためには公平に、そして絶対に妥協しないでやらなければならない。

部下の人事考課は上司がやるのではない

とにかくお店の巡回はまだぼくの顔が知られていない内がいい。笹塚店に入った。客席は空いているのでウェイトレスはいない。ソファに座ったら厨房の方からウェイトレスがやってきた。オシボリとお水を置いてニコリともしない。オーダーを受けるとまた、そそくさと厨房の方に帰った。厨房の奥の方を覗くと、パーラー・スタッフが壁に背をもたれて、たばこを吸っている。

そこに待ち合わせをしていた佐藤営業部長がやってきた。部長が店に入ると店の雰囲気はガラッと変わった。ウェイトレスはニコニコしてでてきた。厨房のスタッフも急に忙しそうに働き出した。

人は会社で仕事をするのは給料をもらうためだ。少しでも高い給料をもらいたいから人事考課を気にする。給料の多寡を決めるのは上司による人事考課だ。従って社員は上司の方を向いて仕事をする。お客様に対してニコリともしない社員も、上司がくるとニコニコする。社員は、給料は上司つまり会社がくれるものと思っている。女房は、亭主が稼いで給料をくれるのではなく、銀行が給料をくれると思っている。

それでは、社員は本当に上司の言うことを聞くかと思えば、そうでもない。なぜならその上司は予算権限も人事権も持っていないことを知っているからである。日本の伝統的な会社は機能が分化し、予算は経理部、人事は人事部が本質的な権限持っている。現場や関連会社でよくやっているからと評価を出しても、「全社のバランスがとれない」と却下されてしまう。またその評価そのものがどれだけ客観的に妥当なのかもわからない。肝心なことは全員がどちらを向いて仕事をするかということである。会社なのか、上司なのか、それともお客様なのか、ということだ。その点アルバイトの方がまだいい。お客様に対してサービスして時給いくらだから、お客様の方を向いている。少なくともあまり上司のことは考えない。

とにかく本当に給料をくれる人に人事考課をしてもらわなければならない。本当に給料をくれる人は誰か。むろんお客様である。だからお店の従業員の評価はお客様にしてもらわなくてはならない。本社のスタッフの評価はお店の従業員が、上司の評価は部下が行うべきである。それではお客様にどうやって評価してもらうかであるが、単純である。お客様の総合的な評価の通信簿が店の決算書である。

昔、シカゴでGMの工場を見学したことがある。まだ日本車たたきの起こる前である。広大な工場を一望するデッキの上で説明を聞いた。長大なベルトコンベアに乗って車がつぎつぎに組み立てられていく光景は圧巻であった。千人はいるであろう従業員の管理は、それぞれのブロックごとに配置されたマネジャーが行なう。管理する人数はそれぞれのパートの業務によってまちまちだが大抵7〜15人ほどだという。マネジャーはそのチーム全員の給料から時間、経費その他一切を管理する。そのチーム員の予算権限・人事権限を握っている。だからチーム員にとってマネジャーは上司というよりもボスである。ボスの言うことは絶対である。日本では直接の現場リーダーはほとんど権限を持っていない。人事権・予算権限を持っているのは本社の一般管理部門である。従って日本での管理者はマネジャーではない。いわゆる見張り役、いや見張りもしないでただ権限にしがみついて自らの地位に固執する部門になっている。お客様の動き、現場の実情を知らない一般管理部門がいかに全体の能率を阻害しているか考えさせられた。第二次世界大戦の敗北、現在の日本企業の非生産性、日本社会の非能率は全て大本営、官僚、一般管理部門に問題があるんだなと思った。

ニチレイ招待で天童工場視察—缶詰化の後日談

C&Cのカレーソースは焼津の日本冷蔵主力工場（当時）で缶詰化にした。その後20年ほどしてぼくは再びレストラン京王に勤務することになった。異動後すぐにニチレイの手島忠社長から直接電話をいただいた。C&Cカレーは今はニチレイの主力商品となっていて、天童の主力工場で生産している。一度山形に来てほしいということだ。

C&Cのチェーン展開はあまり進んではいないが、その後レトルトパック化してスーパなど外販に力を入れて今では日産一万食ほどになっている。招待に応じることにした。

山形天童にあるニチレイの主力工場は現在山形ニチレイフーズが経営している。訪ねると旗生社長、坂本常務工場長が歓迎してくれた。先ずは工場内を案内してくれた。大きな製造タンクが30機ほど並んでいた。

「今これら製造機は全部ロートマットになっています。あっちの隅にある小型のタンクを見てください。あれが20年前京王さんのカレーを初めて作ったロートマットの一号機ですよ。京王さんのカレーは日本の缶詰生産の歴史を変えたんですよ」工場長の説明を聴いて20年前、焼津で初めて試作した時のことが懐かしく思い出された。

手島社長は昔本社の商品開発部の隣りにいて、ロートマット導入の経過をよく知っているということだった。社長から直接ご案内をいただいて改めてニチレイの皆さんに感謝した。

翌日ゴルフを楽しみ、上の山温泉の「古窯」の露天風呂に浸かっていると、また「旅笠道中」が口をついて出てきた。

レトルト新宿カレーの開発と外販

C＆Cはその後店舗の開発は進まなかったが、C＆C開発当初の構想の通り、業務用カレーソースとして全国に売り込みを進めてきた。東武など私鉄の本社を通してグループのスキー場などに販売した。また、、小売り用のレトルトカレーを開発して「FC東京カレー」とか「新宿カレー」のブランドで、観光地の売店、ドライブイン、ストアー店舗等、つぎつぎに販路を広げた。そのおかげで、「C＆Cカレー」は今では一日一万食にまで扱いを伸ばしている。

【忘れられぬ人 ＊レストラン京王 永澤特販部長】
永澤部長は営業に特に熱心で全国の企業を回り、C＆C店舗以外でのカレーソースの販売に大きな実績をあげた。

C＆C都心出店を加速

都営新宿線が開通して新線新宿駅ができる。事情を聴くと、新しい駅改札横には、すでにコンビニなどの出店希望が多く、当社は後手に回っているようだ。早速東京都交通局の戸澤文明局長に面会して当社の出店を要請した。

「局長、この場所は新新宿駅の構内です。鉄道側の都合で店舗に対しいろいろ無理な要請をする必要性もでてきます。当社は新駅の運営を担当して京王と同一会社です。鉄道側の要請に合わせてどのようにも対応いたします。当社に出店をお任せください」

C＆C新線新宿店はカウンター椅子のオシャレな店舗にデザインした。そのため立食のC＆C

1号店と異なり、若い女性の入店も増えた。新宿にはさらに路面店も出店し新宿駅周辺のC＆Cは3店となった。

さらにその後高田馬場など都心店の出店に傾注した。

鹿児島にC＆Cフランチャイズ店開店─九州地区開発本部長任命

ある時、C＆Cの出店希望の電話が入った。場所は鹿児島県姶良町の国道沿いに100坪あるという。

「どうしてC＆Cを知ったのですか」

「息子が東京の大学に行っていて毎日C＆Cで食べていて、鹿児島に帰ってくる度にC＆Cをやれと言うんですよ」

市場調査をしていけると判断したのでフランチャイズC＆C鹿児島姶良町店を出店した。

洋品店などを経営する松島屋の犬伏幸久社長夫妻は交際が広く、近くのバーを借り切って盛大なオープン披露パーティを開いた。飲めや、歌えや、踊れやの楽しい鹿児島の夜だった。

店は順調に営業を続けて、半年ほどして犬伏社長が息子さんを連れて当社にやってきた。

「この息子がこの春大学を卒業するので、店を息子に任せようと思う。ついてはしばらく御社で研修をさせてもらいたいのですが」

ぼくは一瞬考えた。総務にすぐに手作りの名刺を用意してもらった。

名刺には次の肩書を付けた。

『株式会社レストラン京王九州地区開発本部長』

「せっかく大学を卒業したんですから息子さんには大いに活躍してほしいと思います。九州地区の開発をすべてお任せします。御社のサブフランチャイズを出店してもいいですし、レトルトカレーの外販もどんどんやってください」

この仕組みで全国地区ごとに開発本部長を展開すればいい。カレーの配送はニチレイの全国配送ルートが生きてくる。

コーヒー・ショップ「ドトール」の展開

郊外の店舗としてはコーヒー・ショップがいい。コーヒーショップの業態開発は時間がないので、フランチャイズにしようと思った。

電鉄の西山副社長に相談したら、

「君は昔、渋谷で喫茶店を自分で開発したじゃないか。直営で出来ないのか」

「たとえコーヒー・ショップといえども一から組み立てるには相当の時間がかかります。コーヒー・ショップはこのところ競争が激しく各社相当研究が進んでいます。ノウハウのあるところの力を借りる方がベターです」

コーヒー・ショップについては比較検討した結果ドトールが一番良いとの結論に達した。

何よりもレストラン京王の本社に近い府中駅2階にある店舗が気に入った。

フランチャイズの申し入れを行うため沿線の大きな図面を用意して鳥羽博道社長のところへ

伺った。

「社長、当社はC&C事業を順調に展開してきていますが、新しい業態としてコーヒー・ショップの展開を考えています。京王沿線を中心に現在20ヶ所の出店場所を用意しています。いろいろコーヒー・ショップは検討しましたが、御社のドトールが一番優れていると思います。ついては御社のフランチャイジーとしてやっていこうと思いますのでよろしくご指導いただきたい」

「それは大変ありがたいことです。当社も全力を挙げて協力します」

「当社は今後浮気せずにドトール一本でいきますので、京王土地に出店している御社のお店は、レストラン京王に大政奉還していただけないでしょうか。そのままドトールのフランチャイジーとして営業を引き継ぎたいと思います」

「わかりました。堀井社長がそこまで仰るなら、聖蹟桜ヶ丘店はすぐに引き渡します。ただ、府中店は当社の大型店としていろいろなテストをやっているところです。もう少し時間をください」

ほとんどの私鉄とやり取りをしている鳥羽社長はさすがにすぐには譲ってこなかった。鳥羽社長、副社長とはその後親しく仕事をしたが、二人からはいろいろな面でいい勉強をさせていただいた。

【忘れられぬ人 ＊ドトール 鳥羽博道社長】

鳥羽社長はコーヒー・ショップ業界で優れたトータルのシステムを開発した。コーヒー農園の経営からお客様に受け入れ易いリーゾナブルな店舗システム、フランチャイズ・システム、社員の教育システムまで、よく出来ている。コーヒー業界をリードする鳥羽社長には学ぶところが多かった。

森健寿元総務部長時代小説大賞受賞

1998年（平成10年）思いがけないうれしいニュースが飛び込んできた。レストラン京王発足当初から一緒に仕事をし、業界の先輩として尊敬してきた森健寿（平山寿三郎）さんが講談社・TBSの第9回時代小説大賞を受賞した。以前は忙しい毎日で小説を書く暇もなかった森さんがレストラン京王を定年退職して初めて書いた小説「東京城残影」がいきなり大賞を受賞したのだ。ぼくはレストラン京王発足当時、毎日夢を語り合ったことを思い出してうれしくてたまらなかった。森さんはとても心が暖かくみんなから慕われていた。お酒の席で歌う歌は何時も「神田川」で、ロマンチストだった。そして仕事の上でも何でも、抜群の記憶力を発揮した。授賞式の友人代表あいさつはそのことを述べて、古希になってこんな大賞をもらうなんて、われわれシルバー世代の誇りだと述べた。

間もなく、「東京城残影」は明治座で上演された。終わって森さんについて楽屋を訪ねたら、山本冨士子が「先生ありがとうございました」と迎えてくれた。そうだ森さんは先生になったんだ。

【忘れられぬ人　*レストラン京王　森健寿元総務部長】

森部長は若くして京王映画に入社、京王ストアに移ってからは外食部門の中心として活躍、リーダーとして常に若い社員を指導してきた。レストラン京王では総務部長として社内をよく纏めてきた。人間的に大きな人で社員の信頼も厚く僕もどれだけ助けられたかしれない。その後定年退職してから著述業に専念、初めて上梓した「東京城残影」が時代小説大賞を受賞、新橋第一ホテルの授賞式では、僕は友人代表として祝辞を述べた。

8章
京王パスポートクラブに復帰

2001年6月、京王パスポートクラブに復帰、社長に就任

1985年京王パスポートクラブを設立し、グループ統一カード事業をスタートしてから1年で担当をはずされた。しかし、会社、カードはそのまま存続して、業務は京王百貨店の管理下に入り、以後16年間順調に営業を続けてきている。パスポートカードの会員は50万人を超え、取扱高はクレジットだけでも300億円超える水準になってきた。

パスポートクラブが存続し、パスポートカードが生き残ってこられたのは、西山会長のお陰であった。カード事業立ち上げのとき住友信託銀行から電鉄の副社長として来られ、その後社長、会長となった西山会長は、一貫してグループ統一カードの意義を唱え、ずっと京王パスポートクラブを支えてきてくれた。

これまで西山会長は電鉄の経営企画部に指示して京王パスポートクラブの様々な体制強化を進めてきたが、今回ぼくが京王パスポートクラブの社長に就任するに際して、西山会長からは更に

一段と体制を強化するよう指示をいただいた。そしてさらにパスポートカードを通してグループの再結束を進めるために、電鉄の三枝社長から電鉄取締役の指名をいただいた。

グループ共通ポイントの完成

パスポートカードの特典は従来各社ごとの割引特典であったが、特典をさらに魅力的にするため各社の特典を割引からポイントに変更し、そのポイントを合算して、共通ポイント券を発行することにした。しかし、ポイントを合算することについて各社の抵抗が強く、特に京王百貨店、京王ストア、京王アートマン3社の社長はなかなか譲らなかった。ぼくは3社の社長と個別に会い、グループ共通カードの原点に帰って、共通ポイントに賛同するよう説得した。そして間もなくグループカードのポイント合算はグループ全社の賛同を得て実現することができた。

カードシステムをVISAで開発

カード会員も増え、カードに関する様々なサービスが拡大するとともにカート周辺のコンピュータシステムの整備が必要になってきた。今までは自社のパスポートカードに関わる処理は百貨店の富士通システムで開発してきたが、本格的にカードのコンピュータシステムをトータルで開発するとなると、15〜20億円もかかるといわれている。将来の新しい機能の追加や変更のことを考えると、VISAのサミット・システムに相乗りしたほうが得策だと思った。

そこで、今まで残っている京王百貨店会員のカード「KCカード」を一斉に「PASSPOR

T－VISA」カードに切り替えるというインセンティヴをVISA側に提供して、できるだけ安価で早くトータルなカードシステムを開発するよう申し入れた。

従来コンピュータシステムを開発する場合、OEM指向が強く、システム開発は往々にして時間、費用がかさんでしまう。ぼくは企業の競争はコンピュータのシステムでなく、サービスの中身だということを忘れてはいけないといつも思っていた。そこでコンピュータシステム開発のルームには必ず次の標語を掲げた。

3S Simple Speed Spirit

9章
京王グループがかかえる課題についての提言

京王グループのかかえている課題

2005年6月、京王電鉄取締役、および京王パスポートクラブの社長を退任し、京王パスポートクラブの相談役となった。これからはグループの戦略について提言をしたり、グループ各社の若い人たちに対して講演をしたりアドバイスをしていこうと考えた。

今まで、その時々の仕事に関係することではなく、気がついたこと、考えたことをいろいろな機会に提言をしてきた。これからは時間的に余裕ができたので、それらの中から特にグループ全体に関わる重要と思われる提案をピックアップして見直しをした。

グループマーケティングの強化

突き詰めて考えれば京王グループの使命は、世界中から良い商品、サービスを集めて沿線の100万世帯、300万人のお客様にデリバリーすることである。それぞれのカテゴリーに分かれた店舗をばらばらに展開するのではなく、必要なところに必要な商品を機能的に提供する場所を確保しなければならない。

さらにキメの細かいサービスを展開するために、人口300万人、300平方キロメートルの沿線エリアを100のブロックに分けて100か所のグループ営業所を設置する。そこに10人の営業マンを配置して御用聞きと通販・宅配のサービス・ネットワークを構築する。

1千人の営業要員は関接部門の効率化で生み出す。

京王沿線は最終消費需要7兆円という大きいなマーケットである。このマーケットにおける当社グループのシェアを5・5%から少なくても15%にもっていきたい。

グループ共同仕入れによるコスト競争力の強化

グループ共同仕入れ機構をつくり、食材を中心とした2千億円の仕入れ原価について生産から流通機構の改革をおこなう。コスト削減の目標は総仕入れ額の5%100億円である。商社や大手流通企業と組んで生産から新しい流通システムを考えたい。

人材の確保

電鉄の大卒一般職では入社希望者は4千人を超えるという。その中から入社試験により20~30人を選ぶ。だから非常に優秀な人材を確保しているという。しかし、希望者の母集団全体のレベルが問題である。鉄道会社として採用するのではなく様々な事業を展開しているグループ企業としての魅力を打ち出して人材のレベルアップを図るべきである。

また これからのＩＴ時代では、企業間の戦いは社員数ではなく、大将の戦いとなる。トップ中枢のレベルが重要である。応募してきた中から選ぶのではなく、優秀な人材を会社側から能動的に獲りに行かなければならない。

また、京王ビジネスアカデミーを創設してレベルの高い実務教育を行なうべきである。

10章
提案「万里の長城プラン」

京王グループが抱える課題

戦後、新生京王電鉄株式会社の初代社長であった三宮相談役から聞いた話がずっと耳を離れない。

「私鉄経営で大切なのは土地と人だ」

もともと東京と八王子を結ぶ京王電車は「京王電気軌道」として甲州街道の上に敷設された。専用軌道でなかったので土地を持っていなかった。三宮相談役は私鉄会社として成長していくには土地と人が大切だということを痛感されたのだ。しかし戦争の被害も大きかった当社は貧乏会社で土地を買う金がない。そこで三宮社長は全社に号令をかけた。

「沿線の沼地という沼地を買え」

沼地なら当時は二束三文で買えた。第一期の宅地分譲は千歳烏山〜仙川間の湿地帯からスタートしたのである。

その後、当社は大型の宅地分譲を次々に進め、百貨店やホテル事業にも進出して私鉄グループとして大きく発展した。これからデベロッパーとして大きく伸びていくためにはやはり土地の確保が重要課題である。しかし京王沿線が大きく発展したために沿線の土地もすっかり高騰してしまった。そのため商品土地の確保も極めて難しくなっている。

京王が抱えているもう一つの課題は鉄道の複々線化の課題である。沿線の開発が進み住民が増えるとともに鉄道利用者も急激に増えてきた。車両運転間隔の短縮に努めてきたが、これは踏切の遮断時間が長くなり開かずの踏切が増えて社会問題となってきた。都市交通の中で鉄道の複々線化は喫緊の課題となっている。

高架複々線は非効率

輸送力増強と踏切の解消のために、首都圏の鉄道各社は順次高架複々線工事に着手している。しかし、高架複々線化は多額の費用がかかる。先ず、高架複々線にするためには在来線と同じ土地を新たに買収しなければならない。鉄道側は高架複々線にしても増収効果は認められないので自治体や国の助成を仰ぐ。自治体や国も予算があるので、緊急性を配慮して工事時期を指定する。勢い、時間がかかる。さらに鉄道側にとっても助成を受けると取得した土地や施設の商業的な利用については制約がかかる。それに高架複々線が完成しても高架下の利用価値は低い。さらに高架複々線の上部は全く活用できない。

地下二層複々線と万里の長城

複々線化と商業用土地の確保を合わせ技で実現する方法は在来線直下の二層複々線である。これは先ず、新たに土地を取得しなくても出来る。地下の複々線化工事が終わったら、地上の在来線を撤去する。線路敷幅12メートル長さ80キロ、30万坪のベルト状の土地が残る。この土地は自前の土地なので、自由に活用できる。

ただ地下の二層複々線工事はお金がかかる。地上工事費の倍である。これは、高架複々線工事に必要な土地取得費と同等と想定できる。つまり複々線化をすることで新たに30万坪の商業用土地が取得できるのである。

このベルト状の土地に万里の長城を構築する。駅周辺は流通施設、周辺は福祉施設、サテライトオフィス、駅間は賃貸マンション、屋上は緑化、レクレーション施設というように安全で健康的なスペースとして活用できる。

また、地下鉄道部分はケーブル、物流ベルトとして活用できるし、防災空間、備蓄スペースとなる。

この「万里の長城プラン」は以前、会社の提案募集に応じて提出したが、従来の考え方とかけ離れていたため、反応は無かった。しかしこのテーマについては引き続き、時間をかけて社内の総力を挙げて検討すべきであると思う。全線の複々線化事業は10年や20年の事業ではない。それだけに長期的視点に立って基本的な方向を誤らないようにしたいものだ。

［提　案］　1988.10.1

＜万里の長城プラン＞
鉄道機能強化による地域開発の推進

ーーーー21 世紀におけるグループ経営基盤の拡充についてーーーー

㈱京王パスポートクラブ　堀井　章

——はじめに

21 世紀に向けて日本の経済社会の大きなトレンドは次の 3 点に集約される。

① 価値観の多様化
② 産業の高度化・国際化
③ 情報化

このような背景の中で、当社グループが抱えている問題点は、

① 消費の低迷
② 出店環境の悪化
③ 競争の激化

と、いわばトリレンマの状況にある。

顧客ニーズの高度化に対応するために、鉄道をはじめグループ各事業分野において、施設の改善、サービスの充実、商品開発の強化など、営業ソフトの高度化が必要となるし、社有地の払底および、法や地域の様々な開発規制は、企業規模拡大を困難にしている。

さらに、国鉄の民営化や第 3 次産業への大手企業グループの参入は、沿線における企業間競争を一層激しいものとするに違いない。

このような状況の中で当社グループが勝残っていくためには、つぎのような基本政策が必要となろう。

① 経営資源、戦力を沿線地域に集中し、マーケットシェアの確保に努める。
② 鉄道の新線、線増、機能強化はグループ総合経営に対するシナジー効果を最優先で考慮する。
③ 競争に勝つために最も重要なことは、優秀な人材を確保し育成することである。
④ コスト競争力確保のためにグループレベルで、仕入れの改善、人件費の効率化などを進める。

以上の前提に基づいて、中でもグループ戦略の中心となる鉄道機能強化によるグループ総合戦略について考えてみたい。

1、グループ経営圏拡大のための路線延長、連絡機能強化

交通機能における路線延長は、グループ総合経営における経済圏の拡大である。当社沿線西部における土地の取得、事業展開の構想を前提に路線の延長を行なう。東京都の周辺業務核都市の強化計画や、鉄道の輸送力増強の必要性、首都圏中央道の建設計画などを考えれば、21 世紀における開発の重点は都心より 50～60 キロの高級住宅及び、その関連サービスということになろう。特に熟年からシルバー層のニーズに対応した森と湖のある〔公園ニュータウン〕の開発、海外の著名大学の誘致、コンベンション・文化施設等の設置による新しい街づくりが指向されよう。

また、沿線住民の行動半径の拡大、時間節約ニーズの増大にも合せて次のような新しい交通機能、連絡機能が必要となろう。

(1) 新線延長

① 京王八王子～(秋川街道)～武蔵五日市
② 橋本～(城山・津久井)～相模湖
③ 橋本～(愛川・清川・秦野)～松田
いづれも高速圏央道建設により開発が予想される地域である。

(2) 中距離輸送事業（コミューター）への進出

当面近距離ヘリコプター事業
① 調布～(新宿)～羽田・成田
② 新宿～(調布)～甲府・諏訪

(3) 井の頭線と営団地下鉄銀座線の直結

渋谷ターミナル・コンプレックス（駅・ホテル・オフィスのインテリジェントビル）の建設と両線ホームの共通化

(4) 都営 10 号線の京成本線への連絡推進

以上により、西の相模湖より東の成田空港まで、当社線は首都圏を東西に結ぶ一大幹線鉄道となる。

〔以上　別図 2 参照〕

2、線増による輸送力増強と関連事業の拡大

新宿の新都心化、沿線住民の増化、新線の延長などを考えると、21 世紀には、1 日 400 万人（現在 280 万人・過去 10 年で 23%増）の利用者を確保出来るものと推定される。従ってこれに対応して複々線化を中心として輸送力増強が必要である。ただ周辺核都市への機能分散や、外周道路の整備が進められるので、大量輸送より、より快適な通勤電車が求められることになろう。

線増は、道路との立体化、複々線化が前提であるため、地上高架化か、地下化かの選択を迫られる。

この選択において考慮しなければならない、次の 4 つの視点について両者の利得比較をしてみたい。

① 鉄道線路敷の有効活用（関連事業への活用）
② 用地取得と建設に伴うコスト（金額・時間）
③ 沿線住民に対する公害問題（日照・騒音）
④ 鉄道の安全性（地震・沿線火災）

比較検討の内容は（別表 2）のとおりであり、その結果、次のとおり提案いたしたい。

① 線増　；　地下 2 層、複々線
② 区間　；　全線（新宿～京王八王子・渋谷～吉祥寺）
③ 地上　；　万里の長城（商業・住宅の賃貸ビル）

(1) 地下複々線

① 在来複線分

在来車両対応でターミナル・連絡も在来どおり

② 新規複線分

リニアモーターカー仕様によりトンネルの断面積を縮小することにより、建設コストを削減し、車両騒音も少ないので遠距離直通・通勤ロマンスカーとする。ターミナルは新都心内とし、新設地下鉄と連絡する。

(2) 地上在来線線路敷の利用（万里の長城）　約（120 万 m◆2◇×300%）

① 駅上

＊ 複合情報サロンKIND（グループ・インホメーション・センター）
＊ 商業施設・医療施設（24 時間対応）
＊ コミュニティ・ホテル（都市型ペンション）

① 駅付近
* サテライト・オフィス（ステーション・オフィス）
* スポーツ施設
② 全線
* 住居施設（高級賃貸コンドミニアム）

(3) 地下鉄道路線溝の利用
* 通信ケーブルとして賃貸（第二電電・CATV）
* 防炎空間（地震・大火）
* 備蓄庫・核シェルター

3、鉄道サービスの強化

ATS・ロングレール・冷房化・エスカレーター等、利用者に対する鉄道の安全性、快適性については従来からかなり配慮されている。21 世紀に期待される要素は、利用者にも企業にも付加価値をもたらす利便性の追及であろう。

(1) 駅施設の高級化と、KINDの機能充実
* 各種情報提供（グループ・インホメーション・センター）
* 予約・発券（各種チケット）
* メイルボックス・ボイスメールサービス
* 買物代行・その他各種代行業務

(2) 通勤ロマンスカー
* 線増分複線は快適なロマンスカー

(3) 車内サービス
* 車内電話
* 車内ラジオ放送サービス（漏えい同軸ケーブル・個別レシーバーを利用）
民間放送再送信
自主放送（ニュース・経済情報・音楽・英会話・コマーシャル）

(4) 通信サービス
沿線における各種通信サービスを自社回線ルートの活用により安価に提供する。（電話・FAX・データ通信）

(5) 共通交通カード

プリペイド・カードおよびICカード（クレジットMSカード組込）を利用し小額決済の簡便性を計る。

＊ 鉄道・バス・タクシー

＊ 駅売店自動販売機

以上提案した各種鉄道機能の充実には経済的負担・採算制など種々の制約がある。しかし、21 世紀は鉄道事業における新しい自由化の時代であり、運賃や融資の制度などをはじめ、いろいろな面でレギュレーションは緩和されてくると考えられる。その時はじめて競争も激しくなるとともに、利用者のニーズに有ったサービスが適正な価格をもって受入れられることになるであろう。

いずれにしても私鉄グループにとって沿線は生命線であり、関連事業群を支える鉄道の役割は、極めて大きなものとなる。従って鉄道に関する政策はグループレベルの視野で検討される必要性がますます高まってきている。

以上

〈参考にした文献〉

＊ 運輸白書（運輸省）
＊ 東京圏交通網整備基本計画（運輸省）
＊ 国土建設の長期構想（建設省）
＊ 私鉄（関口昌弘）
＊ 21 世紀の住宅像に関する調査（日本住宅総合センター）
＊ 第二次東京都長期計画（東京都）
＊ 圏央道（建設省）
＊ 日本企業生き残り戦略（大前研一）

[別表1]

複々線利得比較

（コストパフォーマンス）　　（金額は現在時点での筆者推定）

	高架　複々線	傾向	評価	地下　2層複々線	傾向	評価
敷地利用	高度利用や活用方法に制約が多い 駅周辺は商業施設・その他は物流センター 50%利用　3億円／キロ　利回り・10%	→	△	地上線路敷を最大限活用できる 駅周辺は商業施設等　全地域・高級賃貸住宅 300%利用　60億円／キロ　利回り・12%	→	○
土地取得	150～200億円／キロ 物理的・時間的に困難	↗	×	地上権取得50～150億円 2層地下にすれば、ほとんど用地取得はない 甲州街道等公共土地したはメリット少ない	→	○
建設コスト	150～200億円／キロ	→	○	300～500億円／キロ 工法技術・リニアモーター等の発達により低下	↘	△
公　害	日照・騒音等、難問多い	↗	×	全くない	→	○
安　全	地震・沿線火災の心配	↗	△	地震に強い	→	○
その他				下溝の多目的利用 　カクシェルター・備蓄庫 　通信幹線ルートとして貸与 都市美観上好ましい		○
総合評価			×			○

11章
仕事はロマンである――仕事を終えて

VSOPへの道

２００１年（平成13年）60歳の定年を迎えた。しかし、その年に京王電鉄取締役、京王パスポートクラブ社長となり、引き続き勤務することになった。そして、両社を退任した２００５年（平成17年）から6年間は京王パスポートクラブ相談役となり、結局京王電鉄に入社以来46年間勤務することになった。完全にリタイアしたのは２０１１年（平成23年）６月であった。

23歳で入社して20歳代はVitality の時代として、与えられた仕事をがむしゃらにこなした。それは、様々な実習、体験を通して仕事、会社について学び、考えた時期であった。

30歳代はSpecialty の時代として、外食事業の経営実務と電鉄関連事業部の業務経験を通してグループ関連会社のマネージメントについて深く学んだ時期であった。

40歳代は今までの実務経験の上に立って新しい自分なりの仕事を組み立てたOriginality の時代であった。それがＮＫプロジェクトの立ち上げと４Ｃ戦略の推進であった。

そして50歳代は、人間性を磨くPersonalityの時代として、若い人たちが仕事のし易くなるような環境を作ることに腐心した。ところがこの時期が思いがけず長引き60歳代まで20年間も続いてしまった。

これで、ビジネスマンとしてVSOPに熟成できたかどうかわからない。しかしこの45年間のビジネスマン生活を振り返って全く後悔はない。もちろん仕事の上で思うようにいかなかったり失敗はたくさんあった。しかしその失敗にも後悔はない。なぜなら、失敗には必ず経験という貴重な結果がついてくるからである。ただ、ぼくは「やればよかった」という後悔だけはしたくないと思ってやってきた。思ったことはなんでも積極的にやってきた。実際やれないことについては提案として提出した。考えたことを提案し、思ったことを実行すれば後悔はない。

仕事を楽しむ

そして仕事を心から楽しんだ。人生の大半の時間は仕事に費やしている。仕事が楽しくなければ人生は楽しくない。仕事を楽しむ方法は簡単だ。真剣にやることである。ヒルティは「仕事とは真面目にそれに没頭すれば、必ず間もなく面白くなるという不思議な性質を持っている」と言った。

しかし、仕事はただ面白いということだけではだめだ。成果を上げなければならない。それには仕事をやる方向が会社の目的とする方向にベクトルが合っていなければならない。ベクトルを合わせて真剣にやれば面白くなる。そして仕事が好きになる。好きになればしめたものだ。好きこそモノの上手なれ、である。そうすれば自ずから成果が上がってくる。
成果が上がれば仕事はますます面白くなる。

仕事の成果を上げる

そして仕事の成果を上げるにはコツがある。高い目標を掲げることである。高い目標を掲げると意識が変わる。いままでと同じではだめだからである。意識か変われば方法論が変わる。この方法論をあれこれ考えることが楽しいのである。しかしこれは難しいことではない。商売人のような勘とかヒラメキが必要なのではない。ロジカルに考えればいいのだ。

方法論が変わると行動が変わる。行動が変わると環境が変わる。周りの人たちや取引先、お客様の反応までが、変わってくる。環境が変われば結果が変わってくる。成果か上がってくるのだ。成果が上がってくると仕事はますます面白くなる。そして、仕事はロマンになっていく。

これが、長いビジネスマン生活の体験の中で得たぼくの仕事のやり方である。もちろん、仕事はいつも上手くいくとは限らない。上手くいかなかったことも、失敗もたくさんあった。しかしその失敗はまた、たくさんの教訓を与えてくれた。だから失敗を後悔したことはない。

有言実行

高い目標を掲げるということはまた別の面で大きな成果を上げることがわかった。若いころから目的志向が強く高い目標を公言して、よく「ホラ吹き」とか「お前の持ってくる計画はいつもマユツバだ」とか言われた。しかしそう言われる度に、なんとか実現するための努力を続けてきた。公言したからには自分の目標に責任を持たなくてはならないからだ。だから公言は自分を追い込む効果がある。

さらに高い目標を公言することは、周りの人たちの意識を変え、様々な情報が入ることが期待できる。ビジネスの世界ではやはり有言実行である。

やればよかったという後悔はしたくない

失敗をしたくないから自前にいろいろな障害や問題点を調べ、結果、やらないという選択をする人がいる。障害や問題は事前に調べる必要はない。そんなものはやっていれば自然に出てくる。その障害や問題をつぶしていくことが仕事なのである。また、その障害や問題をつぶしていくことが楽しいのである。だからあれをやっておけばよかったという後悔は絶対にしたくない。

すべての人を味方にする

どんな仕事も一人では出来ない。パートナーはもちろんのこと、社内の上司、同僚、他部門の人たちから取引先、協力会社や顧客にいたるまで多くの人たちとの関わり合いの中で仕事を進めるわけである。たとえ今の仕事で直接関係がなくても、何時、どこで関わりがでてくるか知れない。どんな人とでも良好な人間関係をもっておく方がよい。それには相手の人を尊重することと、謙虚な姿勢を保つことが必要である。

人は誰でも自分の味方が欲しい。自分を認めてくれる人が欲しいのである。些細なことで意見を戦わせたり喧嘩をしてはならない。相手の味方であることをいつも知らせておくことである。人は自分の味方を大事にする。そうすれば何かあったときには必ず味方になってくれる。

心身の健康を保つ

ビジネスマンにとって何よりも大切なことは心身の健康である。長い間のビジネスマン生活の中でたくさんの人たちを見てきたが、健康を害する最大の要因はストレスだと思う。人は自分の生命、財産を左右する対象に対してストレスを感じる。ビジネスの世界では仕事上の上司、同僚である。人間関係のストレスを回避する一番いい方法は、周りの人たちをみんな自分の味方にすることである。

そしてどんなことがあっても深刻に悩まないことである。ぼくは仕事上のストレスを解消する心の在り様として自然に「くよくよしない」ということを身につけてきた。そしてその手助けをしてくれたのがモーツァルトである。モーツァルトを聴いていると自然と心が穏やかになり、自然に朗らかな気持になる。

「この世はすばらしい、音楽があるから、そしてモーツァルトがいるから」

12章 リタイア後のプラン

待ってました定年

昔、啓文堂の仕事をしていたとき、文藝春秋から加藤仁の『待ってました定年』という本がでた。読んでみると実に面白かった。たくさんのサラリーマンたちの定年後の生活が活き活きと描かれていた。

絵の好きな人は八ヶ岳にアトリエ兼個人美術館を建てて、お客さんが来ても来なくても、自分の絵の世界を楽しんでいる。バイクの好きな人は日本中をバイクで回り、絶景をカメラに納める。

読んで気が付いたことは、そうした生き方は定年になって初めて思いついて始めた人はいない。大抵、定年の5年くらい前からいろいろ準備をしているのだ。定年になってからこの本を読んだのでは遅い。そこで文藝春秋の編集部に電話して本のタイトルを『待ってます定年』に変えるように提案した。その後、続編が出て『待ってます定年』ではなく、『夢ある定年』となっていた。

このことをすっかり忘れているうちに、完全リタイアした70歳になってしまっていた。まあしかし人生は長い。これからでも遅くない。何をするかリタイア後の目標を立てることにした。

趣味の集大成

リタイアしたら今までの趣味の集大成をしたいと思った。子供のころから楽しんできた趣味は6つある。この集大成を計画した。

① 中学の頃からよく山に登った。日本の山はかなり登ったので、あとはあこがれのスイスのモンブランに登ってみたい。

② 若いころから海が好きだったのでダイビングによく行った。フィリピンのリンガエン湾で一度潜ってみたい。

③ 車が好きで若いときから、アメリカ大陸のルート66を自分のハンドルで走破するのが夢だった。

④ ゴルフは記録（スコア）より記憶と思って、今までいろいろなゴルフ場で楽しんできた。最後に一度セントアンドリュースでプレイをしてみたい。

⑤ 音楽が好きなのでバイロイト音楽祭に行ってみたい。

⑥ 芭蕉が大好きなので芭蕉の歩いた旧暦に合わせて「奥の細道」を辿りたい。

これらは体力的に自由が利く75歳までに実現したい。ただ、仕事ではないので、ゆっくりリズムで楽しみたいと思っている。

あとがき

ぼくは長いビジネスマン生活の中で本当にいい人たちに恵まれた。書籍の中で感動を与えてくれたたくさんの先人達、ご指導をいただいた業界の諸先輩、取引先の方々、会社の上司、ともに夢を語り合い、また仕事上のサポートしてくれた会社のスタッフの皆さん、庶務の女性の皆さんに心から感謝したい。私が長い間自由に仕事が出来、成果を上げることが出来たのは高い能力を持った皆さんの力に拠るところが大きい。皆さんの協力に心から感謝したい。

本書の出版にあたって、長くお付き合いいただいているイシハラクリニック院長石原結實先生から「推薦の言葉」をいただいた。厚くお礼を申し上げたい。石原先生とはニンジンジュースから始まった出会いだが、石原先生のお話を聞いているだけで不思議に元気がでてくる。先生はぼくの心身の健康の師である。たくさんの著書を出されている経験から本書の出版についても貴重なアドバイスをいただいた。心からお礼を申し上げたい。

出版については、以前から交友をいただいているアートデイズ社長の宮島正洋氏から様々なアドバイスをいただくとともにご尽力をいただいた。心より感謝の意を表したい。

２０１６年12月

実践経営コンサルタント

堀井　章

堀井　章（ほりい・あきら）　実践経営コンサルタント
1965年慶應義塾大学経済学部卒業。同年京王帝都電鉄に入社し、現業実習を経て運輸部に配属される。その後人事部労務課、京王ストア、レストラン京王を経て本社関連事業部、企画調整部で新規事業の企画開発に携わる。1983年にはニュー京王プロジェクトチームを編成、CATV、通信事業を、そして1985年にはカード事業を立ち上げるなど、次々と時代を先取りした京王電鉄グループの関連事業を推進。その後、京王書籍販売、京王エージェンシー、京王観光などの役員を歴任。2001年には、京王パスポートクラブに社長として復帰し、同時に電鉄本社の取締役となる。2011年パスポートクラブ相談役を退任して完全にリタイアした。

仕事は男のロマンである
――高い目標が仕事を面白くする

二〇一七年一月二十五日　初版第一刷発行

著　者　堀井　章
装　丁　横山　恵
発行者　宮島正洋
発行所　株式会社アートデイズ
〒160−0007　東京都新宿区荒木町13−5
四谷テアールビル2F
電　話（〇三）三三五三−二二九八
FAX（〇三）三三五三−五八八七
http://www.artdays.co.jp
印刷所　中央精版印刷株式会社